KB200569

선 택 훈 련

존 오트버그의

선택 훈련

지은이 | 존 오트버그
옮긴이 | 정성묵
초판 발행 | 2015. 10. 12
13쇄 발행 | 2024. 4. 2
등록번호 | 제1988-000080호
등록된 곳 | 서울특별시 용산구 서빙고로65길 38
발행처 | 사단법인 두란노서원
영업부 | 02)2078-3333 FAX | 080-749-3705
출판부 | 02)2078-3330

책값은 뒤표지에 있습니다.
ISBN 978-89-531-2372-4 03230

독자의 의견을 기다립니다.
tpress@duranno.com www.duranno.com

두란노서원은 바울 사도가 3차 전도 여행 때 에베소에서 성령 받은 제자들을 따로 세워 하나님의 말씀으로 양육
하던 장소입니다. 사도행전 19장 8-20절의 정신에 따라 첫째 목회자를 돕는 사역과 평신도를 훈련시키는 사역,
둘째 세계선교™와 문서선교단행본·잡지 사역, 셋째 예수문화 및 경배와 찬양 사역, 그리고 가정·상담 사역 등을 감
당하고 있습니다. 1980년 12월 22일에 창립된 두란노서원은 주님 오실 때까지 이 사역들을 계속할 것입니다.

존 오트버그의
선택 훈련

존 오트버그 지음

정성묵 옮김

두란노

어린 시절 나와 함께 비밀의 열린 문으로 몰래 들어갔고,
지금도 용감하게 그 문으로 걸어 들어가고 있는
바바라 린 오트버그 해리슨과
바톤 데이비드 오트버그에게
깊은 감사로 이 책을 바친다.

Part 1.

짧은 인생,
하루에도 숱한 갈림길 앞에 선다

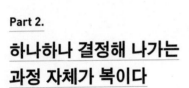

Part 2.

하나하나 결정해 나가는
과정 자체가 복이다

Part 3.

'정답을 찾느냐'가 아니라
'누구와 함께냐'의 문제다

Part 1.

짧은 인생,
하루에도 숱한 갈림길
앞에 선다

CHAPTER 1

이 문이 맞을까,
이 길이 맞을까

오래전 한 인터넷 잡지에서 이런 질문을 던졌다. "당신의 인생을 단 여섯 단어로 요약하라면 뭐라고 표현하겠습니까?" 여섯 단어로 이야기를 지어 보라는 요청에 어니스트 헤밍웨이가 "팝니다. 한 번도 신지 않은 아기 신발을."(For sale: baby shoes, never worn)이라고 대답했던 것에서 착안한 질문이다.

질문에 대한 당시 사람들의 반응은 뜨거웠다. 응답이 폭주해 사이트가 거의 마비될 지경이었다. 그 응답들을 모아 책으로 엮은 *Not Quite What I Was Planning*(인생은 전혀 내 계획대로 펼쳐지지 않았다)은 여러 유·무명 작가들이 쓴 여섯 단어의 인생 이야기로 가득하다. 재미있는 이야기에서 역설적인 이야기와 감동적인 이야기, 비통한 이야기까지 그 내용도 정말로 다양하다(여기서 말하는 여섯 단어는 영단어로 여섯 개다. 우리말로 번역하는 과정에서 단어의 어감이 다소 달라졌으므로, 단어와 문장의 의미에 초점을 두고 읽기를 바란다-편집자).

"이빨 하나. 충치 하나. 잔인한 인생."

"구원자 콤플렉스는 실망으로 가는 확실한 지름길이다."

"암이라는 이름의 저주. 친구들이라는 이름의 축복"(이 문장은 세상을 살 만큼 산 노인이 아니라 갑상선암에 걸린 아홉 살짜리 꼬마가 쓴 것이다).

"점쟁이가 나더러 부자가 될 거라고 했다"(이 여성은 점쟁이에게 돈을 갖다 주지 않으면 훨씬 더 부자가 될 것이다).

"무덤은 '건강보험에 들 걸'이라고 말하지 않는다."

"좋은 크리스천은 아니지만 열심히 노력하고 있다."

"이보다는 큰 영향력을 발휘할 줄 알았다."[1]

인생을 여섯 단어로 요약하라는 것은 곧 가장 중요한 한 가지 주제에 집중하라는 말이기도 하다.

그렇다면 성경 인물들의 인생 이야기는 어떨까? 그들이 여섯 단어로 자기 인생 이야기를 쓴다면 뭐라고 쓸까? 무엇보다도 그들의 인생 이야기는 자신의 개인적인 이야기와 하나님의 이야기, 이 둘의 교차점 위에서 펼쳐졌을 것이다. 또한 하나님이 주신 기회와 그에 대한 그들의 반응(예 혹은 아니오)이 그들 인생 이야기의 중심 주제일 것이다.

- 아브라함: "우르를 떠나다. 아기를 낳다. 여전히 웃다."
- 요나: "불순종. 풍랑. 전복. 고래. 토해짐. 순종."
- 모세: "불타는 가시덤불. 돌판. 찰톤 헤스톤(1956년작 영화 〈십계〉에서 모세 역을 맡은 미국 영화배우-편집자)."
- 사드락, 메삭, 아벳느고: "왕의 분노는 뜨거웠지만 풀무불은 뜨겁지 않았다."
- 노아: "비는 지긋지긋하지만 비온 뒤 무지개는 좋다."
- 에서: "동생의 배신은 썼지만 그날의 팥죽은 달았다."
- 에스더: "최고의 미인. 사촌의 지혜. 이스라엘의 복."
- 마리아: "구유. 고통. 기쁨. 십자가. 고통. 기쁨."
- 탕자: "방탕. 돌이킴. 기뻐하는 아버지. 화난 형."
- 부자 청년: "예수님이 부르셨다. 슬퍼하며 떠났다. 여전히 부자다."
- 삭개오: "뽕나무. 키가 작다. 재산이 줄어들다. 행복하다."
- 간음하다 잡힌 여인: "남자를 유혹하다. 정죄하던 죄인들이 돌을 내려놓다."
- 바울: "다메섹. 눈멀다. 고난. 글쓰기. 세상을 변화시키다."

이 모든 성경 인물이 공통적으로 사용할 수 있는 여섯 단어의 이야기는 바로 '인생은 전혀 내 계획대로 펼쳐지지 않았다'일 것이다. 이들은 모두 삶이 어느 방향으로 흐를지 전혀 예측할 수 없었다. 그들은 장애물을 만났다. 그러다가 뜻밖의 위기와 기회가 찾아왔다. 인생이 본래 그런 법이다. 우리는 우리 인생의 저자도 아니고, 꼭두각시도 아니다. 우리는 운명이나 상황, 섭리에 협력하는 협력자들이다. 그리고 성경 기자들은 어떤 인생들 속에서는, 이를테면 순종하는 이들의 삶 속에서는 보이지 않는 그 협력자가 바로 하나님일 수 있다고 주장한다.

성경을 보면 하나님의 협력, 곧 기회는 더없이 분명한 모습으로 찾아오기도 한다. 불타는 가시덤불. 씨름하는 천사. 벽에 나타난 글씨. 양털. 음성. 꿈. 말하는 나귀.

하지만 우리 같은 보통 사람들에게, 일상 속에서 찾아오는 하나님의 기회도 있다. 그런 기회에 대한 한 가지 비유가 성경 곳곳에서 나타난다. 이것은 대학 시절 은사인 제럴드 호손 교수님에게 들은 뒤로 내가 지금까지 사랑해 온 비유다.

빌라델비아 교회의 사자에게 편지하라 거룩하고 진실하사 다윗의 열쇠를 가지신 이 곧 열면 닫을 사람이 없고 닫으면 열 사람이 없는 그가 이르시되 볼지어다 내가 네 앞에 **열린 문을** 두었으되 능히 닫을 사람이 없으리라 내가 네 행위를 아노니 네가 작은 능력을 가지고서도 내 말을 지키며 내 이름을 배반하지 아니하였도다(계 3:7-8).

문. 호손 교수님은 이것이 문학에서 가장 많이 등장하는 비유 중 하나라고 했다. 문은 안전("문이 굳게 잠겨 있다")이나 비밀("닫힌 문 뒤에서 무슨 일이 벌어지고 있는지 아무도 모른다"), 거부("그가 내 얼굴 앞에서 문을 쾅 닫았다")의 의미로 쓰이곤 한다. 또 때로는 쉼("젊은 엄마들이 가장 좋아하는 방은 문을 닫고 혼자만의 시간을 즐길 수 있는 침실이다")을 뜻하는 말로도 쓰인다.

하지만 위의 계시록 말씀에서 문은 이 모든 의미와 상관없다. 이 "문"은 '의미 있는 일을 할 수 있는 무한한 기회, 의미 있는 삶이라는 새로운 미지의 모험 속으로 들어가는 거대한 통로, 선한 일을 함으로써 우리 삶에 영원한 의미를 더할 수 있는 유례없는 기회'를 상징하는 '열린' 문이다.[2]

열린 문은 위대한 모험 속으로 들어가 하나님의 도구로 쓰일 기회를 의미한다. 이 기회의 제시, 그리고 그에 대한 우리의 반응이 이 책의 주제다.

당신에게도 문을 여신다

우리 아버지가 50대를 코앞에 둔 어느 날, 주방에서 일하던 어머니가 불쑥 이렇게 물으셨다고 한다. "여보, 평생 이렇게 살아야 하나요? 늘 똑같은 곳으로 출근하고 똑같은 사람들과 지내는 생활을 평생 반복해야 하나요?"

공인회계사라는 안정된 직업을 갖고 평생 일리노이 주 록퍼드에서 살았던 아버지는 다른 곳에서 산다는 것은 생각도 해 본 적이 없었다.

"아마도 그렇겠지."

말은 그렇게 했지만 그때부터 아버지는 뭔가 더 의미 있게 살 방법이 있지 않을까 고민하기 시작했다. 다른 방으로 가는 열린 문은 현재 있는 방에 대한 불만족으로 시작되는 경우가 많다.

아버지는 며느리인 내 아내를 통해 캘리포니아 주 남부의 한 교회에서 전혀 생각지도 못했던 자리를 제안 받게 되었다. 하지만 그 자리를 선뜻 받아들이기에는 걸림돌이 너무 많았다. 우선, 그곳은 평생 살아온 곳에서 3천 킬로미터나 떨어진 곳이었다. 뿐만 아니라 일 자체도 한 번도 해 본 적이 없는 일이었고, 생판 모르는 사람들과 일해야 한다는 것도 보통 부담스러운 게 아니었다. 아버지는 이것저것 따져 본 끝에 그 교회의 리더들에게 거절의 뜻을 전했다.

아무리 생각해도 봉급이 너무 작고, 그 동네의 집들이 너무 비싸고, 직종 차이가 너무 크고, 연금이 너무 적고, 자신의 나이가 너무 많고, 사람들이 너무 이상해 보였다. 아버지는 옳은 결정을 내렸다고 생각했다. 아무리 봐도 그곳으로 가는 건 너무 큰 모험이었다.

그런데 그러고 나서부터 이상한 일들이 일어나기 시작했다.

하루는 주일 새벽 꿈에 하나님의 목소리 같은 음성이 들렸다. "계속해서 이렇게 살면 씨를 뿌릴 수도, 열매를 거둘 수도 없다." 아버지는 감정적인 경험을 극도로 경계하는 스웨덴 사람들의 교회에 다녔다. 그 교회의 교인들에게는 사람들이 하나님께 말을 할 수는 있어도 하나님이 사람들에게 말씀하신다는 것은 있을 수 없는 일이었다. 그래서 아버지는 그 꿈을 대수롭지 않게 여겼다.

꿈에서 깬 아버지는 우연히 어머니의 일기장을 펴서 읽게 되었다(물론 그 전까지는 그런 적이 한 번도 없었다고 한다). 일기장을 펴자마자 한 문장이 눈에 들어왔다. "남편을 위해 어떻게 기도해야 할지 모르겠다. 아무래도 그이는 하나님이 원하시는 일을 하고 있는 것 같지 않다."

꿈자리가 뒤숭숭한 데다 찜찜한 일기까지 읽고 나자 아버지는 교회에 가고 싶지 않았다. 그래서 소파에 앉아 이리저리 채널을 돌리다가 한 예배 방송을 보게 되었는데 설교자가 이런 말을 했다. "증명이 가능하면, 믿음은 불가능합니다." 아버지는 그 말이 자신을 두고 하는 이야기로 들렸다. 아버지도 이 새로운 직업을 받아들이면 만사가 잘 풀린다는 증거를 바라고 있었다. 하지만 그 설교자의 말이 옳다면, 그런 증거가 나타날 경우 하나님이 가장 원하시는 일이 이루어질 수 없었다. 하나님이 가장 원하시는 일은 바로 우리 아버지에게 믿음을 심어 주는 것이었다.

그래서 다음 주에 아버지는 다시 교회에 나갔다. 그날의 설교 주제는 믿음의 기초였다. 설교자는 옛 삶을 '버리고' 하나님의 약속을 '믿고' 새로운 여행을 떠나기로 '결단해야' 한다고 말했다.

결국 아버지는 캘리포니아 주로 가는 비행기에 몸을 실었다. 그 캘리포니아 교회의 목사는 이미 다른 지원자들과 이야기를 나누는 중이라고 했지만 아버지는 무조건 가야 한다는 확신을 느꼈다. 비행기 안에서 아버지가 성경을 폈을 때 눈에 들어온 구절은 금과 은으로 만든 우상을 버리면 열매를 거둘 때가 온다는 약속의 말씀이었다. 아버지는 이 모든 상황을 열린 문으로 받아들였다. 아버지는 그때 캘리포니아 주로 이사해서 25년 동안 그 교회를 섬겼다. 덕분에 우리 부모님의 삶은 스릴 넘치는 위대한 모험이 되었다.

최근 우리 형제자매는 은퇴하신 부모님 댁에서 사흘간 지내면서 아버지의 팔순 잔치를 했다. 우리는 80개의 카드에 아버지와의 80가지 추억을 기록했다. 기억을 더듬을수록 계속 추억이 새록새록 생각나는 게 신기했다. 어릴 적에 우리를 무릎에 앉히고 책을 읽어 주던 아버지의 목소리, 아버지가 우리를 가르칠 때 사용했던 구구단 카드, 내가 데이트할 때 가끔 빌리던 아버지의 향수 냄새.

하지만 가장 기억에 남는 추억은 아버지가 인생을 전과 후로 극명하게 갈라놓을 결정을 내리신 것이었다. 전혀 예상치도 못했고 선뜻 내키지도 않는 열린 문 속으로 결국 들어갔던 아버지.

하나님은 빌라델비아 교인들에게 이렇게 말씀하셨다. "네가 작은 능력을 가지고서도." 빌라델비아 교인들은 이 글을 읽고서 썩 기분이 좋지 않았을지도 모른다. 하지만 열린 문이 특별히 재능이 뛰어나거나 유달리 강한 사람들에게만 찾아오는 게 아니라는 사실이 얼마나 감사한가. 하나님은 누구에게나 문을 열어 주실 수 있다.

스스로 감옥에 갇혀 사는 인생들

의사였던 빅터 프랭클은 나치 강제수용소의 생존자다. 나치는 프랭클의 생계수단을 빼앗고 전 재산을 몰수했으며 그의 존엄성을 짓밟고 가족들을 무참히 살해했다. 그리고 나서 그를 감옥에 가두었다. 감옥은 열린 문이 없는 방이다. 하지만 프랭클은 간수들이 전혀 모르는 문을 찾아냈다. "사람에게서 모든 것을 앗아갈 수 있어도 하나만큼은 빼앗을 수 없다. 그것은 바로 인간의 마지막 자유, 어떤 상황에서도 자신의 태도를 선택할 수 있는 자유, 자신의 길을 선택할 수 있는 자유다."[3]

프랭클은 물리적인 문만 있는 게 아니라는 사실을 깨달았다. 선택도 하나의 문이다. 그는 상황이 모든 외적인 문을 다 닫아 버린 가운데 그보다 훨씬 더 중요한 문을 발견했다. 그 문은 영혼이 두려움을 떠나 용기로, 미움을 떠나 용서로, 무지를 떠나 배움으로 들어갈 수 있게 했다. 프랭클은 간수들이 오히려 자신보다 더 지독한 감옥에 갇혀 있다는 사실을 발견했다. 벽과 창살에 갇힌 자보다 잔인함과 무지, 만행의 악에 갇힌 자가 훨씬 더 불쌍하다.

어떤 이들은 이것을 깨닫고 자유를 얻는다. 그러나 어떤 이들은 이것을 보지 못하고 평생 감옥에 갇혀 산다. 문은 언제나 우리 앞에 있다.

콜롬비아의 연구가 쉬나 아이엔가는 보통 사람이 매일 약 70번의 의식적인 선택을 한다는 사실을 발견했다.[4] 그렇다면 1년이면 25,550번의 선택을 하는 셈이고, 70년을 일생으로 치면 1,788,500번의 선택을 하는 것이다. 알베르 카뮈는 "인생은 자신이 내린 모든 선택의 총합이다"라는 말을 했다. 우리가 내린 1,788,500번의 선택을 다 합치면, 바로 그것이 우리 자신이 된다.

문을 알아보는 능력, 매 순간 모든 상황 속에서 우리 앞에 놓여 있는 수만 가지 가능성을 발견하는 능력은 천부적인 재능이라기보다는 배울 수 있는 기술이다. 이 기술을 터득하면 어떤 상황 속에서도 하나님 임재와 능력의 가능성을 볼 수 있다. 연구에 따르면 사업가들은 "기회 기민성"이라는 영역에서 보통 사람들보다 뛰어나다고 한다. 그들은 남들과 똑같은 상황을 봐도 "지금까지 간과돼 온 기회를 직감적으로 알아차린다." 그들은 "촉각을 곤두세운 채 언제 나타날지 모르는 뭔가를 기다리고 계속해서 열린 마음 상태를 유지한다."[5] 마찬가지로 우리도 '하나님의 기회 기민성'이라는 것을 계발할 수 있다.

기회라고 해서 무조건 새로운 곳으로 가는 것만을 의미하지는 않는다. 우리가 있는 곳에서 지금까지 아무도 알아보지 못한 기회를 발견할 수도 있다. 어떤 의미에서 바로 이것이 이스라엘의 역사다. 이스라엘 백성들은 자신들이 강력한 군대와 막대한 부를 자랑하는 위대한 국가가 될 줄 알았다. 그런데 기대와 달리 포로 생활과 압제만 반복되었다. 하지만 위대한 국가에 관한 문이 닫히면서 위대한 영성으로 가는 문이 열렸다. 이스라엘은 온 세상의 영적·도덕적 삶을 바꿔 놓았다. 앗수르와 바벨론, 바사 같은 국가들은 한때는 화려하게 위세를 뽐냈지만 지금은 그들의 옛 명성만 허무하게 남아 있다. 그러나 이스라엘이 인류에게 준 선물은 지금까지도 계속해서 생명의 지혜로 빛을 발하고 있다.

성경 속의 열린 문들은 단순히 당사자만을 위한 문이 아니었다. 그 문들은 자신만을 위한 기회가 아니라 다른 누군가에게 복을 전해 줄 기회였다. 열린 문은 내 유익만을 위해 존재하는 게 아니다.

열린 문은 단순히 뭔가 좋은 것을 의미하지도 않는다. 그것은 우리가 완전히 알지 못하는 뭔가를 의미한다. 열린 문은 미래를 완벽히 보여 주지 않는다. 기회, 신비, 가능성을 의미할 뿐 보장을 의미하지 않는다. 하나님은 "벼랑 밑에 그물을 쳐 놓았으니 걱정하지 말고 뛰어내리라"라고 말씀하시지 않는다. 또 "정확히 어떤 일이 일어날지 자세히 기록해 놓았으니 그대로 따르기만 하면 된다"라고 말씀하시지도 않는다.

열린 문은 유쾌하고 순조롭기만 한 여행으로 들어가는 문이 아니다. 청사진이나 보장도 아니다. 열린 문은 말 그대로 열린 문이다. 반대편에 무엇이 있는지 보려면 일단 들어가 봐야 한다.

엉뚱한 문으로 들어가면 어쩌지?

대체로 하나님은 어떤 문을 선택하라고 알려 주지 않으신다. 이것이 하나님의 가장 곤혹스러운 특성 가운데 하나다.

오래전 아내와 나도 열린 문 앞에 섰다. 우리는 아내가 평생 살던 캘리포니아 주에서 국토를 가로질러 시카고 윌로크릭교회로 가야 할지 선택해야 했다. 결정을 내리기가 너무도 힘들었다.

내 마음은 시카고로 떠나는 쪽으로 기울어 있었다. 그곳에 가보지 않으면 평생 궁금해서 견딜 수 없을 것만 같았기 때문이다 (우리 인생은 들어간 문과 들어가지 않은 문으로 정의된다). 반대로 아내의 마음은 캘리포니아에 남는 쪽으로 기울어 있었다. 우리는 좀 더 고민하고 기도하고 의논을 했다. 당시 나는 잘못된 선택을 내릴지 모른다는 두려움에 사로잡혀 있었다. '하나님이 원하시는 것은 1번 문인데 내가 2번 문을 선택하면 어떻게 하지? 왜 하나님은 뜻을 분명하게 보여 주지 않으시는 걸까?'

어느 문으로 들어가야 할지 항상 알 수 있는 건 아니다. 예수님은 빌라델비아 교회에 "내가 네 앞에 열린 문을 두었으되"(계 3:8)라고만 말씀하셨을 뿐 그 문이 구체적으로 무엇인지는 알려 주지 않으셨다. 머리를 긁적이는 빌라델비아 교인들의 모습이 눈에 선하다. '어떻게 알아내야 하지? 투표를 해야 하나? 엉뚱한 문으로 들어가면 어쩌지?'

이것이 우리 인생의 고통스러운 부분이다. 하나님은 문을 열어 주시지만 어느 문으로 들어가야 할지는 잘 알려 주지 않으시는 듯하다.

우리 집안은 대대로 목회자 집안이다. 목회자가 많은 만큼 '소명'을 받은 사연도 많다. 우리 증조부인 로버트 베넷 홀 할아버지는 열두 살 때 고아원에서 도망치신 뒤 작은 가게에서 일하다가 주인집 딸이었던 할머니와 결혼하셨다. 어느 날 가게를 청소하던 중 할아버지는 문득 소명을 느껴 빗자루를 내려놓고 집으로 가서 할머니에게 설교자로 부름을 받았다는 말을 했다. 내 처남 크레이그는 슈퍼마켓에서 일하다가 목사가 되라는 분명한 부름을 받았다. 냉동식품 코너에서 그 부름을 느꼈다고 한다.

그런데 나는 부름을 받은 적이 없다. 아니 최소한 위와 같은 종류의 부름은 경험한 바가 없다. 가끔 슈퍼마켓에 가기는 하지만 거기서 하나님의 음성을 들은 적은 없다. 하나님이 자세한 지시사항을 이메일로 보내기보다는 우리에게 선택을 맡기실 때가 훨씬 더 많다는 사실을 내가 이해하기까지는 오랜 세월이 걸렸다. 그 전까지는 이 문제로 고민을 많이 했다.

시카고에서 나를 초빙하고 싶다는 연락이 왔을 때도 그런 고민을 했다. 목사가 교회를 옮길 때, 특히 더 큰 교회로 갈 때는 분명한 부름을 받아야 한다는 것이 일반적인 생각이다. 그럴 때면 목사들은 으레 이런 식으로 말한다. "원래 이 교회에서 뼈를 묻고 싶었지만 영혼 깊은 곳에서 이상한 요동을 느꼈습니다. 그래서 순종할 수밖에 없었습니다." 새로 부임한 교회가 이전 교회보다 훨씬 커서 주체 못할 흥분을 느꼈다는 식으로는 절대 말하지 않

24

는다.

하지만 내 안에는 분명 그런 흥분된 생각이 있었다. 그것이 좋은 생각이 아니라는 건 알았고, 그 교회에 끌리는 유일한 이유도 아니었지만 분명 그 생각이 내 머릿속에 뒤섞여 있었다. 그래서 한편으로는 이것이 하나님이 열린 문을 통해 역사하시는 이유 중 하나가 아닐까 싶다. 열린 문은 우리의 진짜 동기를 표면 위로 끄집어낸다.

아내와 나는 이 문제를 놓고 심각하게 고민했다. 그러던 중에 내 친구 존에게서 책 한 권을 선물 받았다. 닥터 수스가 쓴 책이었는데 그 안에 다음과 같은 대목이 있었다.

네 머리에는 뇌가 있고
네 신발에는 발이 있고
그래서 너는 원하는 방향으로 어디든 갈 수 있지…….

오, 네가 갈 곳들…….

네가 가지 않을 때만 빼고.
왜냐하면 때로는 네가 가지 않으려고 할 테니까.[6]

"오, 네가 갈 곳들." 이것은 성경의 모든 인물이 받은 약속이다. 그리고 이것은 열린 문의 하나님이 지금 우리에게도 주시는 약속이다.

닥터 수스의 글이 매년 수많은 졸업생의 마음을 울리는 이유는 뭘까? 진정으로 중요한 것은 결과에 대한 보장이 아니라는 사실을 내심 다 알고 있기 때문이리라. 정말 중요한 것은 모험 그 자체다. 처음 그 책을 읽었을 때 나도 그 점에서 특히 공감이 갔다.

그 책을 읽고서, 일리노이 주에서 캘리포니아 주로 먼 길을 떠난 우리 부모님의 위대한 모험을 떠올렸다. 만약 아버지가 안전을 택했다면 나중에 얼마나 후회했을까? 아버지가 과감히 위험 속으로 뛰어든 덕분에 얼마나 멋진 모험이 펼쳐졌던가.

우리 부부는 결국 시카고에 가기로 결정했다. 하나님의 분명한 음성이나 초자연적인 신호는 없었다. 우리가 그렇게 결정한 것은 단지 현실에 안주하는 것보다는 모험이 더 멋져 보였기 때문이다. 성경에서 하나님이 누군가에게 "머물러라"라고 말씀하신 경우는 손에 꼽는다. 그분은 편안하고 안전하고 익숙한 곳에 머물라고 말씀하신 적이 거의 없다. 하나님은 언제나 문을 열고 사람들을 그 문으로 부르셨다.

놀라운 사실은 지금 이 순간에도 기회가 우리 앞에 놓여 있다는 것이다. 지금 이 순간 어떤 옳은 일을 할 수 있을까? 중국어를 배울 수도 있고, 마라톤 훈련을 받을 수도 있다. 결혼정보회사에 가입해 평생의 짝을 찾을 수도 있다. 그 누구에게도 말하지 않았던 비밀을 친구에게 털어놓을 수도 있다. 가난한 아이를 후원할 수도 있다. 아내가 오랫동안 권유했던 부부 상담을 받기로 결정할 수도 있다. 이 모두가 열린 문이다.

하지만 잠깐! 여기서 끝이 아니다. '열린 문'은 그냥 아무 기회나 의미하는 게 아니다. 열린 문은 하나님이 그분을 '위해' 그분과 '함께' 행동할 수 있도록 주시는 기회다. 빌라델비아 교인들에게 쓴 그 짧은 구절에서 사도 요한은 한 가지 놀라운 표현을 사용하고 있다. 요한은 빌라델비아 교인들 앞에 놓인 것이 '열린' 문이라고 말한다. 유대인들은 깊은 경외감으로 인해 글에서 '하나님'이란 표현을 되도록 사용하지 않았다. 따라서 요한은 뜬금없이 나타나는 기회를 말한 게 아니다. 그가 말한 기회는 하나님의 역사였다. 우리 앞에 놓인 것은 단순히 인간적인 차원의 기회가 아니다. 그것은 단순히 열린 문이 아니라 '열려진' 문이다.

하나님 백성의 이야기는 예상치 못했던 열린 문의 제시와 함께 시작되었다. 아브람이란 사람 앞에 열린 문은 꿈에도 생각지 못했던 것이었다. 하나님은 이스라엘이란 나라가 존재하기도 전에 늙은 아브람 부부에게 이렇게 말씀하셨다.

아브람과 사래야, 오늘이 그날이다!
어서 네 아비 데라를 떠나 네 길을 가라.

너희는 유목민처럼 방랑할 것이다.
너희는 90대에 아이를 낳을 것이다.

27

너희는 믿음의 사람이요 비전의 사람으로 불릴 것이다.

(너희는 싫어할지 모르겠지만) 너희를 통해 할례가 시작될 것이다.

너희 자손이 밤하늘의 별처럼 많아질 것이다.

물론 너희는 어리석게 거짓말을 할 것이다.

너희는 방향감각을 잃고 혼란스러워하고

극심한 두려움에 떨 것이다.

너희는 꽤 오랫동안 기다려야 하고 많은 실수를 저지를 것이다.

무슨 말을 해야 하고 뭘 해야 할지 모를 때가 많을 것이다.

하지만 세상 모든 사람이 너희를 통해 복을 받을 것이다.

너희의 작은 믿음이 생각보다 훨씬 큰 열매를 거둘 것이다.

내가 약속하마. 오, 너희가 갈 곳들!

그래서 그들은 갔다. 어떤 의미에서 성경 이야기 전체가 이 순간에 달려 있었는데 말이다. 창세기 기자는 이 순간을 그저 두 단어로 표현했다. "아브람이 갔다."

인생은 전혀 내 계획대로 펼쳐지지 않는다.

시행착오를 거치지 않는 배움이란 없다

신약에서 야고보는 지혜가 부족하면 하나님께 구하라고 말한다. 어느 문으로 들어갈지 묻지 말고 지혜롭게 선택할 수 있는 도구를 달라고 구하라는 뜻이다.

우리 삶을 향한 하나님의 주된 관심사는 우리가 어떤 성과를 이루느냐가 아니라 어떤 사람이 되느냐다. 하나님은 우리가 어떤 직장에 들어갈지와 같은 외적 상황에 별로 관심이 없으시다. 우리가 어떤 도시에서 살지, 결혼할지, 어떤 집에서 살지는 하나님의 주된 관심사가 아니라는 말이다. 우리 삶을 향한 하나님의 주된 뜻은, 우리가 그분의 형상을 닮고 예수님의 인격을 품은 위대한 사람이 되는 것이다. 그리고 그 어떤 상황도 하나님의 이러한 뜻을 방해할 수 없다.

자녀를 키우는 부모라면 하나님의 이런 뜻을 좀 더 쉽게 이해할 수 있다. 자녀에게 평생 하나부터 열까지 일일이 알려 주는 것을 바라는 부모는 아무도 없을 것이다. "오늘은 이 옷을 입어. 이 수업을 들어. 저 학교에 들어가. 이 직장에 원서를 넣어. 저 사람과 결혼해. 이 집을 사."

자녀가 지시대로 따르는 작은 로봇이 되기를 바라지 않기 때문이다. 자녀를 향한 우리의 바람은 자녀들이 훌륭한 인격과 판단력을 지닌 사람으로 자라나는 것이다. 그러기 위해서는 자녀들 스스로 많은 결정을 내리도록 기회를 줘야 한다. 물론 그렇게 되면 잘못된 결정도 수없이 내릴 게 분명하다. 하지만 시행착오를 거치지 않는 배움이란 없다.

하나님도 우리가 스스로 결정을 내리길 바라실 때가 많다. 그 것은 의사결정이 인격 형성에 필수적이기 때문이다. 하나님이 주로 하시는 일은 상황을 바꾸는 게 아니라 인격을 빚어 가시는 것이다.

하나님의 주된 업무는 문을 여는 것이다. 이것을 알고 나면 그분을 바라보는 시각이 완전히 달라진다. 하나님은 무조건적인 순종을 원하신다. 그분은 모험과 기회를 사랑하신다.

이것을 알고 나면 삶을 바라보는 시각이 완전히 달라진다. 이제 실패를 두려워할 필요가 없어진다. 상황에 대한 두려움 속에서 살 필요가 없어진다. 이제 매 순간이 하나님의 임재 속으로 들어가는 문을 찾을 기회로 보인다.

이것을 알고 나면 나 자신을 바라보는 시각이 완전히 달라진다. 더 이상 나 자신의 작음과 약함에 얽매이지 않는다. 하나님은 내가 얼마나 작고 약한지 전혀 모르고서 무턱대고 문을 열어 주시는 분이 아니다.

또 이것을 깨달으면 선택하는 방식이 완전히 달라진다. 더 이상 완벽한 선택을 해야 한다는 압박 속에서 살지 않는다. 우리가 옳은 마음으로 들어가기만 하면 하나님은 심지어 '잘못된 문'처럼 보이는 것조차 옳게 사용하실 수 있다.

우리 삶은 문으로 가득하다. 혹시 졸업을 앞두고 있는가? 최근 연구에 따르면 젊은 세대는 무엇보다도 의욕을 불러일으키고

자율성을 보장하는 직장을 원한다고 한다.[7] 좋아하는 일을 하고 싶지만 아직 그 일이 무엇인지 찾지 못했는가?

삶의 변화를 겪고 있는 중인가? 그 어느 때보다도 요즘 사람들은 이직을 자주 한다. 어떻게 하면 현명한 선택을 내릴 수 있을까?

매너리즘에 빠졌는가? 먹고 사는 건 걱정이 없지만 삶이 재미가 없는가? 좀 더 의미 있는 뭔가를 하고 싶은가?

자녀를 다 출가시켰는가? 지난 수십 년간 없던 자유와 시간이 갑자기 생겼는가? 그 자유와 시간으로 무엇을 하는 것이 최선일까?

은퇴를 앞두고 있는가? 하지만 성경에 '은퇴'라는 말은 없으니, 한가로이 빈둥거리다가 생을 마감할 생각이 없는가? 하나님이 예비하신 다음번 일은 무엇일까?

급격한 변화의 한복판에 있는가? 커리어 전문가 앤디 챈에 따르면, 젊은 세대는 일생 동안 평균 29번의 이직을 경험할 것이라고 한다. 옥스퍼드 연구 팀은 현재 존재하는 일자리의 약 절반이 향후 20년 사이에 첨단기술로 대체될 것이라고 예측했다.[8] 이런 급격한 변화에 어떻게 대처해야 할까?

꼭 하고 싶은 일이 있는가? 지금까지 전 세계를 돌아다니며 세상의 신음을 수없이 들었는가? 세상의 문제를 해결하는 데 평생을 바치고 싶다는 열정에 불타고 있는가? 이제 구체적으로 어떻게 해야 할 것인가?

어느 학교에 들어갈지, 어떤 전공을 선택할지 고민 중인 학생인가? 훗날 평생의 업으로 삼을 일과 상관없는 전공을 선택하면 어쩌나?

누군가와 막 사랑을 키워 가고 있는가? 그 사람과 결혼을 생각하고 있는가? 그런데 그 사람이 '평생의 짝'인 줄 어떻게 아는가? 잘못된 선택을 하면 어떻게 하나?

과거에 중요한 기회를 놓치고서 지금껏 후회하며 살아왔는가? 하나님이 과연 두 번째 기회를 준비해 놓고 계실까?

많은 사람이 선택과 '자신을 향한 하나님의 뜻'에 대해 혼란스러워한다. 계속해서 읽어 보면 알겠지만, 열린 문을 알아보고 그 속으로 들어가는 것은 노력하면 배울 수 있는 기술이다. 가장 좋은 배움의 길은 작은 문으로 시작하는 것이다. 이를테면 친절한 말 한마디. 작은 섬김의 행위 하나. 위험을 무릅쓰고 용감히 맞설 기회. 믿음의 기도 한 번.

매일 아침, 매 순간이 열린 문이 될 수 있다. 어떤 이들은 문을 알아보고 그 속으로 과감히 들어간다. 그런 이들에게는 인생이 하나님의 모험으로 변한다. 어떤 이들은 문을 알아보지 못하거나 알아보고도 뒷걸음을 친다. 문이 없는 방은 감옥이다. 열린 문을 받아들이지 않는 것은 하나님이 우리를 지으실 때부터 예비해 두셨던 일을 놓치는 것이다. 삶 속에서 하나님의 영을 더 많이 경험하고 싶다면 하나님이 주신 기회를 알아보고 붙잡을 수 있도록 훈련을 해야 한다.

모든 문은 뭔가를 떠나 어디론가 간다는 뜻이다. 그 문이 우리 삶을 어떻게 바꿔 놓을 것인가? 어떤 대가를 치러야 할 것인가? 삶의 모든 여행은 불확실성과 신비, 모험, 좌절, 뜻밖의 일로 가득하다.

태초부터 하나님의 열린 문이 사람들의 닫힌 마음과 만났다. 아브람도 처음에는 닫힌 마음으로 말했다.

하나님, 하나님이 데려가려는 곳이 도대체 어디입니까?
언제 거기 도착하겠습니까? 그것을 어떻게 알 수 있습니까?
설계도가 필요합니까? 학위가 필요합니까?
무엇이 필요한지 왜 정확히 알려 주시지 않습니까?

제 인생을 위한 주님의 계획안은 어디에 있습니까?
정확히 알아야 제 아내에게 말해 줄 게 아닙니까?

저는 늙었습니다. 용기도 없습니다.
게다가 하나님은 아무것도 알려 주시지 않는군요.
정확히 말씀해 주셔야 할 게 한두 가지가 아닙니다.

그분은 구체적인 내용을 알려 주지 않기로 유명하시다. 하긴, 너무 많이 알면 모험의 스릴이 사라진다. 또한 하나님은 아브람을 친구로 삼길 원하셨다. 그런데 알다시피 친구라면 서로를 믿어야 하고, 약간의 위험성과 불확실성 없이는 서로를 진정으로 믿는 법을 배울 수 없다.

하나님은 다만 아브람에게 말씀하셨다.

"내가 너에게 보여 줄 곳으로 가라."

오, 당신이 갈 곳들. 그곳은 열린 문이 이어지는 곳이다. 그렇다. 열린 문은 하나님이 인도하시는 곳으로 이어진다. 하나님은 문을 여셨다. 그리고 아브람은 갔다. 나머지는 역사에 기록된 그대로다. 당신의 길은 어디로 이어질까?

CHAPTER 2

왜 좀 더 분명하게
답을 주시지 않는 걸까

내가 다녔던 대학에서는 채플 참석이 의무였다. "채플 스파이"라는 애칭으로 불렸던 지도원들이 별도의 자리에 앉아 출석을 확인했다. 학교에서는 이렇게 산출한 지난 학기 출석 현황을 바탕으로 다음 학기 채플 좌석을 재배치했다. 보통은 알파벳 순서나 학과, 고향에 따라 자리 배정이 이루어졌다.

그런데 어느 학기가 시작된 지 3주 정도 지났을 때 채플 스파

이들이 대학입학시험 점수에 따라 자리를 배치하기로 했다는 소문이 학교에 파다하게 퍼졌다. 시험 점수가 높으면 앞자리에 앉고 낮으면 뒷자리에 앉게 된다는 것이었다. 사람들이 앉은 자리에 따라 우리의 성적을 한눈에 알아볼 수 있게 된다면 큰일이었다. 그 소문 때문에 학교 내에서 작은 소동이 일어났고, 결국 입학시험 성적에 따른 자리 배치는 한 달 만에 막을 내리고 말았다. 우리가 얼마나 남들의 시선에 연연하는지 보여 준 사건이었다.

열린 마음가짐 VS 닫힌 마음가짐

연구가 캐롤 드웩은 세상에 두 종류의 사람이 있다고 말한다. 한 부류는 매우 연연하는 사람들이고, 다른 한 부류는 별로 연연하지 않는 사람들이다. 바로 이것이 우리가 열린 문으로 들어갈 수 있는 사람인지와 큰 상관이 있다.

캐롤 드웩은 사람들의 마음가짐과 역경을 헤쳐 나가는 능력을 탐구한다. 특히 그녀는 사람들이 제약과 장애물, 실패, 변화를 어떻게 다루는지에 관심이 많다. 한번은 열 살짜리 학생들에게 극도로 어려운 수학 문제들을 주고서 아이들이 실패를 어떻게 다루는지 관찰하는 실험을 진행했다. 대부분의 학생들은 매우 낙심했지만 몇몇 학생들은 전혀 다른 반응을 보였다. 한 아이는 끝내 문제들을 풀지 못하고서 입술로 쩝 소리를 내더니 "역시 도전은 즐거워!"라고 말했다. 또 다른 아이는 역시 문제를 푸는 데 실패한 뒤 이렇게 말했다. "그래도 뭔가 배운 게 있을 거야."

드웩은 그 아이들을 보고 고민에 빠졌다. "도대체 어떻게 된 녀석들인가? 실패를 잘 다루는 사람들과 다루지 못하는 사람들만 있는 줄 알았더니 실패를 '사랑하는' 사람도 있는 줄은 정말 몰랐다. 이 녀석들은 외계인인가? 아니면 뭔가를 알고 있는 건가?"[1]

드웩은 이 아이들이 실패에도 낙심하지 않을 뿐 아니라 애초에 자신들이 실패했다고 생각하지 않는다는 사실을 발견했다. 아이들은 자신들이 '배우고' 있는 중이라고 생각했을 뿐이다. 드웩은 사람이 삶에 대해 거의 정반대라고 할 만큼 다른 두 가지의 마음가짐을 갖고 있다는 결론을 내렸다.

그중 한 가지를 나는 '닫힌 마음가짐'이라 부르고 싶다. 닫힌 마음가짐을 지닌 사람들은 각 사람의 재능이 정해져 있으며 자신이 얼마나 많은 재능을 갖고 있느냐에 따라 자신의 가치가 결정된다고 믿는다. 따라서 그들의 인생 목적은 어떻게든 남들에게 자신의 가치를 증명해 보이는 것이다.

삶에 대해 이런 식으로 접근한다면 열린 문으로 들어가는 것은 절대 피해야 한다. 시련이 닥칠 때마다 내 가치가 시험대 위에 놓이기 때문이다. 그렇게 되면 자칫 내가 가치 없는 존재로 판명이 날지도 모른다. 그렇기 때문에 절대 실패하지 않도록 성공이 보장된 안전한 길로만 가야 한다. 실수는 절대 안 된다. 실수하면 사람들이 나를 무가치한 존재로 볼 수도 있으니까.

우리는 아주 일찍부터 이런 태도를 관찰할 수 있다. 학교에서 중요한 시험을 치를 때면 공부하지 않았다고 말하는 아이들이 꼭 있다. 왜 그렇게 말할까? 그렇게 하면 성적이 잘 나오지 않아도 똑똑하지 않다는 말을 듣지 않기 때문이다. 공부를 안 했으니 점수가 낮게 나와도 여전히 똑똑한 것이다. 여전히 가치 있는 존재다. 게다가 만에 하나 성적이 잘 나오기까지 한다면 천재라는 소리를 들을지도 모른다.

이것이 내가 다니던 대학에서 성적순으로 자리를 배정했을 때 맨 앞자리에 앉은 학생들만 빼고 모두가 볼멘소리를 냈던 이유다.

드웩은 인생을 사는 또 다른 태도가 있다고 말한다. 나는 그것을 '열린 마음가짐'이라 부르고 싶다. 열린 마음가짐의 소유자들은 중요한 것은 타고난 능력이 아니라 성장이라고 생각한다. 그리고 언제나 성장이 가능하다. 그들은 성장을 원하기 때문에 도전을 마다하지 않는다. 그들의 목표는 남들보다 똑똑하거나 유능하게 보이는 게 아니라 자신의 현재 상태를 넘어 성장하는 것이다. 따라서 그들에게 실패는 삶의 피할 수 없는 일부이며 오히려 배움의 기회다.

궁극적으로 믿음이야말로 열린 마음가짐의 가장 확실한 증거다. 내가 내 가치를 증명해 보이려고 애쓰지 않는 건 내가 성과에 상관없이 하나님께 사랑받는 존재라는 확신이 있기 때문이다. 내가 내일을 향해 마음을 열 수 있는 것은 하나님이 이미 거기에 계셔서다.

지금까지 닫힌 눈으로 하나님과 삶, 자기 자신을 바라보았는가? 열린 문을 받아들이려면 어서 그런 태도를 벗어던져야만 한다. 닫힌 문 사고는 신중함이나 상식으로 위장하지만 사실상 두려움 때문에 하나님을 믿지 못하는 것에 불과하다.

닫힌 문 사고는 골리앗을 이길 수 없다고 말하는 다윗의 형들이다. 또 여호수아와 갈렙에게 적들은 거인처럼 거대한 반면 자신들은 메뚜기 떼에 불과하니 애굽의 노예 생활로 돌아가는 편이 낫다고 말하는 이스라엘 백성들이다. 닫힌 문 사고는 제자의 길이 매력적이기는 하지만 대가가 너무 크다고 결론을 내리는 부자 청년이다. 또한 베풂이 아닌 쌓아 놓는 것을, 사랑 안에서 힘든 진실을 말하는 것보다 침묵을 선택하는 것이다. 닫힌 문 사고를 가진 사람은 하나님을 믿는다고 주장하면서 정작 그분이 "가라"라고 명령하실 때 그 자리에 머문다. 그런 사람은 비신자나 다름없다. 닫힌 문 사고는 안전해 보이지만 하나님과 함께하지 않기 때문에 사실상 세상에서 가장 위험한 사고방식이다.

열린 문 사람이 되려면 열린 마음가짐을 품고, 열린 문이 나타나면 언제라도 들어갈 수 있도록 꾸준히 훈련하고 연습해야 한다. 그럼 이제 열린 문 사람들의 몇 가지 특징을 살펴보자. 이 특징으로 인해 그들은 하나님의 열린 문으로 들어갈 수밖에 없다.

100퍼센트 준비가 되지 않아서 망설이는가

열린 문이 닫힌 문보다 언제나 더 두렵게 보이기 마련이다. 그 문 너머에 뭐가 있을지는 확실히 알 길이 없다. 취직이나 이사, 새로운 관계, 아이를 갖는 것 같은 인생의 굵직한 결정을 내릴 때마다 결과를 미리 알고 싶은 것이 우리 모두의 한결같은 마음이다. '우리가 정확히 어떤 문으로 들어가는 것일까?'

하지만 한 치 앞도 알 수 없는 게 인생이다. 그런데 이것이 사실은 우리에게 매우 좋은 일이다. 우리가 어떤 문으로 들어가는 것인지 정확히 알면 절대 들어가지 않을 경우가 많기 때문이다. 프레데릭 뷰크너는 이런 말을 했다. "내가 볼 때 하나님이 오시는 것은 언제나 보이지 않는다. 추측건대 그 이유는 우리에게 너무 자세히 사전 경고를 해 주면 그분이 도착하기 훨씬 전부터 우리가 두려움에 떨기 십상이어서다."[2]

우리는 절대로 완벽히 준비될 수 없다. 우리 집에 첫 아이가 태어났을 때 아내는 신장염에 걸렸다. 그때부터 아내는 온갖 걱정을 했다. '아기가 아프면 어쩌지? 아기를 안다가 떨어뜨리면 어쩌지? 아이를 너무 엄하게 키우면 어쩌지? 너무 오냐오냐 하며 키우면 어쩌지? 우리가 아이를 잘 키울 만큼 건강하지 못하면 어쩌지? 아이를 망치면 어쩌지?' 세상 모든 부모는 첫 아이를 가졌을 때 스스로 준비되지 않았다고 생각한다.

그러다 아이가 자라서 집을 떠나 세상 속으로 들어갈 때가 되면 부모는 두려운 세상 앞에서 "아직 준비되지 않은 것 같아요"라고 말하는 아이에게 "준비되었든 아니든 무조건 가라"라고 말한다. 요즘엔 부모 곁을 떠나지 못하는 사람들이 얼마나 많은지 그에 관한 영화까지 나왔다. 우리는 아직 준비되지 않았다는 생각에 경제적 독립을 두려워한다. 하지만 우리가 '준비되었든 아니든' 상관없이 때가 되면 세상이 우리 앞으로 찾아온다. 삶과 기회, 난관, 관계, 노화, 궁극적으로 죽음은 우리가 '준비되었든 아니든' 상관없이 때가 되면 우리 앞에 나타난다.

그렇다고 해서 준비가 중요하지 않다는 말은 아니다. 완전 초보 의사보다는 이왕이면 몇 번이라도 수술 경험이 있는 의사에게 뇌수술을 받는 편이 낫다. 하지만 '준비된 느낌' 자체가 우리가 갈 곳을 결정하기 위한 궁극적인 기준은 아니다.

하나님은 "네 앞에 완성된 대본을 놓았다"가 아니라 "네 앞에 열린 문을 놓았다"라고 말씀하신다. 열린 문은 시작이요 기회일 뿐 결과의 보장이 아니다. 열린 문은 결말을 미리 보여 주지 않는다. 열린 문으로 들어가려면 오직 믿음으로 들어가는 수밖에 없다.

"준비되었다"라는 말은 스스로를 과대평가해서 나온 말일 뿐이다. 하나님은 준비된 자가 아니라 오직 순종하는 자를 원하신다. 하나님은 이스라엘 백성을 약속의 땅으로 데려가실 때 먼저 그들이 요단 강에 한 발을 내딛게 하신 뒤에야 비로소 강을 둘로 가르셨다. 만약 그들이 증거를 기다렸다면 평생 강둑에 서 있었을 것이다. 하나님의 명령에 순종할 때 믿음이 자라난다.

성경에서 가장 위대한 열린 문은 마태복음의 끝자락에서 나타나지 않나 싶다. 예수님이 세상을 변화시키기 위해 제자들을 파송하실 때, 두 가지 결정적인 문제점이 있었다. 첫 번째 문제는 제자가 열한 명밖에 없다는 것이었다. 마태복음 전체에서 '12'라는 숫자는 제자들이 이스라엘 열두 지파의 재건에 대한 상징으로 선택되었음을 독자들에게 상기시킨다. 12는 완전한 준비를 의미하는 숫자다. 그런데 이제 한 명이 빠져 버렸다.

하지만 숫자만 문제가 아니었다. "예수를 뵙고 경배하나 아직도 의심하는 사람들이 있더라"(마 28:17). '양'의 문제를 넘어 이제 '질'의 문제까지 발생했다. 단순히 제자들의 숫자만 충분하지 않은 게 아니라 그나마 있는 제자들의 믿음도 충분하지 않았다.

신약학자 데일 브루너는 이렇게 말한다. "숫자 '11'은 불구다. 그것은 12처럼 완벽하지 않다. …… 예수님이 세상 속으로 보내신 교회는 숫자 11처럼 불완전하고 오류의 가능성을 내포하고 있다."[3]

이것이 예수님이 세상을 변화시키기 위해 선택하신 무리다. '먼저, 충분한 숫자를 채워라.' '먼저, 믿음을 충분히 키워라.' 아니다. 예수님은 그저 가라고 말씀하신다. "가라. 믿음과 숫자는 순종의 길을 가면서 하나씩 채우면 된다. 준비되었든 안 되었든 일단 가라."

성경에서 하나님이 뭔가를 시키실 때 준비되었다고 말한 사람은 단 한 명도 없었다.

- 모세: "나는 본래 말을 잘하지 못하는 자니이다 …… 나는 입이 뻣뻣하고 혀가 둔한 자니이다"(출 4:10).
- 기드온: "내가 무엇으로 이스라엘을 구원하리이까 보소서 나의 집은 므낫세 중에 극히 약하고 나는 내 아버지 집에서 가장 작은 자니이다"(삿 6:15).
- 아브라함: "백 세 된 사람이 어찌 자식을 낳을까"(창 17:17).
- 예레미야: "슬프도소이다 주 여호와여 보소서 나는 아이라 말할 줄을 알지 못하나이다"(렘 1:6).
- 이사야: "화로다 …… 나는 입술이 부정한 사람이요"(사 6:5).
- 에스더: "남녀를 막론하고 부름을 받지 아니하고 안뜰에 들어가서 왕에게 나가면 오직 죽이는 법이요"(에 4:11).
- 부자 청년: "그 청년이 재물이 많으므로 이 말씀을 듣고 근심하며 가니라"(마 19:22).
- 룻: "그 땅에 흉년이 드니라"(룻 1:1).
- 사울: (사무엘이 사울을 왕으로 기름 부으려고 갔는데 사람들이 그를 찾지 못해 그가 어디 있는지 묻자) "여호와께서 대답하시되 그가 짐 보따리들 사이에 숨었느니라"(삼상 10:22).

너무 말주변이 없다. 너무 약하다. 너무 늙었다. 너무 어리다. 너무 악하다. 너무 위험하다. 너무 돈이 많다. 너무 가난하다. 인생의 짐이 너무 많다. "네, 주님. 준비되었습니다!"라고 말하는 사람은 단 한 명도 없다. 하지만 하나님은 인류 역사가 시작된 이래로 내내 하셨던 말씀, 그리고 예수님을 통해 제자들에게 하셨던 말씀을 지금 우리에게도 하고 계신다. "준비되었든 아니든……."

우리가 실제로 뭔가를 하기 전까지는 그것을 할 수 있는지 알 길이 없다. 일단 출발하면 '준비 상태'는 훨씬 더 빨리 갖춰진다. 완벽히 준비될 때까지 기다리다가는 평생 기다리기만 하다가 눈을 감고 만다. 예수님은 "너는 이제 준비되었으니 가라"가 아니라 "내가 함께 갈 테니 가라"라고 말씀하신다.

몇 년 전 한 친구가 깜짝 선물을 준비했다며 나를 산 위로 데리고 올라갔다. 알고 보니 친구는 나 몰래 샌 가브리엘 산맥에 행글라이딩 체험을 예약해 두었다. 강사가 나더러 그저 벼랑 끝에 서서 아래를 내려다보며 뛰어내리기만 하면 된다고 말했다.

그리하여 나는 벼랑 끝에 서서 아래를 내려다봤다. 이윽고 강사가 내게 물었다. "준비됐습니까?"

물론 나는 전혀 준비되지 않았다. 하지만 나는 파트너와 나란히 날게 되어 있었고, 나는 준비되지 않았지만 그 파트너가 준비되어 있었다. 강사가 "준비되었든! 아니든!"이라고 소리를 지르자 파트너가 뛰어내렸고 그에 따라 나도 자동적으로 뛰어내리게 되었다.

내가 착륙할 때까지도 몰랐던 사실은 내 파트너도 행글라이딩이 처음이었다는 것이다. 내 파트너는 위험한지 몰라서 두려워하지 않았던 것이다(그때 나는 다시는 열 살짜리 여자아이와 함께 행글라이딩을 하지 않겠노라 다짐했다).

예수님은 친구들을 데리고 산 위로 올라가셨다. 숫자도 충분하지 않았고 믿음도 충분하지 않았던 제자들. 하지만 상관없었다. 중요한 것은 그들이 준비되었느냐가 아니라 '그분'이 준비되셨느냐 하는 것이었다. 그런데 당신과 나는 그분이 언제 때가 되었다고 판단하시는지 알 수가 없다. 이 모든 것은 오직 그분이 통제하신다.

내 우상들을 기꺼이 뒤로 한 채 떠나는 것

열린 문의 가장 큰 문제점 중 하나는 뚜렷하게 식별되지 않을 때가 많다는 것이다. 하나님의 부르심이 언제나 분명하지는 않다. 대체로 하나님은 누가 언제 무엇을 알아야 할지 판단하여 필요할 때마다 정보를 주신다.

이와 관련된 좋은 예가 사도행전에서 발견된다. 당시 교회는 이방인들을 받아들이는 것이 하나님의 뜻인지 판단해야만 했다. 그래서 많은 기도 끝에 교회의 지도자들은 다음과 같은 편지를 보냈다. "성령과 우리는 …… 것이 옳은 줄 알았노니"(행 15:28). 원문을 보면 "옳은 줄 알았노니"는 '옳은 것 같았다'라는 뜻이다.

옳은 것 같았다고? 인류 전체의 미래가 걸려 있는데 한낱 '추측'으로 판단을 했다고?

하지만 교회 지도자들은 이 편지를 보내는 데 아무런 거리낌도 없어 보인다. 물론 하나님은 "이제 이방인 지원자들을 받아라"

라고 대문짝만한 플래카드를 거실 수도 있었다. 그러나 당시 하나님은 교회 지도자들에게 그분의 뜻을 분명하게 밝히지 않으셨던 것이 분명하다. 그것은 그들에게 정확한 지시를 내리는 것보다 그들이 고민하고 토론하고 논쟁하게 놔두는 것이 그들의 성장에 더 유익함을 아셨기 때문이다. 또한 그들도 하나님께 분명한 답을 요구하지 않았다. 그들은 정확히 몰라도 기꺼이 순종할 줄 아는 사람들이었다.

하나님은 인류와 처음 상호작용할 때부터 필요할 때 필요한 정보를 주셨다. 예나 지금이나 모호함과 불확실성은 하나님과 인류의 이야기에서 절대 빠지지 않는 요소다.

창세기의 처음 열한 장은 창조와 타락, 심판이라는 거대한 주제를 다룬다. 하지만 창세기 12장에 이르러서는 갑자기 초점이 점 하나로 좁혀진다. 이제 하나님은 평범한 한 사람에게 찾아오신다. 거대한 무대 위의 왕이 아니라 지극히 평범한 한 사람. 그것은 당신이 될 수도 있고, 내가 될 수도 있다. 우리는 앞에 놓인 문의 온전한 의미를 미리 알 수 없다.

성경은 '데라'라는 사람이 갈대아 우르에 살았다고 말한다. 데라는 그곳에서 태어났다. 그런데 어느 날 갑자기 이사를 한다. 아직 자식이 없는 아브람과 사래를 포함해서 온 가족을 이끌고 길을 나선다. "데라가 그 아들 아브람과 하란의 아들인 그의 손자 롯과 그의 며느리 아브람의 아내 사래를 데리고 갈대아인의 우르를 떠나 가나안 땅으로 가고자 하더니 하란에 이르러 거기 거류하였으며 데라는 나이가 이백오 세가 되어 하란에서 죽었더라"(창 11:31-32).

이야기는 계속된다.

> 여호와께서 아브람에게 이르시되 너는 너의 고향과 친척과 아버지의 집을 떠나 내가 네게 보여 줄 땅으로 가라 내가 너로 큰 민족을 이루고 네게 복을 주어 네 이름을 창대하게 하리니 너는 복이 될지라 너를 축복하는 자에게는 내가 복을 내리고 너를 저주하는 자에게는 내가 저주하리니 땅의 모든 족속이 너로 말미암아 복을 얻을 것이라 하신지라 이에 아브람이 여호와의 말씀을 따라갔고 롯도 그와 함께 갔으며 아브람이 하란을 떠날 때에 칠십오 세였더라 아브람이 그의 아내 사래와 조카 롯과 하란에서 모은 모든 소유와 얻은 사람들을 이끌고 가나안 땅으로 가려고 떠나서 마침내 가나안 땅에 들어갔더라(창 12:1-5).

이 이야기에서 하나님은 "가라"라고 말씀하셨는데 이 "가라"는 두 부분으로 이루어진다. 사실, 하나님의 "가라"는 언제나 두 부분으로 이루어진다. 떠나는 것과 가는 것. 하나님은 이렇게 말씀하신다. "너의 고향 곧 네게 익숙한 땅을 떠나라. 네 친척 곧 네게 영향을 끼친 문화를 떠나라. 네 아버지의 집을 떠나라."

이 이야기의 첫 독자들은 하나님이 아브람의 가족에게 오셨을 당시 우르가 세계 최대의 도시 가운데 하나였다는 사실을 알았을 것이다. 기원전 2천 년 즈음 우르는 비할 데 없이 큰 도시였다. 지중해 지역에서 막대한 재물을 싣고 고대 메소포타미아 지역으로 이동하는 상인들은 모두 우르를 통과해야만 했다. 우르는 거대한 부와 무역, 지식, 기술의 집합소였다. 문명을 태동시킨 첫 법률 문서도 우르에서 탄생했다. 우르는 정말이지 떠나기 힘든 땅이었다.

그런데 하나님은 아브람에게 "우르를 떠나 내가 네게 보여 줄 땅으로 가라"라고 말씀하셨다. 어떤가? 너무도 막연한 명령이지 않은가?

열린 문 사람들은 모호함과 위험에 대한 거리낌이 없다. 그런 것을 좋아하지는 않더라도 최소한 그런 것 때문에 발걸음을 못 떼지는 않는다.

"내가 네게 보여 줄 땅"은 결과적으로 가나안이었다. 그런데 가나안은 우르와 달라도 너무 다른 땅이었다. 문화와 문명, 개발과는 거리가 먼 촌스럽고 척박한 땅이었다. 위대한 문명의 수도 우르에서 먹고 살 만한 사람이 가나안으로 이사를 가는 경우는 거의 없었다. 선진국의 대도시에서 후진국의 시골 벽촌으로 이사를 가는 상황이라고 생각하면 정확하다.

기회를 찾는 사람이 갈대아 우르를 떠나 가나안으로 간다는 건 상식적으로 말이 되질 않았다. 하지만 앞서도 말했듯이 하나님의 열린 문이 항상 분명한 것은 아니다. 이 문은 대개 부(富)나

지위로 가는 문이 아니다. 열린 문으로 들어가려면 하나님이 부르시는 문이 전혀 그분의 문처럼 보이지 않아도 그분께 미래를 맡길 줄 알아야 한다.

필시 아브람의 머릿속에는 의문이 가득했을 것이다. '왜? 도대체 왜 이 좋은 곳을 떠나라고 하십니까?' 성경에 정확한 답은 기록되어 있지 않지만 충분히 미루어 짐작해 볼 수 있다. 성경을 조금 더 뒤로 넘겨보면 하나님은 이스라엘 백성에게 이렇게 말씀하셨다. "옛적에 너희의 조상들 곧 아브라함의 아버지, 나홀의 아버지 데라가 강 저쪽에 거주하여 다른 신들을 섬겼으나 내가 너희의 조상 아브라함을 강 저쪽에서 이끌어내어 가나안 온 땅에 두루 행하게 하고 그의 씨를 번성하게 하려고"(수 24:2-3).

아브람은 우상 숭배의 문화를 물려받았다. 성경의 시각에서 보면 우상 숭배의 문제점은 단순히 하나님의 '이름'을 왜곡시키는 게 아니라 그분의 '인격'을 왜곡시킨다는 것이다. 성경의 시각에서 보면 우상은 힘만 제시할 뿐 하나님처럼 "오직 정의를 행하며 인자를 사랑하며 겸손하게 네 하나님과 함께 행하"(미 6:8)라고 명령하지 않는다. 아브람은 이런 우상 숭배에 대해 죽어야만 했다. 마찬가지로 우리도 우상 숭배라는 그릇된 믿음과 태도, 습관의 체계에 대해 죽어야만 한다.

우리 가족이 시카고로 이사했을 때 아내는 뜻밖의 영적 여행을 시작하게 되었다. 아내는 캘리포니아를 얼마나 사랑했던지 시카고에서는 도무지 하나님을 찾지 못했다. "이 삭막한 도시를 보면 하나님이 철로 모든 것을 짓이겨 버리신 상태인 것만 같아요."
하지만 아내는 자신이 전혀 예상치 못했던 종류의 우상 숭배에
빠져 있다는 사실을 차츰 깨닫기 시작했다. 그것은 바로 장소의
우상화였다. 열린 문으로 들어간 덕분에 아내는 장소에 대한 집
착을 버리고 어디서든 하나님을 찾을 수 있게 되었다.

나는 나대로 아내가 새로운 환경에 적응할 때까지 기다려 주
질 못했다. 나는 어떻게든 아내를 바로잡거나("불평 좀 그만해요! 좀
웃어요!") 아내의 마음을 조종하려고 했다("아무래도 내가 어리석은 선택
을 한 것 같소." 정말로 그렇게 생각해서가 아니라 그렇게 말하면 아내가 미안해
서 불평을 적게 할까 봐 그랬다). 다행히 이 문으로 들어가고 나서 인내
하고 아내에게 '마음을 정리할' 시간을 주는 법을 배울 수 있었다.

열린 문의 목적은 우리의 외적 상황보다 우리 내면을 바꾸는
것일 때가 많다. 하나님은 아브람에게 세상과 믿음, 정체성을 바
라보는 완전히 새로운 시각을 가르치기 시작하셨다. 이것이 아브
람에게 새로운 이름을 주신 이유다. "이제 후로는 네 이름을 아브
람이라 하지 아니하고 열국의 아버지를 뜻하는 아브라함이라 하
리니 이는 네가 세상을 위한 사람이 되어야 하기 때문이다. 세상
모든 사람이 너를 통해 복을 받을 것이다"(창 17:5 참조). 하나님은
아브람 앞에 새로운 정체성과 새로운 믿음, 새로운 목적이라는
문을 두셨다.

열린 문으로 들어간다는 것은 곧 우리의 우상들을 기꺼이 뒤
로 한 채 떠난다는 뜻이다. 아브람이 편하고 익숙한 곳에 머물렀

다면 결코 그렇게 할 수 없었을 것이다. 그의 옛 관계들과 옛 패턴, 옛 삶의 방식이 아브람을 계속해서 우상 앞으로 끌고 갔을 것이다. 그는 이 새로운 삶을 방해하는 모든 것을 떠나야만 했다. 그는 하나님과 함께 여행을 떠나야 했다.

하나님이 그에게 무엇을 주셨는가? 바로, 단 하나의 약속이다. "내가 너로 큰 민족을 이루고 네게 복을 주어 네 이름을 창대하게 하리니"(창 12:2).

이 약속은 바벨 이야기 속 인간들의 그릇된 욕망을 바로잡아 준다. "우리 이름을 내고"(창 11:4). '눈부신 성과를 거둬 우리의 이름을 드높이자.' 열린 문의 하나님은 우리에게 스스로 이름을 높이려는 헛수고를 그만두라고 말씀하신다. 진정한 가치는 자기 힘으로는 얻을 수 없고 오직 하나님께 받을 수 있는 것이기 때문이다.

우리는 명성을 날리겠다는 헛된 꿈에 일생을 허비하지만 하나님은 "내가 세상 속에서 놀라운 일을 행하여 너 스스로 얻을 수 없는 것을 주겠다"라고 말씀하신다. 열린 문으로 들어간다는 건 내이름을 하나님께 맡겨야 한다는 뜻이다.

하나님의 복을 전해 주는 사명

하나님은 아브람에게 이렇게 말씀하셨다. "네 이름을 창대하게 하리니 너는 복이 될지라 너를 축복하는 자에게는 내가 복을 내리고 너를 저주하는 자에게는 내가 저주하리니[보호에 대한 약속] 땅의 모든 족속이 너로 말미암아 복을 얻을 것이라"(창 12:2-3).

여기서 "복"이란 단어는 왜곡된 상태에서 구속되어야 한다. 언어학자 데보라 타넨은 이렇게 말한다. "요즘은 '복'이란 단어가 '행운'이란 의미처럼 쓰인다." 버지니아 주 출신 원맨쇼의 대가 에린 잭슨도 이렇게 말했다. "방금 내 페이스북 담벼락에 한 아가씨가 '복 받은 엉덩이'라는 제목으로 자신의 엉덩이 사진을 올렸다. 하지만 과연 이것이 정말로 복인가?" 이번에는 작가 제시카 베넷의 말을 들어 보자. "자신의 삶을 자랑하는 것은 거룩한 모습과 거리가 멀다. 하지만 '복 받은'(blessed)은 자신의 성과를 자랑하면서 겸손한 척하고 싶은 사람들이 애용하는 표현이 되었다."[4]

아브람에게 복은 소셜 미디어의 '겸손한 자랑'("이렇게 많은 가축과 자손, 아내라니. 나는 정말 복을 받았어. #행복한족장")을 위한 기회가 아니었다. 그에게 복은 하나님을 알고 경험할 수 있는 기회, 나아가 남들을 높여 주기 위해 하나님의 도구로 사용될 기회였다. 아브람은 이런 제안을 바탕으로 자신의 삶을 일구도록 부름을 받았다. 다시 말해 아브람은 하나님께 선물을 받을 수 있었지만 어디까지나 자기 삶을 다른 이들을 위한 선물로 내놓을 때만 그 선물을 받을 수 있었다.

하나님의 이런 약속을 믿으면 열린 문 사고를 위해 꼭 필요한 태도를 얻을 수 있다. 아브람은 결핍이 아니라 풍요의 태도를 품고 살아갔다. 그리고 그로 인해 남들을 위해 복이 되는 삶의 문을 보고 그리로 들어갈 수 있었다.

아브람은 조카 롯과 헤어질 때 조카에게 원하는 땅을 갖도록 선택권을 양보했다. 이에 롯은 가장 비옥해 보이는 땅을 선택하고("온 땅에 물이 넉넉하니 …… 여호와의 동산 같고", 창 13:10) 나머지 땅을 아브람에게 넘겼다. 하지만 그 직후 하나님은 아브람에게 셀 수 없이 많은 복을 약속해 주셨다.

나중에 아브람은 멜기세덱이라는 신비로운 제사장이자 왕을 만나 "십분의 일을 멜기세덱에게 주었더라"(창 14:20). 그때부터 십일조가 시작되었다. 롯은 "여호와의 동산 같은" 땅을 선택했지만, 아브람은 풍요에 대한 하나님의 약속 안에서 살았고 그 결과 다른 이들에게 복을 전해 주었다. 열린 문으로 들어가려면 언제나 베풂의 정신이 필요하다. 그리고 베풂은 언제나 풍요의 태도에서 흘러나온다.

태초부터 하나님은 풍요와 복을 하나로 연결시키셨다. "하나님이 큰 바다 짐승들과 물에서 번성하여 움직이는 모든 생물을 …… 창조하시니 …… 하나님이 그들에게 복을 주시며 이르시되 생육하고 번성하여 여러 바닷물에 충만하라"(창 1:21-22). 하나님은 물고기가 수없이 많아져 물을 가득 채우기를 원하셨다.

하나님이 물고기들에게 복 주시는 광경을 상상만 해도 가슴이 떨린다. 하나님이 물고기를 얼마나 많이 창조하셨는가? 수도 없이 많이 창조하셨다. "물고기 한 마리, 물고기 두 마리, 빨간 물고기, 파란 물고기…… 단 한 마리도 서로 똑같지 않아. 이유는 내게 묻지 마. 엄마에게 가서 물어보렴."⁵ 하나님이 만물에 복을 주신 것이다. 그리고 하나님이 만물에 복을 주신 것은 그 만물이 복을 나눠 주길 원하셨기 때문이다.

이것이 '하나님의 선교'(missio Dei)다. 요즘 사명 선언문(mission statement)이라는 말들을 한다. 하지만 사명은 기업을 비롯한 인간의 조직 이전으로 거슬러 올라간다. 사명은 하나님에게서 시작되었다. 하나님은 한 가지 사명을 품고 계신다. 하나님은 이 사명을 위해 한 민족을 세우셨지만, 이 사명은 그 민족 이전부터 존재했다. 하나님은 그분의 사명을 성경에 기록하고 한 민족에게 주셨다. 하나님의 사명, 그분의 프로젝트는 바로 복을 주는 것이다. 열린 문은 이 사명에 동참하라는 초대다.

우리가 사명 선언문을 좋아하는 이유는 하나님의 형상대로 지음을 받았기 때문이다. 하나님의 사명은 무한한 풍요하심을 바탕으로 복을 나눠 주시는 것이다. 바로 이것이 우리의 사명이어야 한다. 그렇다면 어디서 복을 나눠 주어야 하는가? 어디를 가든. 언제 복을 나눠 주어야 하는가? 닥터 수스의 책, *Oh, the Places You'll Go!*(오, 네가 갈 곳들)에 나오는 표현을 빌리자면 "축하한다! 오늘이 바로 너의 날이다."⁶

창세기를 보면 하나님은 복을 줄 대상을 만들기 위해 세상을 창조하셨다. 그래서 하나님은 계속해서 세상에 복을 주셨다. 그런데 어느 날 죄와 저주가 세상에 들어오고 만다. 창세기 3-11장을 보면 다섯 번에 걸쳐 죄에 대해 "저주"란 단어가 사용되는데 모두 자유와 생명의 상실을 의미한다. 하지만 12장에서 하나님은 아브람이란 사람과 함께 세상을 새롭게 출발시키셨다. 그 장에서 하나님은 다시 다섯 번에 걸쳐 "복을 주다"란 단어를 사용하신다. 하나님은 저주를 풀기 위해 한 사람을 사용하셨다.

고대 세계에서 복이란 인간에게 가능한 지고한 형태의 행복이었다. 헬라어에서는 신들의 더없이 행복한 상태를 '복 받은'(blessed)이라고 표현했다. 하지만 이스라엘 백성에게 복은 하나님께 받은 선물보다는 오히려 하나님과 함께하는 삶을 의미했다. 복은 가족과 재정, 일, 마음까지 아브람 삶의 모든 측면을 아울렀다. 이는 그가 복을 '받기만' 한 게 아니라 복의 통로가 '되어야' 했다는 뜻이다. 복의 통로가 되지 않으면 가장 높은 차원에서의 복을 받는 것이 불가능하다. 인간 영혼의 가장 깊은 갈망 중 하나는 자신의 삶을 통해 남들에게 복을 전해 주는 것이다.

단순히 돈이 많은 것과 복 받은 것의 차이점을 알고 싶다면 《크리스마스 캐럴》(*A Christmas Carol*) 첫 부분의 스크루지와 마지막 장면의 스크루지를 비교해 보라. 아브람이 이 열린 문으로 들어간 덕분에 온 세상이 복을 받게 되었다. 이제 당신과 내가 열린 문으로 들어갈 때도 온 세상이 복을 받는다.

죽기 전까지는 끝난 게 아니다

열린 문 사람들은 장애물 앞에서도 낙심을 뿌리칠 줄 알고, 오랫동안 기다리는 가운데서도 끝까지 포기하지 않는다.

하나님은 아브람에게 약속을 주셨다. "나의 민족이 일어날 것이다. 그 일이 너를 통해, 너와 사래가 낳은 아들을 통해 일어날 것이다." 그 즉시 아브람의 머릿속에는 그 약속을 믿지 못하는 이유가 떠올랐다. "사래는 임신하지 못하므로 자식이 없었더라"(창 11:30).

모든 인간의 영혼 깊은 곳에는 자녀를 낳고 싶은 욕구가 있다. 그런데 고대 세상에서 자녀는 요즘 우리가 생각하는 것 그 이상이었다. 그 옛날 자녀는 재정적인 안정을 의미했다. 당시는 연금 같은 사회 안정망이 없었다. 나아가 후손은 대를 잇고 불멸로 가기 위한 통로였다. 특히 고대 여성에게 자식을 낳는 것은 존재 목적 그 자체였다. 그래서 아이를 낳지 못하는 것은 단순히 실망스러운 일이 아니라 치욕이요 수치였다.

약속을 주신 시점에 아브람의 나이는 75세였고 사래는 65세였다. 두 사람은 실망 속에서 산 지 오래되었다. 그들은 자신들이 아는 모든 신에게 제사를 지냈다. 수많은 눈물을 흘리며 기도를 드렸지만 태기는 나타나지 않았다. 그런데 어느 날 하나님이란 낯선 신이 뜻밖의 말씀을 하는 게 아닌가. "너희 부부가 오랫동안 기다리던 일을 이루어 주마. 단 조건이 있다. 너희는 가야 한다." 이 애매한 지시를 듣고 어떻게 갈 수 있을까? 오직 믿음으로 가는 수밖에 없었다.

히브리서 기자는 이렇게 말한다. "믿음으로 아브라함은 부르심을 받았을 때에 순종하여 장래의 유업으로 받을 땅에 나아갈새 갈 바를 알지 못하고 나아갔으며"(히 11:8). 믿음으로 가기 전까지는 자신이 어디로 가게 될지 알 수 없다. "믿음으로 그가 이방의 땅에 있는 것 같이 약속의 땅에 거류하여"(히 11:9). 믿음으로 가면 이 세상에서 이방인이 된다. 믿는 자의 고향은 하나님이기 때문이다.

"믿음으로 사라 자신도 나이가 많아 단산하였으나 잉태할 수 있는 힘을 얻었으니 이는 약속하신 이를 미쁘신 줄 알았음이라 이러므로 죽은 자와 같은 한 사람으로 말미암아 하늘의 허다한 별과 또 해변의 무수한 모래와 같이 많은 후손이 생육하였느니라"(히 11:11-12).

열릴 문이 나타날 때마다 우리의 발목을 잡는 변명이 있기 마련이다. 아브람의 변명은 "너무 늙었다"라는 것이었다. 하지만 나이는 아무런 상관이 없다. 하나님의 열린 문으로 가려면 포기하고 싶은 유혹을 뿌리치고 믿음으로 끝까지 나아가야 한다.

얼마 전 크레이그 그로쉘 목사에게서 멋진 표현 하나를 배웠다. "죽기 전까지는 끝난 게 아니다."

아브람은 75세의 노인이었다. 그런데도 아직 '24년'을 더 기다려야 했다. 하나님이 24년 뒤에 다시 찾아와 '아브라함'이라는 새 이름을 주시고 똑같은 약속을 되풀이하셨을 때도 아내 사라가 낳은 아들은 여전히 없었다. 아브라함이 이런 반응을 보일 만도 했다. "아브라함이 엎드려 웃으며 마음속으로 이르되 백 세 된 사람이 어찌 자식을 낳을까 사라는 구십 세니 어찌 출산하리요 하고"(창 17:17).

그러자 하나님은 이렇게 말씀하셨다. "네 아내 사라가 네게 아들을 낳으리니"(창 17:19). 죽기 전까지는 끝난 게 아니다. "아브라함아, 이제 내 약속, 내 언약의 증거를 주마. 그것은 네가 네 지혜나 통찰력이나 예측 능력, 추진력이 아니라 오직 내게만 믿음을 두기를 원하기 때문이다. 오직 나와 함께하는 삶에만 모든 믿음을 두라."

성경에서 나이는 하나님의 부르심에 거역할 이유가 전혀 못 된다. 이스라엘 백성을 애굽에서 이끌고 나오라는 하나님의 부르심을 받을 때 모세의 나이는 여든이었다. 출애굽은 그가 여든 살 때 시작되었다. 갈렙도 하나님께 약속의 땅에서 산 하나를 더 취하게 해달라고 요청할 때 여든 살이었다.

내가 시무하는 교회의 성도인 플로렌스 데트로르는 몇 년 전 새로운 도전을 찾다가 페이스북에 가입했다. 당시 그녀의 나이는 무려 101세였다. 전 세계 10억 명의 페이스북 이용자 중에서 플로렌스 데트로르는 최고령 이용자다. 이 사실을 알게 된 마크 주커버그는 그녀를 페이스북 본사로 초대해 직접 구경을 시켜 주고 셰릴 샌드버그까지 셋이 나란히 서서 기념사진까지 찍어 주었다.

데트로르의 첫 텔레비전 인터뷰 방송이 나가자 하루 만에 전 세계에서 7천 명이 친구 요청을 해 왔다. 그녀는 101세에 친구 요청에 일일이 응답하느라 손목이 시큰거릴 정도라고 기분 좋은 엄살을 피운다.

아브라함은 너무 늙어서 힘들다고 말했다. 디모데는 너무 어려서 힘들다고 말했다. 에스더는 여자라서 힘들다고 말했다. 모세는 재능이 없어서 힘들다고 말했다. 기드온은 속한 지파가 보잘것없어서 힘들다고 말했다. 엘리야는 적이 어마어마해서 힘들다고 말했다. 요나는 도시가 마음에 들지 않아서 힘들다고 말했다. 바울은 과거가 어두워서 힘들다고 말했다. 하지만 하나님은 계속해서 말씀하셨다. "가라."

때로는 하나님의 약속이 이루어지기까지 꽤 시간이 걸리기도 한다. 하지만 죽기 전까지는 끝난 게 아니다.

안위와 소명 사이

부름에 응답하지 않은 이야기. 모험하지 않은 이야기. 순종하지 않은 이야기. 기쁘게 베풀지 못한 이야기. 제대로 살지 못한 이야기. 세상에 이런 이야기보다 슬픈 이야기는 없다. 당신만큼은 이런 이야기의 주인공이 되지 않기를 바란다.

후회하는 사람이 얼마나 많은지 후회의 심리학을 연구하는 사회과학 분야가 따로 있을 정도다. 가장 놀라운 사실 중 하나는 후회가 사람의 일생을 바꿔 놓는다는 것이다. 단기적인 후회는 대개 뭔가를 해서 생기는 후회다. 예컨대 '저 복숭아 파이를 먹지 말

걸'. '괜히 그 여자애한테 데이트를 신청해서 창피하게 퇴짜를 당했어'와 같은.

하지만 시간이 지나면서 우리 시각이 변한다. 나이를 먹을수록 뭔가를 해서가 아니라 뭔가를 하지 않아서 후회하는 일이 많아진다. 속으로만 생각하고 미처 입 밖으로 말하지 못한 사랑의 말. 놓쳐 버린 섬김의 기회. 아까운 마음에 결국 주지 못한 선물.

처음에는 우리가 저지른 잘못에 대해 후회하지만 결국에는 우리가 들어가지 않은 열린 문으로 인해 후회한다. 나중에 후회하지 않도록 지금 해야 할 일은 무엇인가? 열린 문으로 걸어 들어가면 나중에 후회하지 않는다. 물론 잘못된 선택을 내려 잠시 후회할 수는 있지만 열린 문으로 들어가면 최소한 '~했으면 어땠을까?'라는 궁금증에 시달리지는 않는다.

하나님의 "가라"는 명령은 누구에게나 찾아온다. 하지만 그 문으로 들어가려면 먼저 현재의 자리를 떠날 수 있어야 한다.

아브람의 이야기를 읽으면서 이런 생각을 했던 기억이 난다. '이 일이 현재 일어났다면? 지금 세상에서는 어떤 땅에 부와 첨단기술, 교통, 편의, 교육이 집중되어 있는가?'

그때 문득 내가 바로 21세기 갈대아 우르에 살고 있다는 사실을 깨달았다. 나는 부와 첨단기술, 교육을 자랑하는 땅에서 살고 있다. 그러다 보니 정신을 똑바로 차리지 않으면 언제 나도 그런 것에서 정체성과 자존감을 찾기 시작할지 모른다. 혹시 당신도 그런 땅에서 살고 있지 않은가? 하나님이 우리에게 "가라"라고 말쓿하실 때 뭐라고 말할 것인가?

순종해서 가면 인생이 복잡해질 수 있다. 하지만 위험을 무릅쓰기 싫어서 가지 않으면 하나님의 놀라운 일에 동참할 수 없다. 가면 실패할 수 있지만 가지 않으면 하나님과 동행하면서 세상에 복을 더해 주는 삶이라는 약속의 땅을 평생 구경할 수 없다.

아브람의 아버지에 관한 성경 구절에서 우리는 아주 간단하지만 중요한 사실 하나를 발견할 수 있다. "데라가 그 아들 아브람과 하란의 아들인 그의 손자 롯과 그의 며느리 아브람의 아내 사래를 데리고 갈대아인의 우르를 떠나 가나안 땅으로 가고자 하더니 하란에 이르러 거기 거류하였으며"(창 11:31). 데라는 아브람을 데리고 가나안으로 출발했지만 도중에 멈추고 말았다.

이 구절에 자세한 설명이 나와 있지 않기 때문에 확실히 장담할 수는 없지만 아마도 다음과 같은 일이 벌어지지 않았을까 싶다. 데라 가족의 이야기는 세상의 부와 교육, 우상이 집중된 거대한 도시인 우르에서 시작된다. 그런데 어느 날 그들은 하란을 통해 가나안으로 이어지는 여행길에 오른다. 하지만 아브람의 아버지 데라의 여행은 하란에서 끝이 난다. 그렇다면 하란은 어떤 곳일까? 성경의 다른 구절을 보면 하란은 우르와 매우 흡사한 도시였다. 그곳에도 돈과 우상이 넘쳐났다.

정확히 어떤 이유에서인지는 모르겠지만 데라가 가나안으로 가다가 우르와 아주 비슷한 곳에 이르러 그냥 눌러앉은 것만큼은 확실하다. 하나님이 "가라!"라고 말씀하셨지만 데라가 "그냥 여기서 멈추는 게 낫겠습니다"라고 말했을지도 모를 일이다.

'더 이상 갔다가는 내 전부를 잃을 수도 있어. 내 우상들을 다 포기해야 할 게 분명해.' 데라는 그런 생각으로 안위를 선택했을지 모른다. 하지만 그의 아들 아브람은 하나님의 부르심에 "예"로 응답했다.

지금 갈대아 우르에 살고 있는 당신에게 하나님이 "가라"라고 말씀하시며 열린 문을 보여 주시는가? 그렇다면 당신은 안위와 소명 사이에서 선택을 내려야 한다. 데라는 안위를 선택한 탓에 가야 할 길을 가지 않은 사람의 사례로 남아 있다.

그렇지만 아마 데라 역시 안전하고도 편안한 하란에 눌러앉은 것을 결국 후회하지 않았을까? 당신이 데라라고 상상해 보라. 늙어 병상에 누워 있는데 하나님의 놀라운 이야기가 계속해서 들려왔고, 웃음을 뜻하는 이삭이란 손자를 통해 하나님의 약속이 이루어졌다는 소식을 들었다고 상상해 보라. 그러면 하나님의 부름보다 안위를 선택한 것이 뼈저리게 후회될 것이다.

데라와 달리 아브람은 많은 실수를 저지른 것이 성경에 기록되었다. 하지만 아브람과 달리 데라는 하나님의 친구로 불리지 못했다. 열린 문 사람들이 실수는 더 많이 할지 몰라도 후회는 훨씬 더 적게 한다.

결혼하고 몇 달이 지나서 아직 대학원생일 때 해외에서 1년 동안 장학생으로 공부할 수 있는 기회가 찾아왔다. 아내에게 그 이야기를 하고 나니까 온갖 걸림돌이 생각났다. 그 학교에서 공부한다고 내 학위를 높일 수 있을까? 아니다. 거기 갔다 오면 졸업이 더 늦어질까? 그렇다. 거기에 다녀올 경비가 충분할까? 아니다. 그 학교에서 나를 기다려 줄 사람이 있는가? 아니다. 아내가 일을 해야 할까? 그렇다. 그것도 가사도우미로.

온갖 장단점이 있었다. 한참을 고민하다가 좀 더 상의하려고 아내를 찾아가니 이미 짐이 다 싸져 있었다. 그때 내가 열린 문의 여인과 결혼했다는 것을 깨달았다. 아내는 무조건 "예!"라고 하는 여성이다.

하나님은 이 세상 속에서 놀라운 역사를 펼치고 계신다. 문이 열리면 대가를 따져보고 장단점을 저울질하고 지혜로운 조언을 구하고 최대한 멀리까지 내다보라. 하지만 마음 깊은 곳에서는 "예!" 쪽으로 살짝 기울어져 있어야 한다. 꼭 눈앞에 있는 문이 아니더라도 언제라도 열린 문으로 돌진할 수 있는 자세를 기르라.

하나님은 아브람에게 찾아와 이렇게 말씀하셨다. "너에게 복을 주겠다. 네 이름을 위대하게 만들어 줄 것이다. 너를 통해 위대한 민족을 일으키겠다. 너를 보호해 주마. 세상 모든 사람이 너로 인해 복을 받을 것이다."

자, 아브람이 어떻게 했는가?

아브람은 갔다. 데라는 눌러앉았고 아브람은 갔다. 하나님은 "가라"라고 말씀하셨고 아브람은 "예"라고 대답했다.

하나님께는 그것만으로 충분했다. 아브라함이 그 후로 수없이 실수할 것을 뻔히 아셨지만 하나님께는 그가 갔다는 사실 자체가 가장 중요했다.

진짜 나를 적나라하게 보게 되다

열린 문으로 들어가려면 하나님이 나를 불완전한 모습 그대로 사용하실 줄 믿어야 한다. 열린 문으로 들어가면 결점까지 포함해서 나 자신의 모든 면을 적나라하게 보게 되기 때문이다. 열린 문으로 들어가면 내 믿음이 애초에 생각했던 것보다 훨씬 약하다는 사실을 발견하게 될 가능성이 높다. 그래서 열린 문으로 들어가려면 실패를 받아들일 만큼 겸손해야 한다.

그 옛날 이스라엘 백성도 출애굽 당시 자신들의 진짜 모습을 고통스럽게 마주해야만 했다. 모세는 불타는 가시덤불에서 하나님을 만난 뒤 아론과 함께 이스라엘 백성을 한데 모아 하나님의 말씀을 전하고 기적적인 표적을 보여 주었다. 그러자 이런 일이 일어났다. "백성이 믿으며 여호와께서 이스라엘 자손을 찾으시고 그들의 고난을 살피셨다 함을 듣고 머리 숙여 경배하였더라"(출 4:31). 백성들이 귀를 기울이고 진심으로 믿었다.

그런데 그런 일이 일어난 직후 이스라엘 백성이 막 애굽을 나서는데 저 멀리서 바로의 군대가 쫓아오는 것이 보였다. 그 즉시 불평이 터져 나왔다. "애굽에 매장지가 없어서 당신이 우리를 이끌어내어 이 광야에서 죽게 하느냐 어찌하여 당신이 우리를 애굽에서 이끌어내어 우리에게 이같이 하느냐 우리가 애굽에서 당신에게 이른 말이 이것이 아니냐 이르기를 우리를 내버려 두라 우리가 애굽 사람을 섬길 것이라 하지 아니하더냐 애굽 사람을 섬기는 것이 광야에서 죽는 것보다 낫겠노라"(출 14:11-12).

애굽에 있을 때 그들이 그런 식으로 말했던가? 아니다. 애굽에서는 "믿습니다"라고 자신 있게 말했던 그들이다. 이스라엘 백성이 그 말을 할 때만 해도 분명 진심이었다. 하지만 막상 뚜껑을 열어 보니 그 믿음은 변하기 쉬운 가짜 믿음이었다. 상황이 바뀌고 보니 그들은 '진정으로' 믿는 게 아니었다.

우리도 늘 이렇지 않은가? 나와 돈의 관계를 예로 들어 보자. 예수님은 받는 것보다 주는 것이 복되다고 하면서 재물이나 돈에 관해 걱정하지 말고 하늘 아버지를 믿으라고 말씀하셨다. 그런 말씀을 읽을 때마다 나는 그것을 믿는다고 자신 있게 말한다. 하지만 정작 희생적인 나눔의 문으로 들어가거나 경기가 나빠지거나 갑자기 돈이 쪼들리면 근심하고 걱정한다.

알고 보니 나는 돈이 '있는' 한 돈에 관해 걱정하지 않아도 된다는 예수님의 말씀을 믿고 있었다. 하지만 돈이 조금이라도 줄어들면 내 '진짜' 믿음이 드러난다. 나는 돈을 믿고 있다. 그것도 아주 많이.

이렇듯 열린 문으로 들어가면 문 밖에서 서성일 때는 절대 볼 수 없는 내 모습을 보게 된다.

지금도 우리에게 "가라" 명하신다

우리는 하나님의 열린 문으로 들어가는 사람들을 우리가 도저히 범접할 수 없는 영적 거인으로 여기는 경향이 있다. 우리는 평생 노력해도 그들의 믿음에 도달할 수 없을 것만 같다. 하지만 바울이 아브라함을 묘사한 글을 읽어 보면 놀라운 통찰을 얻을 수 있다.

> 아브라함이 바랄 수 없는 중에 바라고 믿었으니 이는 네 후손이 이같으리라 하신 말씀대로 많은 민족의 조상이 되게 하려 하심이라 그가 백 세나 되어 자기 몸이 죽은 것 같고 사라의 태가 죽은 것 같음을 알고도 믿음이 약하여지지 아니하고 믿음이 없어 하나님의 약속을 의심하지 않고 믿음으로 견고하여져서 하나님께 영광을 돌리며 약속하신 그것을 또한 능히 이루실 줄을 확신하였으니(롬 4:18-21).

바울은 아브라함이 하나님을 믿고 "그러므로 그것이 그에게 의로 여겨졌느니라"(롬 4:22)라고 말한다. 다시 말해, 하나님은 아브라함이 늘 옳은 일만 해서가 아니라 그가 그분을 기꺼이 믿었기 때문에 그를 통해 역사하기로 선택하셨다. 그런데 아브라함의 이야기를 읽어 보면 그렇게 하나님께 인정받은 믿음조차도 연약하기 짝이 없었다.

아브람은 하나님의 부름에 순종하여 온 가족을 이끌고 고향을 떠나 애굽을 지나던 중 아내에게 말했다. "당신의 미모가 너무 뛰어나서 걱정이오. 애굽인들이 당신을 차지하려고 나를 죽이면 어쩌오? 그러니 이렇게 합시다. 사람들이 물어보면 당신이 내 누이라고 거짓말을 하는 거요. 알겠소?"

아무리 봐도 하나님이 보호해 주실 줄로 믿는 사람 같아 보이지 않는다. 제 한 몸 살자고 아내를 위험으로 내몰다니.

결국 일이 벌어지고 만다. 바로가 사래를 후궁으로 삼고자 왕궁으로 데려온 것이다. 그 대가로 바로는 '사래의 오빠 아브람'에게 소와 양, 나귀, 낙타, 종까지 한아름 선물을 안겨 주었다. 그런데 아브람은 죄책감을 느끼고 사실대로 털어놓기는커녕 넙죽 선물을 받고 물러갔다.

하지만 바로는 사래가 아브람의 아내이며 하나님이 이 상황을 기뻐하시지 않는다는 사실을 알게 된다. 흥미롭게도 바로는 하나님이 인류 타락 후 하와에게 하셨던 질문을 그대로 빌려 아브람에게 던진다. "네가 어찌하여 나에게 이렇게 행하였느냐"(창 12:18; 3:13 참조). 다시 말해, 이방 나라의 왕이 하나님의 사람 아브람보다도 옳고 그름에 대해 더 분명했다.

여기서 끝이 아니었다. 나중에 남방에서 아브람은 아내를 누이로 위장하는 파렴치한 짓을 또다시 저질렀다. 그런데도 왜 하나님은 그를 포기하지 않으셨을까?

그것은 바로 아브라함이 잘한 일 하나 때문이었다. 아브라함이 무엇을 잘했는가? 다른 건 몰라도 하나님을 포기하지 않은 것만큼은 아무리 칭찬해도 지나치지 않다. 우리가 하나님을 향해 마음의 문을 계속해서 열어 두면 하나님은 우리를 향한 기회의 문을 계속해서 열어 두신다.

한편, 하나님이 약속한 아들을 11년이 지나도록 주시지 않자 참다못한 사래는 아브람에게 어리석은 제안을 한다. "여보, 제 종 하갈을 통해 후사를 보면 어떨까요?"

아브람이 "큰일 날 소리! 그러지 말고 끝까지 하나님을 믿읍시다"라고 말했을까? 아니다. 아브람이라도 정신을 차리고 말려야 하건만 "그거 좋은 생각이오"라고 맞장구를 치니 집안 꼴이 말이 아니었다.

3년 뒤에 하나님이 나타나 아브라함이라는 새 이름을 주시며 사라가 아이를 낳을 거라고 말씀하셨을 때는 그가 또 어떤 어리석은 반응을 보였는지 아는가? "아브라함이 엎드려 웃으며 마음속으로 이르되 백 세 된 사람이 어찌 자식을 낳을까"(창 17:17).

뿐만 아니라 사라도 그 소식을 듣고 웃었다. 이에 하나님은 아브라함에게 이렇게 말씀하셨다. "사라가 왜 웃으며 이르기를 내가 늙었거늘 어떻게 아들을 낳으리요 하느냐 여호와께 능하지 못한 일이 있겠느냐"(창 18:13-14).

그때 아브라함이 남자답게 솔직히 고백했는가? "하나님, 솔직히 저도 속으로 웃었습니다."

아니다. 그는 입을 꾹 다물고 있었다.

아브라함은 두 번씩이나 아내를 누이로 속일 정도로 믿음이 약했다. 진득하게 기다리지 못하고 여종을 통해 후사를 보려고도 했다. 하나님의 약속을 속으로 비웃은 적도 있었다. 그런데 바울은 훗날 '이런' 사람을 두고 "바랄 수 없는 중에 바라고 믿었으니", "믿음이 약하여지지 아니하고", "믿음이 없어 하나님의 약속을 의심하지 않고", "믿음으로 견고하여져서", "하나님께 영광을 돌리며 약속하신 그것을 또한 능히 이루실 줄을 확신하였으니"와 같은 표현을 썼다.

바울은 랍비였다. 따라서 위와 같은 창피한 이야기를 몰랐을 리가 없다. 그렇다면 바울은 왜 아브라함의 부끄러운 과거를 알면서도 그를 그토록 치켜세웠을까?

과거로 돌아가 아브라함의 세계로 들어가 보자. 아브라함이 하나님의 부름에 응답했을 때는 그야말로 무에서 시작한 꼴이었다. 예컨대 당시는 구약 성경이 없었다. 아브라함이 십계명 중 몇 개나 알았을까? 단 하나도 몰랐다! 당시는 율법도 성전도 제사장도 없었다. 시편도 다윗도 모세도 없었다. 야훼에 관해 아브라함이 아는 정보는 그야말로 전무했다. 아브라함은 잔인한 미신 문화 속에서 태어나고 자랐다.

중요한 것은 그가 갔다는 사실이다. "이에 아브람이 여호와의 말씀을 따라갔고"(창 12:4).

성경은 일부러 아브라함을, 윤리적 일신론(ethical monotheism)을 주창한 영적 천재로 제시하지 않는다. 그는 무지와 불확실성, 실수, 비겁함으로 가득 찬 인간이었다. 그런데도 왜 아브라함은 믿음이 강하다는 평가를 받았을까?

아브라함은 현실을 부인하지 않았다. "그가 백 세나 되어 자기 몸이 죽은 것 같고 사라의 태가 죽은 것 같음을 알고도"(롬 4:19). 그는 늙은 아내와 사는 노인이었다.

아브라함은 인간의 힘으로 너끈히 헤쳐 나갈 수 있는 길로만 가지 않았다. 하나님이 "가라"라고 말씀하실 때 그는 기꺼이 떠났다. 아브라함은 하나님이 약속을 지키셔야만 성공할 수 있는 길로 갔다. 하나님이 아브라함을 그런 길로 인도하신 것은 그래야만 그가 그분을 진정으로 의지할 수 있었기 때문일 것이다.

이 이야기의 핵심은 아브라함의 확신이 아니다. "사라, 우리 자식에 대해서는 하나님의 약속을 믿어야 해." 아브라함은 그렇게 말하지 않았다. 따라서 이 이야기의 주인공은 아브라함이 아니라 하나님이시다.

어쩌면 데라의 믿음이 아들 아브라함보다 강했을지도 모른다. 하지만 데라는 엉뚱한 곳에 믿음을 두었다. 반면, 아브라함은 온갖 실수에도 불구하고 가장 중요한 것 하나를 제대로 해냈다. 그것은 우르로 돌아가지 않고 하나님이 가라고 하신 곳으로 간 것이다.

잡신에 대한 큰 믿음보다 진짜 하나님에 대한 작은 믿음이 훨씬 낫다. 바로 이것이 예수님이 우리에게 겨자씨만한 믿음만 있으면 된다고 말씀하신 이유다.

목사이자 작가인 팀 켈러의 출애굽에 관한 설교를 들었던 기억이 난다. 바로가 추격해 오자 하나님은 홍해를 갈라 이스라엘 백성으로 하여금 마른 땅 위로 건너게 하셨다. 그때 그들 중 많은 사람이 하나님께 영광을 돌렸을 것이다.

하지만 그 와중에도 바로의 군대를 보며 공포에 떠는 사람들이 분명 있었을 것이다. "다 죽게 생겼어! 우린 다 죽을 거라고!"

팀 켈러는 우리를 구원해 주는 것은 우리 믿음의 '질'이 아니라 '대상'이라고 말했다. 이것이 바울이 아브라함의 하나님을 이렇게 묘사한 이유다. "그[아브라함]가 믿은 바 하나님은 죽은 자를 살리시며 없는 것을 있는 것으로 부르시는 이시니라"(롬 4:17). 아브라함이 품은 믿음의 특징은 그가 믿은 하나님의 특징에 따라 결정되었다.[7]

하나님을 믿고 따라가면 결코 후회할 일이 없다. 하나님이 이 구속의 계획을 진행하기 위해 필요로 하신 것은 오직 아브라함의 믿음뿐이었다. 완벽함은 필요 없었다. 초인적인 노력도 필요 없었다. 단순한 믿음 하나면 족했다. 하나님은 작은 믿음으로도 얼마든지 큰 역사를 행하실 수 있다.

아마도 내 인생 최악의 해가 아내에게는 최고의 해였을 것이다. 당시 나는 여러 달 동안 지독한 낙심과 고통 속에서 살았다. 내 일은 계속해서 이렇다 할 열매를 맺지 못하고 있었다. 반면, 아내는 새로운 전임 사역을 맡아 전에 없는 기쁨과 열정으로 임했다.

밤에 침대에 누워서, 아래층에서 아내가 사역자들과 함께 회의를 진행하는 소리를 들었던 기억이 난다. 열정적인 토론과 웃음소리에 나 자신이 한없이 초라하게 느껴졌다. 아내의 성공 앞에서 나 자신이 한없이 작아지는 기분이었다. 아내에 대한 질투심마저 일어났다.

어느 날 밤 이런 문제로 고민하고 있는데 한 가지 질문이 머릿속에 떠올랐다. '아내가 실패해야 기분이 좋아지는 사람이 되고 싶은가?'

몇 분간 가만히 누워 더 쉬운 답이 없을까 고민했다. 하지만 답은 분명했다. 당시 내게는 많은 것이 불분명했지만 내가 커 보이기 위해 아내가 작아지기를 바라는 사람은 결코 되고 싶지 않았다.

그때 나 자신의 약함과 부족함을 깨달은 것이 치유의 출발점이었다. 어니스트 커츠는 《불완전함의 영성》(The Spirituality of Imperfection, 살림출판사 역간)이란 책에서 완벽주의가 영적 성장의 큰 적이라는 아이러니를 이야기했다. 옛 수사 마카리오스는 우리가 발전만 하게 되면 자만해지며 자만은 크리스천들의 궁극적인 함정이라고 말했다.

하나님이 성경 인물들의 불완전한 모습을 적나라하게 공개하신 데는 우리 자신의 흠을 더 정확히 보라는 뜻이 있지 않을까? 하시딤 이야기에 이런 이야기가 내려온다. 어느 갑부가 한 랍비를 찾아와 막대한 금은보화에도 불구하고 남모를 불만족에 시달리고 있다고 고백했다. 랍비가 창문 밖에 무엇이 보이느냐고 묻자 갑부는 "지나가는 사람들입니다"라고 대답했다.

이번에는 랍비가 거울 속에 무엇이 보이느냐고 묻자 갑부는 "제 자신이 보입니다"라고 대답했다.

그러자 랍비는 이렇게 말했다. "아마도 이것이 문제일 겁니다. 창문이나 거울이나 똑같이 유리입니다. 하지만 유리에 얇은 은막을 덧칠하는 순간, 남들은 보이지 않고 자신만 보이지요."[8]

하나님은 아브라함이란 불완전한 사람을 부름으로써 구속의 계획을 실행하기 시작하셨다. 그 다음에는 이삭이, 그 다음에는 야곱이, 결국 어부와 세리, 나병 환자, 창녀 같은 밑바닥 인생들이 바통을 이어받았다.

때로 사람들은 부름에 응답하여 열린 문 속으로 들어갔다. 그럴 때 그들은 위대한 이야기에 동참했다. 때로 사람들은 부자 청년처럼 부름을 거부했다. "가서 전 재산을 팔고 나서 나를 따르라." 예수님의 말씀에 부자 청년은 곤혹스러운 얼굴로 떠나갔다. 그것은 그가 갈대아 우르에 살면서 돈을 우상으로 섬겼기 때문이다. 부자 청년은 돈이 눈에 아른거려서 도저히 하나님의 문 속으로 들어갈 수 없었다.

이 모든 것은 아브라함 앞에 놓인 기회에서 시작되었다. "가라. 그러면 세상 모든 사람이 복을 받을 것이다." 이 기회는 예수님에게까지 이어졌다. "가서 이름이 '북스바움이든 빅스바이든 브레이든 모르데카이 알리 반 앨런 오서든' 인종에 상관없이 세상 모든 사람을 제자로 삼아라. 아브라함 이후로 오랜 세월이 흐른

끝에 마침내 온 나라가 복을 받을 것이다. '아이야, 너는 산을 움직이게 될 것이다!'"⁹⁾

물론 산을 움직인다는 개념은 닥터 수스가 처음 생각해 낸 것이 아니다. 원조는 바로 예수님이시다. "만일 너희에게 믿음이 겨자씨 한 알 만큼만 있어도 이 산을 명하여 여기서 저기로 옮겨지라 하면 옮겨질 것이요"(마 17:20). 관건은 우리 믿음의 질이 아니라 대상이다.

예수님은 이 땅에서의 사역을 마치고 하늘로 오르기 전 예수학교 졸업자들에게 이렇게 말씀하셨다(단 이 말씀은 성경에 기록되어 있지 않다. 그래도 나는 예수님이 분명 이렇게 말씀하셨다고 확신한다). "오, 너희가 갈 곳들! 너희는 온 세상을 여행할 것이다. 왕들 앞에도 설 것이다. 돈은 한 푼도 없겠지만 무지막지하게 행복할 것이다. 감옥에 갇혀서도 노래를 부르게 될 것이다. 믿는다는 이유로 매를 맞겠지만 내 이름으로 고난을 당하는 것이니 자랑스러울 것이다. 너희는 연금부터 보험까지 아무것도 없이 뼛속까지 오직 나만을 의지하게 될 것이다."

그러고 나서 예수님은 그들에게 가라고 명령하셨다. 그리고 지금도 여전히 우리에게 가라고 명령하신다. 그것이 그분의 사명이기에. 영원 전의 어느 날 아버지가 아들에게 가라고 하셨기에.

"아들아, 너는 하늘을 떠나게 될 것이다. 구유로, 어느 가난한 목수의 가게로 가고, 애굽으로 도망치게 될 것이다. 여느 랍비들과 달리 세리나 창기들과 함께 잔칫집에 가고, 사람들이 너를 만나고 싶어 지붕에 구멍을 뚫고 내려올 집으로 가게 될 것이다. 나병 환자들이 있는 곳으로 갈 것이다. 다리를 저는 자들에게 갈 것이다. 눈 먼 자들에게 갈 것이다. 가난한 자들에게 가게 될 것이다. 죄로 물들고 절망에 빠진 사람들에게 가게 될 것이다. 그리고 어느 날은 십자가로 가게 될 것이다. 그곳에서 온 세상의 죄를 사하기 위해 피를 흘리고 죽게 될 것이다. 그러고 나서 무덤에 들어가지만, 아들아, 죽음도 너를 막지 못할 것이다. 셋째 날 돌문이 굴려지고 너는 죄의 저주가 미친 곳까지 온 세상에 기쁨을 전해줄 것이다."

지금도 여전히 하나님은 부르고 계신다. 지금도 여전히 보내고 계신다. 당신이 "예"라고 응답하기만 한다면…….

CHAPTER 3.

'날 위한 문'에 집착하면
실망뿐이다

페이스북이 사람들을 우울하게 만든다는 사실을 보여 주는 연구 결과가 수없이 많다.[1] 우리는 페이스북에 실제보다 더 매력적으로 보이는 사진을 올려 우리의 이미지를 개선하려고 한다. 또한 성공만 나열하고 실패는 생략해서 자존감을 끌어올리려고 한다(아이러니하게도 우리가 그토록 갈망하는 진정한 인간관계를 가능하게 하는 것은 완벽한 모습이 아니라 뭔가 부족한 모습이다). 우리는 자신의 이미지를 가꾸고 뽐내려고 페이스북을 하지만 오히

76

려 질투심과 열등감만 강해질 뿐이다.

문득 이런 생각을 해 봤다. 만약 하나님이 페이스북을 하신다면? 하나님의 페이지는 어떤 모습일까? 하나님이 우리처럼 프로필을 만드신다면?

신.

관계 상태: 삼위일치, 잔잔한 지복.

친구 숫자: 오직 나만 안다.

친구 삭제: 현재 목록 차단.

사진: 없다(두 번째 계명을 보라).

생각나는 것: 생각나지 않는 것이 뭔가?

최근 포스트:

- 내가 다스린다!
- 책 한 권을 더 쓸까 생각 중이다. 첫 책은 역대 최고의 베스트셀러이며 지금도 여전히 매년 베스트셀러다.
- 현재 10억 명 이상의 신자가 있다. 제우스는 어떻게 된 건가?

하나님이 자신을 낮춰서 섬기기 위해 이 땅에 오셔서 정말로 감사하다. 우리가 그분의 페이스북이 아니라 얼굴(face)을 구해야 한다는 게 얼마나 감사한가.

소셜 미디어가 부추기는 비교의 열풍은 그야말로 현대의 역병이다. MIT의 셰리 터클 교수는 이 질병을 "FOMO"(Fear Of Missing Out, 내가 좋은 기회를 놓치고 있을지 모른다는 두려움)라 부른다.

우리는 남들이 우리보다 더 재미있는 것을 하고, 더 많은 친구를 사귀고, 더 좋은 몸매 관리법을 발견하고, 더 많은 돈을 모으고, 감정을 더 잘 다스리게 될까 봐 두려워한다. 최근 민디 캘링의 베스트셀러 제목 *Is Everyone Hanging Out without Me?*(나만 빼고 다들 어울리고 있는가?)가 두려움을 잘 표현하고 있다. 우리는 어딘가에서 놀라운 일이 벌어지고 있는데 우리가 그것을 놓치고 있을까 봐 두려워한다. '내가 직장을 잘못 들어간 걸까? 사람들을 잘못 사귀었을까? 약속을 잘못했을까? 참석할 행사를 잘못 고른 건 아닐까?'

우리는 자라는 아이들과의 소중한 순간을 놓칠까 봐 두려워한다. 직업적으로 좋은 기회를 놓칠까 봐 두려워한다. 돈을 벌 기회를 자신만 놓치고 있지 않을까 두려워한다. 남들만 멋진 휴가를 보내고 있을까 두렵고, 다른 사람들만 좋은 능력을 습득하고 있을까 봐 두려워한다.

우리는 친구들이나 다른 사람들의 멋진 경험을 수시로 읽으면서 우리 삶만 지루하고 보잘것없는 건 아닌지 걱정한다. 이에 대한 우리의 대응책 중 하나는 우리 삶을 실제보다 더 매력적으로 보이게 만들 사진과 글을 올리는 것이다. 그렇게 되면 이번에는 남들이 FOMO에 시달린다.

선택사항이 전에 없이 많아진 요즘에는 상황이 더 심각하다.

30세 이하라면 언젠가 아직 생기지 않은 직종에서 일할 가능성이 꽤 높다. 이런 식으로 남들과 비교할 거리가 점점 늘어나고 있는데, FOMO는 비교의식에서 비롯하는 경우가 많다. 그래서 현대인들에게 이 말을 꼭 해 주고 싶다. "당신의 진짜 모습을 남들의 대외적인 이미지와 비교하지 마라."[2]

어떤 면에서 FOMO는 인류 최초의 죄를 유발한 주범이다. 뱀이 하와에게 뭐라고 물었던가. "하나님이 참으로 너희에게 동산 모든 나무의 열매를 먹지 말라 하시더냐 …… 너희가 그것을 먹는 날에는 너희 눈이 밝아져 하나님과 같이 되어 선악을 알 줄 하나님이 아심이니라"(창 3:1, 5). 가인과 아벨, 야곱과 에서, 라헬과 레아, 다윗과 밧세바의 이야기는 모두 FOMO에서 비롯한 죄의 이야기다.

하지만 이런 위험성에도 불구하고 FOMO는 우리 자신에 관한 근본적인 진실 하나를 말해 준다. 그것은 우리가 새로운 뭔가를 끝없이 갈망한다는 것이다. 우리는 현재 경험하고 있는 삶 너머에 있는 삶을 갈망한다. 따라서 FOMO를 잘 다루기만 하면 그것이 우리를 하나님의 열린 문으로 안내해 줄 수 있다.

사도 바울은 감옥 안에서 인간의 상상을 초월하는 하나님에 관한 글을 썼다.

> 우리 가운데서 역사하시는 능력대로 우리가 구하거나 생각하는 모든 것에 더 넘치도록 능히 하실 이에게 교회 안에서와

그리스도 예수 안에서 영광이 대대로 영원무궁하기를 원하노라 아멘(엡 3:20-21).

하나님은 우리가 구하는 것을 행하실 수 있다. 하나님은 우리가 구하는 것과 우리가 생각하는 것을 행하실 수 있다. 하나님은 우리가 구하거나 생각하는 모든 것을 행하실 수 있다. 하나님은 우리가 구하거나 생각하는 모든 것에 더 넘치도록 행하실 수 있다. 우리 하나님은 바로 이런 분이시다.

FOMO는 미국 역사상 가장 창조적인 천재를 탄생시킨 요인 중 하나다. 베그-오-매틱(Veg-O-Matic)을 비롯한 수많은 획기적인 발명품을 생각해 낸 론코(Ronco)의 창립자 론 포페일을 말하는 것이다. 하지만 그의 가장 위대한 발명품은 따로 있다. 그것은 그의 제품 광고에 무작위로 등장하는 "하지만 잠깐! 여기서 끝이 아니다"란 광고 문구다. 최신 발명품이 아무리 놀랍고 매력적이라 해도 "여기서 끝이 아니야. 뭔가가 더 있어"라고 말할 때 인간의 상상력은 나래를 편다.

하지만 잠깐! 여기서 끝이 아니다.

셰릴 포브스는 상상력이 풍부한 사람들은 끊임없이 "~하면 어떨까?"라고 묻는다고 말했다. 그들은 매사에 '~하면 어떨까?'라는 태도로 접근한다. 그런데 '~하면 어떨까?'가 바로 하나님의 접근법이라는 것을 아는가? 그 옛날 우리 하나님은 "~하면 어떨까?"라고 물으셨다. "우주를 창조하면 어떨까?" "내 형상을 따라 인간을 지으면 어떨까?" "그들이 죄를 지어도 내가 포기하지 않으면 어떨까?"

예수님은 우리에게도 늘 "~하면 어떨까?"라고 묻는 사람이 되라고 말씀하신다. 그분은 첫 제자들에게 이렇게 말씀하셨다. "진정한 하나님 나라를 상상해 보라. 꼴찌가 첫째고 가장 낮은 사람이 가장 높은 사람이며 종이 영웅이고 약한 자가 강하며 무시당하는 자가 사랑을 받는 나라. 소외된 자를 받아 주고 생명을 잃는 자가 결국 찾고 자신과 자신의 죄, 이기심에 대해 죽는 자가 결국 생명을 얻는 나라. 너희의 작고 망가진 이야기가 해피엔딩으로 끝나는 더 큰 이야기의 일부가 될 수 있는 나라. 그런 나라를 상상해 보라."

그러고 나서 인류 역사상 가장 상상을 초월하는 순간, 예수님은 스스로에게 이렇게 말씀하셨다. '내가 온 인류를 짓누르고 있는 모든 죄와 고통을 한 몸에 짊어지고 십자가 위에서 죽으면 어떨까?' 그리고 그분은 실제로 그렇게 하셨다. 예수님이 무덤 속에 들어가고 사흘이 지났을 때 하나님이 그분에게 말씀하셨다. "이제 그만 일어나는 게 어떨까?" 그래서 예수님은 일어나셨다. 그렇게 그분은 죽음을 이기고 우리에게 영생을 주셨다.

무덤에서 일어난 주님은 열한 명의 배우지 못한 오합지졸을 모아 말씀하셨다.

"하지만 잠깐! 여기서 끝이 아니다. 영원한 삶 외에 뭔가가 더 있다. 죽음을 이기는 것 외에 뭔가가 더 있다. 내가 너희에게 베푼 놀라운 가르침과 죄의 용서 외에도 너희는 가족과도 같은 형제자매들의 새로운 공동체를 이루게 될 것이다. 너희가 너희를 인도해 줄 성령을 받는다고 상상해 보라. 너희는 세상 곳곳으로 보냄을 받을 것이다. 그러다 결국 죽임을 당할 것이다. 하지만 죽음은 하나님과 함께하는 삶을 막을 수 없다. 죽음은 이 꿈을 막을 수 없다. 이 운동, 이 공동체는 계속해서 뻗어나가 인류 역사상 그 어떤 운동보다도 더 많은 곳에서 더 많은 사람에게 다가가고 더 많은 문화를 포용하고 더 많은 인생을 변화시킬 것이다."

그러고 나서 주님은 실제로 그렇게 해 주셨다. 이런 일이 일어났다. 바로 우리가 그 증거다. 다른 무엇보다도 믿음은 상상의 행위다. 그래서 성경은 이렇게 말한다. "믿음은 바라는 것들의 실상이요 보이지 않는 것들의 증거니"(히 11:1). 이는 하나님이 지금도 "~하면 어떨까?"라고 묻는 사람들을 찾고 계신다는 뜻이다. 왜냐하면 뭔가가 더 있기 때문이다.

FOMO가 존재하는 깊은 차원의 진정한 이유는 우리가 '뭔가 더'를 위해 지음을 받았기 때문이다. 실제로 우리는 뭔가를 놓치고 있다. 다만 그 '뭔가 더'라는 건 더 많은 돈이나 더 큰 성공, 페이스북에 올릴 만한 더 멋진 경험이 아니다. '나 자신'을 위해 더 많이 가지려고 해 봐야 '더'를 향한 나의 깊은 갈증은 채워지지 않는다.

그런 의미에서 성경 속 열린 문들의 가장 중요한 특징 가운데 하나를 꼭 짚고 넘어가야 한다. 성경적인 의미에서 열린 문은 하나님의 도우심으로 다른 이들을 위해 가치 있는 삶을 일구라는 하나님의 초대다. 여기서 '다른 이들을 위해'라는 부분이 빠지면 열린 문을 찾기 위한 우리의 노력은 나를 뽐내기 위한 덧없는 시도에 불과할 뿐이다. 프레데릭 뷰크너는 이렇게 말했다. "자신의 삶을 구원하기 위한 여행을 하면 결국 자신을 위해서도 진정으로 의미 있는 삶을 살 수 없다. 세상이 아무리 우리를 구역질나게 만들고 위협해도 세상을 위한 여행을 할 때 비로소 우리가 진정으로 살기 시작할 수 있다."[3]

오직 '나'를 위해 '뭔가 더'를 추구하면 오히려 '덜' 가지게 될 뿐이다. 나르시스는 열린 문이 아닌 거울을 원했다. 열린 문의 비밀은, 우리가 자기 삶의 개선에 대한 집착을 버리고 사랑할 기회를 찾을 때 그 문이 나타날 가능성이 가장 높다는 것이다.

룻이라는 여인의 이야기가 이 점을 분명히 보여 준다.

사랑할 기회를 택하라

"사사들이 치리하던 때에 그 땅에 흉년이 드니라"(룻 1:1).

엘리멜렉과 나오미, 두 아들 말론과 기룐은 흉년의 한복판에서 굶어죽을 지경이 되었다. 그래서 어쩔 수 없이 이들은 고향을 떠나 모압이라는 땅으로 가게 된다.

모압은 이스라엘의 원수 나라였다. 게다가 모압인들은 우상을 섬기는 이교도들이었다. 심지어 그들은 성전에 들어가거나 이스라엘에서 예배하는 것조차 금지되어 있었다. 그래서 이 이야기를 읽은 이스라엘 사람들은 이것이 얼마나 안타까운 상황인지 잘 알았다. 혐오하는 모압인들의 땅에 가서 이교도들과 뒤섞여 살아야 한다는 것이 이스라엘 백성에게는 죽기보다 싫은 일 가운데 하나였다.

이 사악한 땅에서 10년간 타향살이를 한 끝에 나오미의 남편과 두 아들은 모두 세상을 떠나고 만다. 이제 나오미는 늙은 자신을 돌봐줄 남편도 자식도 손자도 없이 머나먼 타지에서 과부로 남게 되었다. 남편의 이름 엘리멜렉은 '하나님은 왕이시다'라는 뜻이다. 정말로 하나님이 왕이시라면 너무도 이상한 방식으로 다스리시는 게 아닌가.

그런데 어느 날 이야기는 새로운 방향으로 흘러간다. "그 여인이 모압 지방에서 여호와께서 자기 백성을 돌보시사 그들에게 양식을 주셨다 함을 듣고 이에 두 며느리와 함께 일어나 모압 지방에서 돌아오려 하여"(룻 1:6). 작은 열린 문의 조짐이 보인다.

두 며느리 오르바와 룻은 시어머니와 함께 가려고 한다. 그리하여 세 사람은 살던 모압의 마을을 떠나 길을 나선다. 그런데 마을 어귀를 지나자마자 나오미가 갑자기 걸음을 멈추고 며느리들에게 말한다. "너희는 각기 너희 어머니의 집으로 돌아가라 너희가 죽은 자들과 나를 선대한 것 같이 여호와께서 너희를 선대하시기를 원하며 여호와께서 너희에게 허락하사 각기 남편의 집에서 위로를 받게 하시기를 원하노라." 나오미가 이렇게 말하며 며느리들에게 입을 맞추고 나서 세 사람은 서로 부둥켜안고 소리 높여 운다.

참으로 가슴 아픈 장면이다. 나오미는 며느리들에게 줄 것이 아무것도 없었다. 돈도 인맥도 없었다. 직접 도와줄 힘도 남아 있지 않았다. 나오미가 며느리들에게 줄 수 있는 유일한 선물은 시어머니를 돌봐야 할 의무를 덜어 주는 것뿐이었다. 그래서 나오미는 며느리들에게 그 선물을 내민다. "여기 남으면 재혼하기가 훨씬 쉬울 게다." 당시 문화에서 결혼은 단순한 로맨스의 문제가 아니었다. 그것은 곧 생존의 문제였다. 남자 없이 여자 혼자서 먹고 살기는 지독히 힘든 세상이었다.

그런데 뜻밖에도 며느리들은 떠나기를 거부한다. "그럴 수 없어요, 어머니. 어머니와 함께 가겠어요." 아무 쓸모없고 오히려 짐밖에 되지 않는 시어머니를 따라가겠다니, 참으로 보기 드문 며느리들이 아닌가.

그래서 나오미는 며느리들을 다시 한 번 설득한다. "내 딸들아 돌아가라 …… 나는 늙었으니 남편을 두지 못할지라 가령 내가 소망이 있다고 말한다든지 오늘 밤에 남편을 두어 아들들을 낳는다 하더라도 너희가 어찌 그들이 자라기를 기다리겠으며 어찌 남편 없이 지내겠다고 결심하겠느냐"(룻 1:11-13). 당시에는 남편이 죽으면 시댁의 다른 가족이 그 남편을 대신할 수 있었다. 하지만 나오미의 상황은 그렇게 간단하지 않았다. 그래서 그녀는 며느리들에게 상황을 분명히 설명해 준다. "설령 내가 너희를 도와줄 수 있다고 해도 그렇게 되기까지는 너무 오랜 시간이 걸릴 게다."

나오미는 계속해서 이렇게 말한다. "내 딸들아 그렇지 아니하니라 여호와의 손이 나를 치셨으므로 나는 너희로 말미암아 더욱 마음이 아프도다 하매 그들이 소리를 높여 다시 울더니 오르바는 그의 시어머니에게 입 맞추되 룻은 그를 붙좇았더라"(룻 1:13-14).

이 이야기 속에는 두 개의 문이 있다. 머무는 문과 떠나는 문. 그리고 두 명의 며느리가 있다. 한 명은 룻이고 다른 한 명은 오르바다. 그들 중 오르바는 시어머니의 말대로 고향으로 돌아간다. 오르바는 모압에 머문다. 그 뒤로 성경에서 오르바라는 이름은 완전히 사라진다.

하지만 룻은 모압으로 돌아가지 않으려고 한다. 이에 시어머니는 또다시 설득을 시도한다. "보라 네 동서는 그의 백성과 그의 신들에게로 돌아가나니 너도 너의 동서를 따라 돌아가라"(룻 1:15). 이 짧은 시간에 나오미는 룻에게 "돌아가라"라는 말을 네 번이나 하지만 룻은 도무지 고집을 꺾을 생각을 하지 않는다. 결과적으로 이 짧은 순간은 그녀의 운명을 결정하는 순간이었다. 찢어지게 가난한 이 이교도 여인의 입술을 통해 성경은 물론이고 인류 문학사 전체에서 가장 위대한 헌신의 고백이 탄생한다.

내게 어머니를 떠나며 어머니를 따르지 말고 돌아가라 강권하지 마옵소서 어머니께서 가시는 곳에 나도 가고 어머니께서 머무시는 곳에서 나도 머물겠나이다 어머니의 백성이 나의 백성이 되고 어머니의 하나님이 나의 하나님이 되시리니 어머니께서 죽으시는 곳에서 나도 죽어 거기 묻힐 것이라 만일 내가 죽는 일 외에 어머니를 떠나면 여호와께서 내게 벌을 내리시고 더 내리시기를 원하나이다(룻 1:16-17).

믿을 수 없는 헌신이다. 거의 유례가 없을 정도로 놀라운 헌신이다.

두 인물. 오르바와 룻. 오르바는 타산적이고 편리하고 상식적이고 합리적인 길을 선택했다. 성경은 그녀의 선택을 비판하지 않는다. 전혀. 오르바는 합리적인 사람이라면 누구나 선택할 만한 길로 갔다. 반면, 룻은 비합리적인 사람만이 선택할 수 있는 길로 갔다. 그녀는 비합리적인 삶을 살기로 결심했다.

하나님은 룻에게 그 선택을 강요하지 않으셨다. 모든 것은 룻이 자발적으로 선택한 것이다. 덕분에 룻은 하나님의 놀라운 역사에 동참하게 된다. 놀라운 일이 일어난다. 하지만 그 선택을 내릴 당시 룻은 그런 일이 일어날 줄 전혀 몰랐다. 그녀는 단지 사랑에 자신의 전부를 걸었을 뿐이다.

당신이라면 어떤 선택을 하겠는가? 지금 우리는 "합리적으로 계산해라. 꼼꼼히 따져라. 성공할 수 있는 길로만 가라. 안전하게 굴라"라고 말하는 사회 속에서 살고 있다. 사회가 가르치는 대로 화려한 이력과 높은 연봉만을 추구하겠는가? 아니면 사랑에 전부를 걸겠는가?

예수회는 창립자 이냐시오가 영웅적인 행동들을 이끌어내기 위해 사용한 한 단어를 모토로 시작되었다. 그 단어는 바로 '더'를 뜻하는 라틴어 "마지스"(magis)다. 이 단순한 모토는 '더 넓은 정신 곧 더 위대한 할 일 혹은 현재의 문제를 공격하기 위한 더 좋은 방법이 있는지 상상하려는 끝없는 욕구'를 담고 있다. 이냐시오는 '한 발을 든' 삶, 즉 언제나 열린 문으로 들어갈 준비가 되어 있는 삶을 예수회의 이상으로 제시했다. 이 이상 덕분에 1800년 유럽 인구의 5분의 1이 예수회 학교에서 교육을 받은 것으로 추정된다.[4] 우리는 '뭔가 더'를 위해 지음을 받았다. 다만 그 '뭔가 더'는 자신에 대한 사랑으로 더 많이 '가지기' 위해서가 아니라 하나님에 대한 사랑으로 더 많이 '행하는' 것을 의미한다.

하지만 잠깐! 여기서 끝이 아니다. '뭔가 더'는 꼭 거창한 게 아니어도 된다.

행크라는 사람을 소개하고 싶다. 행크는 뛰어난 사업가다. 그런데 아내가 파킨슨병에 걸리고 나서 그는 완전히 다른 삶을 살기 시작했다. 매출을 올리느라 바빴던 손으로 지금은 아내의 휠체어를 밀며 아내가 좋아할 만한 곳들을 찾아다닌다. 또 사라는 명문대를 졸업한 뒤 한 자원봉사 단체에서 쥐꼬리만 한 월급을 받으며 일하기로 결정했다. 매일 우리 주변의 숨은 영웅들이 노부모나 다운증후군에 걸린 자녀, 부모 없이 거친 삶을 살아가는 청소년들을 돌보기 위해 자신을 희생하고 있다. 얼핏 그들이 이 일을 위해 절호의 기회를 포기한 것처럼 보이지만 과연 그럴까?

"나오미가 룻이 자기와 함께 가기로 굳게 결심함을 보고 그에게 말하기를 그치니라"(룻 1:18). 두 사람은 가시밭길로 함께 갔다. 놀랍지 않은가. 참으로 보기 드문 모습이다. 웬만한 남자도 흉내 내기 힘든 의리다. 살아도 같이 살고 죽어도 같이 죽자는 마음으로 모압에서 이스라엘로 향하는 두 여인.

룻 자신은 몰랐지만 그녀의 선택은 그녀가 상상할 수 없이 거대한 이야기 속으로 들어가는 문을 연다. 룻의 이름은 수천 년 동안 기억된다. 그녀는 모든 여인이 닮고 싶어 하는 위인으로 떠오른다. "하나님, 룻과 에스더처럼 되게 해 주십시오." 하지만 룻은 이런 것을 바라서 시어머니를 따라가기로 선택했던 게 아니다. 그녀는 단지 사랑할 기회를 선택했을 뿐이다.

평범한 일상이 누군가를 섬길 기회가 되다

이야기의 두 번째 장에서 룻과 나오미는 이스라엘에 도착해 있다. "모압 여인 룻이 나오미에게 이르되 원하건대 내가 밭으로 가서 내가 누구에게 은혜를 입으면 그를 따라서 이삭을 줍겠나이다 하니"(룻 2:2). 모압에서 살던 첫 번째 장에서 룻은 단순히 '룻'이었지만 이제는 외국인이다. "모압 여인 룻."

룻은 보아스의 밭에서 일하게 되는데 마침 보아스는 나오미의 먼 친척뻘이었다. 그래서 그가 나오미의 사정을 봐주게 된다. 이제 하나님 은혜의 문이 룻을 향해 열리기 시작한다. 보아스는 룻에 관한 소문을 듣고 그녀의 인품에 반한다. 그래서 하루는 룻을 한쪽으로 불러 이렇게 말한다. "매일 내 밭에 와서 마음대로 이삭을 주우시오. 일꾼들에게는 당신을 괴롭히지 말라고 일러두었소. 가난한 과부로 사는 게 얼마나 힘든지 잘 알고 있소. 그래서 일꾼들에게 당신을 잘 대해 주라고 말해 놓았소. 뜨거운 뙤약볕 아래서 힘든 일을 하다 보면 목이 많이 마를 거요. 그러니 목이 마르거든 일꾼들이 떠놓은 물을 마시도록 하오."

이것은 보통 호의가 아니다. 고대 시대에는 물론이고 지금도 많은 저개발국가에서는 물을 긷는 것이 고역이고, 그 일은 주로 여인들이 담당한다. 여인들은 자신의 목을 축일 물만이 아니라 밖에서 일하는 남자들에게 먹일 물까지 길어 와야 했다. 따라서 보아스의 말을 해석하자면 이렇다. "당신이 내 일꾼들을 위한 물을 긷지 않아도 되오. 오히려 그들이 외국인 과부인 당신을 위해 물을 길어 줄 거요."

룻이 보아스의 선대를 받은 것은 먼저 그녀가 나오미를 선대했기 때문이었다. 이 이야기에서 우리는 '외국인' 즉 생판 모르는 사람에게 선을 베풀면 사람들 사이의 담이 허물어지고 서로를 새로운 시각으로 바라보게 만든다는 사실을 배울 수 있다. 우리가 평소에 무심코 지나가는 사람들에게 관심을 가지면 문이 열린다.

어느 험악한 동네에서 자동차 안에 열쇠를 두고 문을 잠근 여인에 관한 이야기를 읽은 적이 있다. 여인은 옷걸이로 자동차 문을 열려고 애를 썼지만 소용이 없었다. 결국 여인은 마지막 수단으로 기도를 드렸다. "하나님, 도와줄 사람을 보내 주세요." 5분 뒤 한 고물차가 옆에 섰고, 온몸에 문신을 하고 해골 그림이 그려진 티셔츠를 입은 우락부락한 사내가 내리더니 여인에게 다가왔다. 여인은 머리를 긁적이며 '하나님, 설마 저 남자는 아니겠지요?'라고 생각했다. 하지만 찬밥 더운밥 가릴 처지가 아니었다.

사내가 도움이 필요하냐고 묻자 여인은 "혹시 차 문을 열어 주실 수 있나요?"라고 물었다. 사내는 "식은 죽 먹기죠"라며 옷걸이로 몇 초 만에 자동차 문을 열었다. "정말 좋은 분이시군요." 여인이 그렇게 말하며 고개를 숙이자 남자는 정색을 했다. "저는 별로 착하게 살지 않았어요. 오늘 교도소에서 나왔습니다. 차량 절도죄로 2년을 복역했죠. 출소한 지 두 시간밖에 안 됐어요." 그러자 여인은 두 팔을 높이 들며 큰소리로 말했다. "오, 하나님, 감사합니다. 황송하게도 전문가를 보내 주시다니요!"

하나님의 열린 문을 추구하면 일상 속의 평범한 상황 하나하나가 다른 이들을 섬길 기회로 보이기 시작한다. 〈샌프란시스코 크로니클〉의 일면에 버스 운전기사 린다 윌슨-앨런에 관한 기사가 실린 적이 있다.[5] 린다는 자신의 버스를 타는 승객들을 진심으로 사랑한다. 자주 타는 사람들의 이름까지 알 정도로 승객들에게 관심이 많다. 늘 타던 사람이 늦으면 굳이 기다렸다가 태운 다음 속도를 내서 배차 간격을 맞춘다.

한번은 80대인 아이비 할머니가 무거운 장바구니를 들고 끙끙거리고 있었다. 그 모습을 본 린다는 재빨리 버스에서 내려 장

바구니를 실어 주었다. 요즘 아이비는 린다의 버스를 타기 위해 일부러 다른 버스들을 그냥 지나쳐 보낸다.

어느 날 린다는 버스 정류장에서 '타냐'라는 여인을 보았다. 한눈에 봐도 타냐는 그 동네에 새로 온 티가 났다. 길을 잃은 게 분명했다. 당시는 추수감사절을 얼마 앞둔 시기였다. 그래서 린다는 타냐에게 추수감사절을 같이 보내자고 말했다. "이 동네에 아직 아는 분이 별로 없죠? 우리 집에서 추수감사절을 보내는 게 어때요?" 지금 두 사람은 둘도 없는 친구다.

이 기사를 쓴 기자는 매일 린다의 버스를 탄다. 기자는 린다가 버스를 중심으로 작은 사랑의 공동체를 이루었다고 말한다. 승객들은 린다에게 별장을 빌려 주고 화분이며 꽃다발을 선물할 정도로 그녀를 각별하게 생각한다. 린다가 스카프를 좋아한다는 사실이 알려지자 사람들은 너도 나도 스카프를 선물하기 시작했다.

버스 운전이 얼마나 감사하기 힘든 직업인지 생각해 보라. 까다로운 승객들. 엔진 고장. 교통체증. 좌석에 붙은 껌. 도대체 린다는 어떻게 그런 태도로 일할 수 있는 것일까? 기자는 이렇게 설명한다. "린다의 마음가짐은 새벽 2시 30분에 30분간 무릎을 꿇고 기도하면서 정해진다. 헤이워드에 있는 기쁜소식교회에 다니는 린다는 '주님께 할 말이 정말 많다'라고 말한다."

린다는 마지막 정류장에 도착하면 항상 "다 왔습니다. 여러분, 사랑합니다. 몸조심하세요"라고 말한다. 당신에게 사랑한다고 말하는 버스 운전기사를 본 적이 있는가? 하나님 나라를 어디 가면 찾을 수 있냐고 묻는 사람들에게 샌프란시스코를 통과하는 45번 버스를 타라고 말해 주고 싶다. 교회를 어디서 찾느냐고 묻는 사람들에게 한 시내버스의 운전석을 들여다보라고 말해 주고 싶다.

우리 교회는 린다를 초대해서 간증을 들은 적이 있다. 온갖 거창한 꿈을 품은 사람들이 초라해 보이는 버스 운전기사의 간증에 감명을 받고 기립박수를 보냈다. 간증이 끝나고 린다와 한마디라도 나누려는 사람들이 길게 줄을 섰다. 45번 버스의 문은 하나님 나라를 향해 열려 있다.

열린 문은 매일 어디서나 발견된다. 하나님의 인도하심을 따라 그 문으로 들어가면 그분의 눈으로 세상과 우리의 자리를 바라보는 복을 누릴 수 있다.

내 삶을 내 것으로 여기지 않을 때

며느리가 보아스에게 호의를 입었다는 이야기를 듣고 나오미는 기뻐 어쩔 줄 몰라 한다. 그러다 문득 그것이 단순한 호의가 아닐지도 모른다는 생각이 든다. '보아스가 우리 며느리에게 마음이 있는 건지도 몰라.' 그래서 나오미는 룻에게 "목욕하고 기름을 바르고 의복을 입고"(룻 3:3) 밤에 보아스를 찾아가라고 말한다.

나오미는 룻에게 연애에 관해 조언해 준 것이다. 당연한 말이지만 사사 시대에 연애 지침서 같은 건 없었다. 연애 잡지도 나오기 전이었다. 따라서 연애 기술은 입에서 입으로 전해져야만 했다. 룻은 나오미가 시킨 대로 보아스를 밤에 불러 옷으로 자신을 덮어 주게 한다. 영화 속 한 장면처럼 감미로운 순간이다.

사실상 룻은 보아스에게 청혼을 한 것이다. 보아스는 나오미의 친척이기 때문에 만약 보아스가 룻을 거둬 준다면 나오미도 함께 돌봄을 받을 수 있었다. 룻은 이 점을 알고 보아스에게 청혼한 것이고, 보아스도 이 점을 알았기 때문에 감동을 받고 이렇게 말한 것이다. "네가 가난하건 부하건 젊은 자를 따르지 아니하였으니 네가 베푼 인애가 처음보다 나중이 더하도다"(룻 3:10).

그렇다고 보아스가 늙은 호색한이라는 뜻은 아니다. 고대 근동에서는 극도의 겸양이 기본적인 예절이었다. 따라서 남자가 여자에게 "나보다 훨씬 더 잘생긴 사람을 찾을 수도 있었을 거요"라고 말하는 게 보통이었다. 그러면 여자는 으레 이렇게 말했다. "그렇지 않아요. 당신은 누구보다도 멋있어요." 보아스도 이런 맥락에서 그렇게 말한 것이다.

참으로 아름다운 이야기다. 무엇보다도 룻과 보아스가 서로의 인격에 끌렸다는 점에서 아름답다. 육체적인 끌림도 중요하지만 배우자를 찾을 때는 상대방의 내면 깊은 곳을 살펴야 한다. '이 사람의 인격이 어떠한가?' 외모가 말할 수 없이 아름다운 사람과 지독히 불행하게 살 수도 있다. 룻과 보아스는 외모만이 아니라 서로의 내적 아름다움에 반했다.

보아스는 진정으로 감동을 받았다. 그래서 당장이라도 혼인식을 치르고 싶었지만 자신보다 우선권이 있는 친척과의 상황을 정리해야만 했다. 그래서 일단 룻은 집으로 돌아갔고, 집에서도 말할 수 없이 훈훈한 장면이 연출된다. "룻이 시어머니에게 가니 그가 이르되 내 딸아 어떻게 되었느냐 하니 룻이 그 사람이 자기에게 행한 것을 다 알리고"(룻 3:16).

여기서 "다"란 표현은 두 사람의 대화 내용을 궁금하게 만든다. 가끔 친구를 만나고 오면 아내가 묻는다. "그 친구는 어떻게 지낸대? 아이들은 잘 큰대?" 심지어 절친한 친구를 만나고 와도 아내의 질문에 딱히 뭐라 해 줄 말이 없다. 그러면 아내는 도대체 내내 무슨 얘기를 하다 왔냐며 이상하게 생각한다(사실, 우리는 친구들끼리 만나도 별로 얘기를 하지 않는다).

하지만 이 이야기 속의 시어머니와 며느리는 정반대다. "전부 말해 보렴. 무슨 옷을 입고 갔니? 그 사람은 무슨 옷을 입고 왔어? 너는 뭐라고 말했니? 그 사람은 뭐라고 말했고? 어땠니?" 아름다운 이야기 속의 아름다운 순간. 룻이 나오미에게 다 털어놓은 건 시어머니에 대한 작은 사랑의 표현이었다.

이번에는 나오미가 룻에게 말한다. "내 딸아 이 사건이 어떻게 될지 알기까지 앉아 있으라 그 사람이 오늘 이 일을 성취하기 전에는 쉬지 아니하리라"(룻 3:18). 결국 상황이 잘 정리되었고, 보아스와 룻은 결혼해서 아들을 낳는다. 그리고 나오미는 그 아이의 어머니 같은 존재가 된다. 그 뒤로 그들은 오래오래 행복하게 산다.

사람들은 직업적 열린 문에 집착한 나머지 관계적 열린 문을 보지 못하곤 한다. 한번은 너무도 결혼을 하고 싶지만 일하느라 눈코 뜰 새 없이 바빠서 여자를 만날 시간이 없는 한 중년 남성과 이야기를 나눈 적이 있다.

"최근에 데이트를 한 적이 있나요?"

"관심이 가는 이성이 한 명 있기는 해요."

그런데 그는 자신의 비서에게 그녀와의 데이트 약속을 잡으라고 말했다고 한다. 저런.

모든 마음에는 문이 있다. 누군가가 우리에게 마음의 문을 열었다는 건 인생의 귀한 선물이다. 따라서 누군가가 우리에게 마음을 열었을 때는 시간과 노력을 들이고 우리 마음도 열어 보이는 게 옳은 반응이다.

열린 마음을 찾는 최선의 방법은 간단하다. 사랑을 행하면 된다. 내가 시무하는 교회에는 샌프란시스코의 한 고등학교에서 저소득층 자녀들을 섬기는 노인 그룹이 있다. 그분들은 기도 팀과 교사 지원 팀, 자원 개발 팀, 점심식사 준비 팀, 접대 팀을 조직해 운용하고 있다. 스스로 백발의 늙은 사내들로 이루어져 있다고 자랑스레 말하는 과외 봉사 팀도 있다.

그분들 중에서 여든두 살의 그랜트 스미스를 꼭 소개하고 싶다. 스미스는 매주 근처의 고등학교에서 10대 아이들을 가르친다. 한번은 그가 오지 않자 학생 중 한 명이 물었다고 한다. "우리 할배는 왜 안 왔어요?" 열린 문은 여든두 살의 고집 센 은퇴 조종사까지도 10대 아이의 친구로 만들 수 있다.

사랑은 문을 연다. 내가 이 사실을 가장 똑똑히 확인한 것은 루이 잠페리니를 통해서다. 잠페리니는 올림픽에 출전했고 태평양 한복판에서 뗏목 하나로 수개월을 버텼으며 제2차 세계대전 중에는 포로수용소에서 수년간의 고문을 이겨냈다. 이 모든 시련을 이겨낸 뒤 그의 삶은 분노와 고통, 알코올 중독으로 파멸 직전까지 갔다. 하지만 다행히 자신의 망가진 이야기를 하나님의 더 큰 이야기 앞에 내려놓으면서 그의 인생은 180도로 바뀌었다. 몇 년 전 우리 교회는 온 교인이 《언브로큰》(*Unbroken*, 21세기북스 역간)을 읽고 어느 주말에 잠페리니를 간증자로 초청했다. 모든 사람과 연결되려는 그의 열정은 실로 대단했다.

　잠페리니는 사람들을 위한 기도의 중요성을 특히 강조했다. 그가 전쟁터에서 돌아온 뒤 하루는 할리우드의 한 골프장에 있는데 낯선 사람이 다가와 코미디계의 명콤비인 '로렐'과 '하디'의 올리버 하디가 라커룸에서 그를 만나고 싶어 한다는 말을 전했다. 그가 라커룸에 들어가자 올리버 하디가 샤워를 하다 말고 젖은 몸으로 달려와 그를 안고 울음을 터뜨렸다. "당신이 포로수용소에 있을 때 하루도 빠짐없이 당신을 위해 기도했습니다."

　그 뒤로 잠페리니는 사람들이 다가오면 그 자리에서 기도를 해 주었다고 했다. 그는 "누구나 남을 위해 기도할 수 있다"라고 말했다. 그의 삶이 누구보다도 열정적인 것은 그것을 '자신의' 삶으로 여기지 않기 때문이었다. 그에게는 매 순간이 누군가와 연결되고 누군가에게서 배우고 누군가를 웃게 만들 기회였다. 우리 교회에 왔을 때 그는 한 주 전에 다리가 부러져 비행기를 탈 수 없었다고 말했다. 그래서 잠페리니는 아들의 차를 타고 일곱 시간이나 달려 우리 교회에 도착했다. 당시 그의 나이는 무려 아흔다섯이었다.

망가진 이야기를 고칠 수 있는 방법

마지막으로 간단하면서도 아주 중요한 사실 하나가 남아 있다. 모든 이스라엘 독자를 놀라게 했을 에필로그가 남아 있다.

롯과 보아스가 낳고 나오미가 애지중지 기른 아들의 이름은 오벳이었고, 그는 나중에 이새를 낳았다. 그리고 룻기의 마지막 구절은 "이새는 다윗을 낳았더라"(룻 4:22)다. 다윗 왕. 영웅 다윗. 그렇다. 이교도 모압인 롯이 바로 다윗의 증조모다. 놀랍지 않은가. 이스라엘 역사상 가장 위대한 왕으로 일컬어지는 다윗은 이스라엘 순수 혈통이 아니라 모압의 피가 반쯤 섞인 혼혈이었다.

룻기가 어떻게 시작되었는지 기억나는가? "사사들이 치리하던 때에." 폭력과 압제, 우상 숭배가 난무하던 시절이었다. 당시는 아무도 몰랐지만 그 시절은 지고 새로운 시대가 오고 있었다. 특히 그 누구도 예상치 못했던 것은 그 모든 회복이 한 이방 모압의 과부가 이웃을 자기 몸처럼 사랑한 덕분에 시작되었다는 사실이다. 롯은 비합리적으로 보이는 길을 걸었다. 그녀는 열린 문으로 걸어 들어갔다.

이는 그녀가 하나님 나라의 복으로 걸어 들어갔다는 뜻이다. 룻은 온 동네에 칭찬이 자자할 정도로 대단한 영웅이 되었다. "너를 사랑하며 일곱 아들보다 귀한 네 며느리가 낳은 자로다"(룻 4:15). 가부장적인 문화에서 그냥 딸도 아닌 며느리가 아들 한 명보다 나은 것만 해도 엄청난 일이었다. 그런데 '일곱'(완벽한 숫자) 아들보다 낫다는 것은 그야말로 기네스북에 올라 마땅한 일이었다.

하지만 잠깐! 여기서 끝이 아니다. 룻은 자기 시대의 영웅을 넘어 길이 기억되는 영웅으로 떠올랐다. 그녀의 이야기는 구약에만 기록된 게 아니다. 룻의 이야기는 증손자 다윗의 탄생에서 끝나지 않았다. 신약에서 말하는 다윗의 자손이 누구인가? 바로 예수님이시다. 나는 이 사실이 너무도 마음에 든다. 룻의 이야기는 예수님 이야기의 일부로 녹아 들어갔다.

우리가 열린 문으로 들어갈 때마다 우리의 이야기가 예수님의 이야기와 하나로 섞이기 시작하고 우리는 이 세상 속에서 펼쳐지는 하나님의 역사에 참여하게 된다. 망가진 이야기를 고칠 수 있는 유일한 방법은 그 이야기를 좋은 시작과 결말을 가진 더 큰 이야기 속으로 끼워 넣는 것이다. 이 방법은 한 번 통했으니 또다시 통할 것이다.

하지만 잠깐! 여기서 끝이 아니다.

선택에 대한 '미신'은
결정장애를 낳는다

　　　　　　　　　　　　　　　　꽤 오래전 프로풋볼팀인 '시카고 베어스'의 명장 마이크 디트카 감독이 해고를 당한 뒤 기자회견에서 이렇게 말했다. "성경은 '이 또한 지나가리라'라고 말합니다." 물론 내가 살던 시카고에서 디트카 감독은 누구보다도 사랑받는 인물이지만 그래도 "이 또한 지나가리라"라는 말이 성경 어디에도 없다는 것은 부인할 수 없는 사실이다. 성경적으로 들리지만 실제로 성경 안에는 없다는 말이다. 이런 경우는 아주 많다.

신학교에 다닐 때 아내의 이모님과 작은 말다툼을 벌였던 기억이 난다. 함께 휴가 중이었는데 이모님이 "하나님은 스스로 돕는 자를 도우신다"라는 성경 구절을 가장 좋아하신다고 하기에 나는 이렇게 말씀 드렸다. "그건 성경 구절이 아니에요. 오히려 성경의 정신과 상충하는 말이에요. 성경은 하나님이 우리를 도와주시지만 우리 스스로는 도울 수 없다고 말해요." 하지만 이모님은 막무가내였다. "아니야. 성경에 분명히 그렇게 쓰여 있어. 내가 가장 좋아하는 성경 구절인데 모를까 봐?"

"이모님, 저는 신학교에 다녀요. 그런 말이 성경에 없다는 데 20달러를 걸게요." 이모님은 밤새 그 구절을 찾았지만 끝내 찾지 못했다. 그 말은 성경에 없다.

사람들이 성경에 있다고 생각하고서 사용하는 표현이 정말로 많다. "매를 아끼면 자식을 망친다"라는 말도 성경에 없다. "하나님은 불가사의한 방식으로 역사하신다"라는 말도 옛 노래의 가사일 뿐 성경에 없다.

미들테네시주립대학 교수인 랍비 라미 샤피로는 한 학생에게 "저 개는 사냥할 줄 모른다"(that dog won't hunt; 말이 되지 않는다는 뜻-역자)라는 말이 잠언 구절이 아니라는 점을 애써 설명해야만 했다. "내가 진실로 너희에게 이르노니 저 개는 사냥할 줄 모른다." 꼭 성경의 한 구절처럼 들리지만 전혀 성경에 없는 말이다.[1]

마찬가지로, "하나님은 문을 닫으시더라도 창문은 열어 주신다"라는 말도 많은 사람이 성경에 있다고 생각하지만 전혀 그렇지 않다. 성경 어디에도 그런 말은 없다. 그것은 영화 〈사운드 오브 뮤직〉에서 주인공이 한 말이지 성경에 나온 말이 아니다.

실제 성경 구절은 조금 다르다. "열면 닫을 사람이 없고 닫으면 열 사람이 없는 그"(계 3:7).

우리가 '하나님이 창문은 열어 주신다'라는 버전을 좋아하는 것은 아마도 그 창문을 통해 내내 가고 싶었던 곳으로 몰래 다시 들어가려는 것이리라. 하지만 실제 성경 구절은 그럴 가능성을 완전히 차단한다. 성경에서 첫 번째 닫힌 문은 인류 타락 이후에 나타난다. 그때 하나님은 아담과 하와를 에덴동산에서 쫓아내고 "에덴동산 동쪽에 그룹들과 두루 도는 불 칼을 두어 생명나무의 길을 지키게"(창 3:24) 하신다. 이 구절에 아담과 하와가 그룹들 몰래 에덴동산으로 돌아갈 수 있도록 창문을 열어 두셨다는 내용은 없다.

하나님이 문을 닫으셨다는 것은 곧 '그곳에 가지 마라'라는 뜻이다. 우리가 "우리의 죄(trespasses; 침입을 의미 - 역자)를 사하여 주옵시고"라고 기도하는 데는 다 이유가 있다. 나중에 살피겠지만 닫힌 문은 열린 문만큼이나 좋은 선물일 수 있다.

그럼에도 닫힌 문이라는 좌절은 죄와 타락 이전에는 세상에 없던 것이다. 그리고 닫힌 문은 만물이 구속될 때 영원히 사라질 것이다. 하나님은 언제나 피조물을 위해 문을 열어 주길 원하신다. 농구 팀에는 대개 다른 선수들이 골 맛을 느끼도록 어시스트를 잘해 주는 포인트가드가 있다. 아울러 농구 팀에는 상대 팀의

슛을 막는 장신 선수도 필요하다. 하나님은 둘 중에서 포인트가 드에 더 가까우시다. 그리고 하나님이 여시는 문은 이렇다. "의미 있는 일을 할 수 있는 무한한 기회, 의미 있는 삶이라는 새로운 미지의 모험 속으로 들어가는 거대한 통로, 선한 일을 함으로써 우리 삶에 영원한 의미를 더할 수 있는 유례없는 기회."[2]

하지만 문은 미래와 가능성에 관한 것이고 우리의 바람과 깊이 맞물려 있으며 하나님의 신비로운 역사를 포함하고 있기 때문에, 문에 관한 우리 관념은 오해와 미신으로 가득하기 쉽다. 때로 우리는 단순한 우리의 바람을 제멋대로 영적으로 해석한다. "내가 꼭 가고 싶은 이 학교에 합격하는 것이 하나님의 뜻이라면 그 증거로 내일 아침 동쪽에서 해가 떠오를 거야."

때로는 섭리 운운하면서 현실을 부인하기도 한다. "당신은 나를 떼어 놓을 수 없어. 당신이 내 짝이라는 하나님의 음성을 이미 들었거든."

때로는 자신의 향락을 정당화하기 위해 열린 문 핑계를 댄다. "하나님이 교인들과 선교사들을 근사한 곳에서 편안하게 대접하라고 이 화려한 대저택을 우리에게 주셨어."

성경을 보면, 초자연적인 하나님을 믿는 것과 마법이나 미신에 의존하는 것은 하늘과 땅만큼의 차이가 있다. 미신의 문제점은 단순히 무지의 산물이라는 점만이 아니다. 미신은 정의와 사랑을 원하시는 분께 순종하려고 하지 않고 제멋대로 힘을 사용하려는 시도다.

하나님을 마치 점처럼 사용하려는 것은 하나님과 인간의 본질적인 관계를 망각한 짓이다. 그것은 내가 주인이 되고 하나님을 요술램프 속의 거인처럼 부리려는 짓이다. 그것은 내가 원하는 결과를 일종의 우상으로 삼는 짓이다. 그렇게 되면 하나님이 내게서 가장 원하시는 영적 성장이 힘들어진다. 하나님의 주된 관심은 내가 어떤 상황 속에서 사느냐가 아니라 어떤 사람이 되느냐에 있다.

예전에 어린이 교육 프로그램인 〈세서미 스트리트〉(Sesame Street)에 '이 중 하나는 달라'라는 코너가 있었다. 믿음과 마법, 과학이란 세 가지 대상으로 이 코너를 기획한다고 해 보자. 많은 사람이 믿음과 마법이 서로 비슷하다고 말할 것이다. 둘 다 미신을 믿는 것이지만 과학은 그렇지 않다는 게 이유일 것이다.

하지만 깊이 들여다보면 마법과 과학을 하나로 묶어야 옳다. 마법이나 과학이 존재에 관한 근본적인 진실을 담고 있다는 주장은 인생의 가장 큰 문제가 '밖'에 있다는 것을 전제로 한다. 과학과 마법은 둘 다 외적 세상을 우리가 원하는 대로 바꿀 수 있는 힘을 제시한다. 반면, 믿음은 가장 바꿔야 할 것은 우리의 외적 세상이 아니라 내적 자아라고 말한다. 믿음의 초점은 외적 세상에서 우리가 원하는 것을 갖는 게 아니라 우리의 내적 세상을 하나님이 원하시는 모습으로 바꾸는 데 있다.

어떻게 하면 미신이 아니라 믿음의 여행으로 이어지는 문으로 들어갈 수 있을까? 하나님과 문에 관한 흔한 오해들과 그 오해 반대편에 있는 진실을 살펴보자.

하나님은 미미한 내 일상에
관여하지 않으신다?

하나님에 관한 가장 심각한 오해 가운데 하나는 그분이 대기업의 CEO와 같다는 것이다. 그분이 대기업을 운영하느라 바빠서 나처럼 작고 보잘것없는 존재가 어디서 뭘 하든 신경조차 쓰지 않으신다는 것이다. 하나님의 문을 통해 위대한 모험으로 가는 것은 영적 거장에게나 주어지는 기회이지 나 같은 미미한 존재는 꿈도 꾸지 말아야 한다는 것이다. 나는 하나님께 관심을 받을 만큼 영적이지도 중요하지도 않다고 생각한다.

구약 성경에서 스룹바벨은 오랫동안 방치되어 온 성전을 재건하려고 애를 썼다. 하지만 성전 재건을 시작하자마자 외부에서는 반대가, 내면에서는 낙심이 몰려왔다. 아무리 봐도 자신이 실패자처럼 느껴졌다. 그때 스가랴 선지자를 통해 오해를 깨뜨리는 하나님의 말씀이 찾아왔다. "작은 일의 날이라고 멸시하는 자가 누구냐"(슥 4:10).

한 소년이 위대한 선생의 가르침을 듣기 위해 찾아왔다. 인간적인 눈으로 보면 이 소년에게 특별한 점이라곤 눈곱만큼도 없었다. 그의 손에는 평범한 엄마가 싸 준 떡 다섯 덩이와 물고기 두 마리의 도시락이 들려 있었을 뿐이다. 그 자리에 모인 사람 중에

이 소년보다 하찮아 보이는 사람은 한 명도 없었다. 그런데 제자들이 군중에게 나눠 줄 음식을 찾아다닐 때 소년의 머릿속에 한 가지 생각이 떠올랐다. 비록 초라한 도시락이지만 자신이 가져온 것을 내놓고 싶었다. 이 작은 선물이 우리 주님의 손 위에 놓이자 이 소년의 상상을 초월할 만큼 불어나고 또 불어났다. 이 이야기는 2천 년이 지나도록 기억되고 있다.

한 과부가 성전 헌금함 앞에 섰다. 이윽고 자신이 가진 전 재산인 작은 동전 두 개를 헌금함에 넣었다. 그녀 자신이 봐도 이것은 초라하기 짝이 없는 헌금이었다. 동전 두 개는 있으나마나 한 돈처럼 보였다. 헌금을 내고도 욕을 먹지 않을까 싶을 정도로 민망한 액수였다. 한 사람이 자신을 지켜보며 그 누구보다도 많이 냈다고 말할 줄은 전혀 예상치 못했다. 자신의 이야기에 감명을 받은 수백만의 사람들이 수세기 동안 수십억 달러를 내놓을 줄은 꿈에도 몰랐다.

작은 일의 날을 멸시하지 마라. 하나님의 눈에 무엇이 작고 무엇이 큰지 우리는 알 수 없으니. 영적 크기는 물리적 크기와 똑같은 방식으로 측정되지 않는다. 사랑을 어떤 단위로 측정할 수 있는가? 그렇지만 사랑은 그 무엇보다도 실질적인 실체다. 과부가 '더 많이' 냈다는 예수님의 말씀은 단순한 인사치레가 아니라 영적으로 정확한 평가였다. 우리는 영적 평가를 위한 잣대를 잘 알지 못한다.

하나님을 필요로 하지 않을 만큼 위대한 일도 없고, 하나님의 관심을 받지 못할 만큼 작은 일도 없다.

내가 아는 가장 뛰어난 지도자 중 한 명은 스티브 헤이너다. 헤이너는 세인트앤드루스대학원에서 박사 학위를 받은 재원으로, 뛰어난 정서지능과 조직 기술을 두루 갖추었다. 특히 그는 젊은 시절 고다드 부인이라는 분에게 많은 것을 배웠다. 고다드 부인은 길게 공부를 하지는 않았지만 작은 것들을 멸시하지 않는 뛰어난 태도를 타고났다.

당시 헤이너는 교회의 자원 봉사자들에게 감사 편지를 보내는 일을 맡았는데 한번은 고다드 부인에게 이런 지적을 받았다. "감사 편지를 이런 식으로 보내면 안 돼요. 우표가 너무 보기 싫잖아요. 받는 사람의 기분이 좋도록 예쁜 우표를 구해 오세요."

보통 사람 같으면 별 걸 다 트집 잡는다고 화를 냈겠지만 헤이너는 그것을 지극히 작은 일에도 최선을 다하는 삶으로 가는 열린 문으로 보았다. 그래서 '박사' 헤이너는 우체국에 가서 예쁜 우표를 사왔다. 그는 당시의 교훈을 평생 잊지 않았고, 수많은 사람이 그 이야기를 듣고 지극히 작은 일에도 최선을 다하는 삶으로 나아갔다. 나중에 그는 IVF(InterVarsity Christian Fellowship)라는 전 세계적인 선교단체의 이사를 거쳐 유수한 대학 기관의 총장이 되었다.

그런데 그만 몇 달 만에 아주 심각한 암에 걸리고 말았다. 그 순간, 더없이 크게 자랐던 그의 세상이 순식간에 아주 작게 쪼그라들었다. 이제 그가 할 수 있는 일이라곤 젖 먹던 힘까지 짜내서 치료를 받고 기도하고 사람들에게 감사를 표시하는 것뿐이었다. 하지만 그는 그 작은 일에서 큰 보람을 찾았다.

태어날 때 우리의 세상은 아주 작다. 물론 자라면서 그 세상은 꽤 커질 수 있다. 하지만 나이를 많이 먹으면 그 세상은 다시 작아진다. 작은 세상에서 하나님을 찾는 법을 배우지 못하면 그 어디에서도 그분을 찾을 수 없다.

작은 일의 날을 멸시하지 마라. "여호와께서 이르시되 나는 큰 것을 좋아한다"라는 말도 성경에 없다. 마더 테레사는 이런 말을 했다. "하나님을 위해 큰일을 하려고 하지 말고 작은 일을 큰 사랑으로 하라."

작은 일의 날을 멸시하지 마라. 하나님 나라에 작은 일 따위는 없으니. 작은 일은 겨자씨와도 같다. 그것이 하나님 나라에서는 실로 크지만 인간의 눈에는 작고 하찮아 보인다. 작은 일은 누룩과도 같다. 결국 사방으로 스며들어가 모든 것을 변화시키지만 우리 눈에는 지극히 작은 요소로 보일 뿐이다. 아기와 구유는 작고 보잘것없어 보이지만 하나님은 바로 그것을 통해 우리에게 오셨다.

예수님은 주로 작은 일을 행하셨다. 이를테면 우물가의 사마리아 여인과 모두가 경멸하는 창기, 세리 같은 미천한 사람들과 이야기를 나누셨다. 또 제자들이 썩 물러가라고 혼낼 정도로 무시하던 어린아이들과 어울리는 것을 좋아하셨다. 시련과 십자가 직전 그분의 마지막 기적은 베드로가 휘두른 칼에 의해 잘린 한 종의 귀를 고치는 것이었다.

하나님의 눈에 무엇이 크고 작은지 우리는 알 수 없다. 하지만 확실한 사실은 우리가 자신을 낮춰 작은 문을 찾아 들어가기 전까지는 결코 '큰' 문으로 들어갈 수 없다는 것이다.

작은 일의 날을 멸시하지 마라. 그날도 역시 하나님이 지으신 날이니. 그리고 그날도 역시 하나님을 찾을 수 있는 날이니.

어느 선택을 할지 정확히 알 수 없으면 뭔가 문제가 있다는 뜻이다?

돌이켜보면 '큰 문'에 관한 결정을 내릴 때 쉬웠던 적은 거의 없었다. 예컨대 직업을 정할 때 수없이 기도하고 좌절의 눈물을 흘렸던 기억이 난다. "하나님, 제발 무엇을 해야 할지 알려 주세요. 알려 주시기만 하면 그대로 할게요. 뭐든 상관없어요. 제발 알려 주세요." 하지만 아무런 음성도 들리질 않았다.

내가 실제로 구한 것이 '내 인생을 향한 하나님의 뜻'이 아니라는 걸 깨닫기까지는 수많은 세월이 걸려야 했다. 내가 원한 것은 힘든 결정을 내리는 부담감에서 서둘러 벗어나는 것일 뿐이었다.

하나님은 문을 열어 주시지만 하나부터 열까지 모든 것을 대신해 주시는 분은 아니다. 심지어 하나님은 어떤 문으로 가야 할지 판단하기 위한 열두 단계조차 알려 주시지 않는다.

열린 문을 올바로 이해하려면 무엇보다도 우리를 향한 하나님의 뜻이 우리의 내적 변화에 있다는 사실을 알아야 한다.

사도 바울은 하나님이 "창세전에 그리스도 안에서 우리를 택하사 우리로 사랑 안에서 그 앞에 거룩하고 흠이 없게 하시려고"(엡 1:4)라고 말한다. 다시 말해, 우리 인생을 향한 하나님의 기본적인 뜻은 우리가 무슨 일을 할지, 어디에서 살지, 결혼을 할지, 돈을 얼마나 벌지가 아니라 우리가 어떤 사람이 될지에 있다. 우리 삶을 향한 하나님의 주된 뜻은 우리가 훌륭한 인격, 건강한 생기, 하나님의 사랑을 가진, 경건하고 거룩한 사람이 되는 것이다.

책의 서두에서 강조했듯이 의사결정은 인격 형성을 위해 꼭 필요한 요소다. 부모라면 누구나 이 점을 알고 있다. 매사에 자녀를 위해 대신 결정을 내려 주는 부모를 상상해 보라(당신의 부모가 그런 사람이라면 상담자를 찾아가 보길 바란다. 당신이 그런 부모라면 당신의 자녀에게 상담이 시급하다).

자녀가 훌륭한 사람이 되기를 바라는 부모라면 자녀 스스로 많은 결정을 내리도록 '강요해야' 한다. 다른 방법으로는 강한 의지와 판단력, 인격을 기를 수 없다.

마찬가지로 하나님도 우리가 스스로 결정 내리길 원하실 때가 많다. 우리가 방향을 물으면 때로 하나님은 "알아서 해라"라고 말씀하신다. 이는 우리에게 관심이 없으셔서가 아니다. 이는 다른 무엇보다도 우리의 됨됨이와 인격에 관심이 많으시기 때문이다. 그리고 물론 이는 우리를 진정으로 사랑하시기 때문이다.

때로 하나님은 모세의 경우처럼 구체적인 임무를 분명하게 알려 주시기도 한다. 그리고 다음 장에서 살피겠지만 우리는 지혜를 발휘하여 여러 면에서 옳은 문을 선택할 수 있다.

하지만 어느 문을 선택해야 할지 정확히 알 수 없다고 해서 뭔가 문제가 있는 것은 아니다. 이 사실을 깨닫고 나서 믿음과 기도에 관한 내 이해가 훨씬 깊어졌다. 하나님이 나 스스로 선택을 내리게 놔두시는 것은 그래야 내가 성장할 줄 아시기 때문이다. 하나님이 일일이 알려 주시면 내 성장이 방해를 받을 수 있다.

진정 열린 문이라면
앞으로 삶은 쉬워질 것이다?

이 말은 내 삶이 쉬워졌는지를 보면 내가 옳은 문을 선택했는지 알 수 있다는 것이다. 이를테면 배우자를 잘 골랐다면 아무 노력 없이도 가정이 잘 돌아가야 한다. 아침마다 상쾌한 기분으로 눈을 떠야 한다. 배우자에게서 어떤 흠도 보이지 않아야 한다. 배우자가 늘 나의 기를 살려 주고 언제나 나를 섬길 궁리만 해야 한다.

자녀가 있다면 아이들 모두가 하나님을 사랑하고 공부를 잘하고 잘생기고 머리도 좋고 사회성이 뛰어나고 운동신경이 남달라야 한다. 여드름이나 반항심 없이 조용하게 사춘기를 보내고 주변에 자랑할 만한 대학에 들어가고 가문의 위상을 높여 줄 사람과 결혼을 해야 한다. 독립심이 강하면서도 우리가 믿는 것을 믿고 우리가 원하는 대로 행동해야 한다.

직업의 문을 제대로 고르면 매일 열정으로 충만한 채 출근하고 보람으로 가득한 채 퇴근해야 한다. 매번 좋은 실적 평가를 받아야 한다. 내가 최우수사원이어야 하고, 내 부하직원들이 모두 내게 충성을 다해야 한다. 어울리기 힘든 동료들은 알아서 다른 회사, 이왕이면 먼 지방의 회사로 가 버려야 한다.

내가 옳은 문을 선택하면 평생 돈 걱정 없이 살아야 한다. 내가 투자한 돈이 삼사 년마다 두 배로 불어나야 한다. 원하는 것을 마음대로 사면서 남부럽지 않게 살면서도 베풀 줄 아는 사람이라는 주변의 칭찬이 끊이질 않아야 한다.

'쉬운 삶'이 옳은 문을 선택한 결과라고 믿는다면 상황이 어려워질 때마다 하나님과 나 자신, 내 선택에 대한 의심에 휩싸일 수밖에 없다. 하지만 열린 문은 쉬운 삶을 약속해 주지 않는다.

사실, 하나님이 부르시는 열린 문으로 들어가면 오히려 삶이 훨씬 더 힘들어진다. 아브라함은 편안한 고향을 떠나 불확실하고 위험한 여행길에 올랐다. 모세는 무시무시한 바로를 상대하고 동포들의 끝없는 불평에 시달려야 했다. 엘리야는 권력욕에 사로잡힌 여왕에게 쫓겨 도망 다녀야 했다. 에스더는 민족 말살을 막기 위해 목숨을 걸어야 했다. 느헤미야서에는 느헤미야의 사역에 대한 외적인 저항과 내적인 저항이 끊이지 않았다고 기록되어 있다.

바울은 고린도 교회에 쓴 편지에서 "내게 광대하고 유효한 문이 열렸으나 대적하는 자가 많음이라"(고전 16:9)라고 말했다. 그냥 문도 아니고 '광대하게' 열린 문인데도 삶이 오히려 힘들어졌다. 하지만 바울은 저항과 반대야말로 하나님이 열어 주신 문의 증거라고 여겼다.

고난을 피하고 싶은 것은 인지상정이지만 그리 훌륭한 태도는 못 된다. 영적으로 성숙한 사람은 고난 앞에서도 좌절하지 않는다. 더 큰 명분을 위해 고난을 받아들이는 인생이야말로 가장 의미 있는 인생이다.

데이비드 개로우는 마틴 루터 킹이 몽고메리 버스 보이콧 투쟁 도중 어떤 고난을 겪었는지 생생하게 묘사했다. 어느 순간, 그를 죽일 뿐 아니라 그의 집을 폭파해 온 가족을 없애 버리겠다는 인종주의자들의 무시무시한 협박이 날아오기 시작했다. 어느 날 한밤중에 마틴 루터 킹은 극심한 공포 가운데 자신은 이 일을 감당하기에 너무 약하다며 하나님께 울부짖었다. "그 순간, 내면에서 이런 음성이 들리는 듯했다. '마틴 루터야, 의를 위해서 일어서라. 정의를 위해서 일어서라. 진실을 위해서 일어서라. 그러면 내가 세상 끝날까지 너와 함께해 주겠다.'"

개로우는 이렇게 덧붙였다. "그의 인생에서 가장 중요한 밤이었다. 그 뒤로 그는 또다시 세상의 압박이 감당할 수 없을 만큼 커 보일 때마다 그 밤을 떠올렸다."[3]

예수님은 "내가 주는 일은 쉽다"라고 말씀하시지 않았다. 오히려 그분은 이렇게 말씀하셨다. "그때에 사람들이 너희를 환난에 넘겨주겠으며 너희를 죽이리니 너희가 내 이름 때문에 모든 민족에게 미움을 받으리라"(마 24:9).

예수님은 "삶이 쉬워질 것이다"가 아니라 "세상에서는 너희가 환난을 당하나"(요 16:33)라고 말씀하셨다.

예수님이 '쉽다'라는 표현을 딱 한 번 사용하기는 하셨다. 하지만 인생의 상황을 놓고서 사용하신 게 아니다. "나는 …… 문이라"(요 10:7)라고 말씀하신 예수님이 "내 멍에는 쉽고"(마 11:30)라고도 말씀하셨다.

보다시피 예수님은 "너에게 쉬운 삶을 주겠다"가 아니라 "너에게 쉬운 '멍에'를 주겠다"라고 말씀하신다. 랍비의 멍에를 진다는 것은 곧 그분의 삶의 방식을 따른다는 의미였다. 예수님은 그분의 멍에를 지면, 즉 아버지께 능력과 변화시키는 은혜를 끊임없이 받을 수 있도록 삶의 방식을 정렬시키면 마음의 평안이 찾아온다고 말씀하신 것이다. 다시 말해, 외적 환경이 쉬워지는 게 아니라 내적 삶이 쉬워지는 것이다. 쉽다는 것은 내 문제가 사라진다는 뜻이 아니다. 그것은 하나님이 내 문제를 감당할 수 있는 능력을 주신다는 뜻이다.

예수님이 약속하시는 것은 힘든 상황 속에서도 평안과 기쁨이 가득한 내면이다. 내면이 평안하면 외적인 고난을 너끈히 견뎌낼 수 있다. 반면, 외적으로 쉬운 삶을 추구하면 외적으로도 내적으로도 모두 평안해질 수 없다.

열린 문은 영적으로 화려한 일을
하기 위한 기회다?

우리는 열린 문을 영적으로 화려한 일을 하기 위한 기회로만 보는 경향이 있다. 하지만 열린 문은 주로 하나님을 위해 겸손한 일을 하라는 조용한 초대다. 섬김을 위해, 베풂을 위해, 회개를 위해 열린 문. 정직해지기 위한 열린 문.

하나님의 열린 문을 기대하기에는 당신의 삶이 너무 하찮고 당신의 일이 너무 초라하다고 생각하는가? 그렇다면 레갑 사람들에 관해 읽어 보라. 레갑 사람들은 이름 없는 족속이었다. 아무리 봐도 성경에 기록될 만한 일족이 아니었다. 원래 이스라엘의 일부도 아니었고 시나이에 살지도 않았으며 토라도 몰랐던 것으로 보인다. 하지만 그들은 레갑의 아들 요나답을 통해 하나님이 그들에게 특별한 역할을 위한 문을 여셨다는 말을 들었다. 그런데 이 것은 아무도 자원하지 않을 만한 일이었다. 포도주를 마시지 말고, 포도나무를 심지도, 씨앗을 뿌리지도 말고, 집도 짓지 말고, 정착하지도 말라는 명령을 좋아할 사람이 어디 있겠는가.

하지만 레갑 사람들은 수세대 동안 이 명령을 충성스럽게 지켰다. 이것은 그리 매력적인 소명이 아니었다. 그들은 농사를 짓지 않고 유목민으로 평생 떠돌아다녀야 했다. 누구도 그들을 중요한 지도자로 여기지 않았다. 그들은 중동의 시골 아미시 사람들이라고 할 수 있었다.

하지만 수세기 뒤 이스라엘 백성이 외국으로 끌려가기 직전

하나님은 순종의 작은 본보기로 레갑 사람들을 사용하셨다. 예레미야는 일종의 선지자적 행위예술로써 레갑 사람들을 하나님의 전으로 초대했다. 그들이 도착하자 예레미야는 포도주를 권했다. 하지만 그들은 옛 명령 때문에 절대 포도주를 마실 수 없다며 예레미야의 권주를 거절했다. 이에 하나님은 예레미야를 통해 온 이스라엘이 이 겸손한 유목민들에게서 배워야 한다고 말씀하셨다. 지극히 작은 일에 대한 충성이라도 하나님은 귀히 여기신다. 아웃사이더요 고리타분하고 촌스러운 이방인 염소지기들인 레갑 사람들이 하나님의 백성에게 절실히 필요했던 충성의 본을 보여 주었다. 하나님은 레갑 사람들을 칭찬하시면서 그들 중에서 그분을 섬길 후손이 끊이지 않을 것이라고 약속해 주셨다. 일개 이방의 일족으로서는 실로 엄청난 영광이었다.[4]

우리를 하나님 앞에서 위대하게 해 주는 것은 우리가 하는 일이 아니라 그 일을 하는 태도다. 하나님은 교만이나 남다른 재능이 아니라 겸손한 마음을 가진 사람들에게 문을 열어 주신다.

열린 문은 단순히 옳은 길을 의미할 때가 많다. 아무리 사소해도 옳은 일을 하라. 훌륭한 인간이 할 법한 행동을 하라. 하나님의 명령을 무시하고 싶은 유혹이 생겨도 끝까지 순종하라. 문이 화려해 보이지 않더라도, 아무도 알아주지 않더라도, 묵묵히 순종하라.

어떤 결정에는
하나의 옳은 문만 존재한다?

그렇지 않다. 이런 식으로 생각하면 죽을 때까지 결정을 내리지 못한다. 영적 눈가리개를 쓴 사람들은 다양한 선택사항을 두루 보지 못한다. 브라이언 브랜스필드 주교는 자신을 찾아와 "내가 무엇을 하는 것이 하나님의 뜻인지 모르겠어요"라고 말한 뒤 답을 기대하는 눈빛으로 쳐다보는 사람이 많다고 말한다. 그러면 그는 대개 넓은 시각을 품으라는 말로 답을 대신한다고 한다.

> 당신의 경우에는 하나님이 기뻐하실 만한 선택사항이 열여덟 가지쯤은 있습니다. 꼭 사제가 되지 않아도 됩니다. 꼭 이 여인과 결혼하지 않아도 됩니다. 세상에는 60억 명이나 되는 사람이 있습니다. "네가 해야 할 일은 오직 한 가지밖에 없다. 나는 그것을 안다. 이제 너는 그것을 알아내라." 하나님이 당신을 보고 이렇게 말씀하셨다고 하는데 혹시 당신의 생각으로 하나님을 제한하고 있는 건 아닐까요?[5]

우리는 완벽주의자가 되도록 부름을 받은 게 아니라 완벽해지도록 부름을 받았다. '완벽'은 흠 없이 훌륭한 상태인 반면, '완벽주의'는 도덕적인 강박관념이다. 성경은 하나님이 완벽하시다고 말하지 완벽주의자시라고 말하지 않는다.

딱정벌레를 만들기 위한 옳은 방법이 딱 하나만 있다면 왜 하나님은 30만 종의 딱정벌레를 만드셨을까? 사람을 만들기 위한 옳은 방법이 딱 하나만 있다면 우리 중에 단 한 명만 정상이다. 인생은 매번 어떤 컵에 콩이 들어 있는지 알아내야 하는 게임이 아니다. 그렇게 살면 어디 잘못된 판단을 내릴까 두려워서 살 수 있겠는가.

에덴동산에 먹는 것이 금지된 나무가 한 그루 있기는 했지만 나머지 모든 나무에 대해서는 "임의로"(창 2:16) 먹을 자유가 있었다. 그러니 아담과 하와는 어떤 나무가 먹어도 되는 '바로 그 나무'인지 알아내려고 애쓰지 않아도 되었다. 선택을 통해 우리 인격이 자라나기 때문에 하나님은 대개 우리에게 선택권을 주신다.

내가 뭔가를 간절히 원하면
하나님은 반드시 그 문을 여셔야 한다?

그렇지 않다. 하나님은 그런 식으로 문을 열어 주시지 않는다.

하나님은 내가 싫어하는 문으로
억지로 집어넣지는 않으신다?

바로는 하나님의 백성을 보내고 싶지 않았다. 하지만 그들을 붙잡아 둔 대가는 그가 생각했던 것보다 훨씬 더 컸다. 사울은 왕이 되고 싶지 않았지만 그의 의지와 상관없이 왕관이 찾아왔다.

예레미야는 하나님이 자신의 임무를 다른 사람에게 주시길 바랐지만, 다른 자원자는 아무도 나타나지 않았다. 요나는 니느웨를 피해 도망치려고 했지만, 하나님께는 요나 하나쯤 다룰 만한 방법이 무궁무진했다. 발람이라는 선지자는 모압으로 가고 싶었지만 하나님은 그의 나귀를 통해 그를 막으셨을 뿐 아니라 나귀의 입으로 동물 학대를 경고하는 메시지를 던지셨다. 이 장면에서 하나님은 마치 동물보호협회의 열심 회원과도 같으시다.

시편 기자는 이렇게 말했다. "너희는 무지한 말이나 노새 같이 되지 말지어다 그것들은 재갈과 굴레로 단속하지 아니하면 너희에게 가까이 가지 아니하리로다"(시 32:9).

여기서 그는 두 가지 형태의 인도하심을 구분하고 있다. 첫 번째 형태는 우리의 이성과 분별력을 통한 인도하심이다. 이것은 성숙한 사람들에게 적합하다. 두 번째 형태인 "재갈과 굴레"는 강제로라도 순종을 이끌어내기 위해 압박과 고통을 사용하는 것이다. 주로 이것은 결과의 법칙이라는 형태를 띠며, 그 결과는 대개 고난이다. 지혜를 따라 지금 옳은 문으로 들어가라. 그렇게 하지 않다가 인생의 고통을 통해 억지로 끌려들어갈 때까지 기다리지 마라.

"딸과 함께할 시간이 없습니다." 일중독자 아버지는 그렇게 말한다. 그렇게 방치된 지 몇 년 만에 그 딸은 가출해 중독과 반항의 삶에 빠져든다. 아버지는 뒤늦게 딸을 찾고 정신 상담을 받느라 수많은 시간을 허비한다. 그러고 보면 원래부터 시간이 있었던 셈이다. 하지만 어쩔 수 없는 상황이 올 때까지 그는 시간을 지혜롭게 사용하지 않았다.

"몸을 돌볼 시간이 없습니다." 그러다 결국 뇌졸중이나 심장마비, 당뇨가 온다. 그렇게 몸이 더 이상 말을 듣지 않게 되어서야 애초에 시간이 있었다는 것을 깨닫는다.

"굳이 미루는 버릇을 고칠 필요가 없습니다. 최소한 아직까지는 큰 문제가 없어요." 하지만 계속해서 마감일을 맞추지 못하고 약속을 지키지 못하다가는 학교에서 제적을 당하거나 직장을 잃는다. 더 이상 문제없는 척할 수 없는 때가 반드시 온다.

"술이나 도박, 음란의 문제를 얼마든지 다룰 수 있습니다." 하지만 조금씩 타협하다 보면 어느새 직장에서 쫓겨나거나 파산을 하거나 가정을 잃는다. 고통과 압박으로 어쩔 수 없이 문제를 다뤄야 할 때가 온다.

빈민가의 교육 현실에 대해 늘 안타까워하던 한 사람이 생각난다. 하지만 그는 돈을 버는 데 바빠 교육을 바로잡는 일에 헌신할 시간이 없었다. 돈에 집착하다 보니 가족과도 멀어졌고, 아이러니하게도 투자에도 실패해서 결국 파산을 선고해야 했다. 이로써 그는 등 떠밀리듯 빈민가의 한 학교에 교사로 들어갔다. 결과적으로는 그의 꿈을 이룬 것이지만 너무 오래 걸렸다는 것이 못내 아쉽다.

한 번 잘못된 문을 선택하면 날 향한 하나님 뜻을 영원히 놓친다?

사회과학자들은 이것을 '반사실적 사고'(counterfactual thinking)라고 부른다. 이것은 자기 결정의 결과가 마음에 들지 않아 다른 결정을 내렸을 때 찾아올 법한 결과에 집착하는 것이다. 이런 사람들이 자주 사용하는 표현은 "~했더라면"이다. '그 직장에 들어갔더라면, 그 사람과 결혼했더라면, 그 학교를 선택했더라면, 거기에 투자를 했더라면.'

목회의 길로 갔어야 한다는 생각에 평생 죄책감 속에서 살아가는 사업가. 결혼을 잘못했다는 생각에 하나님이 원래 정해 주신 짝이라고 '확신하는' 남자와의 결혼생활을 상상하는 여인.

반사실적 사고는 긍정적인 방향보다 부정적인 방향으로 흐를 때가 훨씬 많다. 우리는 우리가 놓친 기회를 너무 이상적으로 바라보는 경향이 있다. 이런 반사실적 사고는 무기력과 우울증, 신세한탄, 침체로 이어진다. 하나님은 절대 우리를 이런 문으로 부르지 않으신다.

바울은 고린도 교회를 위해 근심의 종류를 두 가지로 구분해 주었다. "하나님의 뜻대로 하는 근심은 후회할 것이 없는 구원에 이르게 하는 회개를 이루는 것이요 세상 근심은 사망을 이루는 것이니라"(고후 7:10). 그릇된 선택에 대한 올바른 종류의 근심은 언제나 절망이 아닌 '에너지'를 일으킨다. 그런 근심은 실수에서 배우고 더 큰 지혜로 자라가게 해 준다. 하나님이 주시는 근심은 소망으로 충만하다.

반면, 세상적인 근심은 에너지를 갉아먹는다. 세상적인 근심은 하나님이 아닌 세상이 유일한 소망이라는 관점에서 자신의 잘못된 선택을 바라보는 것이다. 그렇게 되면 신세한탄과 후회 속에서 살 수밖에 없다. 첫 번째 문을 선택했더라면 훨씬 더 좋았을 거라는 생각이 평생 따라다닐 것이다.

내 인생을 향한 하나님의 뜻은 무엇보다도 내가 그분이 원하시는 사람이 되는 것이다. 이런 사람으로 성장해 가려면 평생이 걸린다. 따라서 내가 하나님의 뜻을 거부하지 않는 한, 결코 기회를 놓친 게 아니다. 모든 길이 하나님께로 이어지지는 않더라도 모든 길이 하나님께 속했다. 하나님은 심지어 잘못된 길을 통해서도 나를 옳은 곳으로 인도하실 수 있다.[6]

예수님은 "하나님 나라가 가까이 왔다. 후회하고 복음을 믿으라!"라고 말씀하시지 않았다. 회개가 후회와 결정적으로 다른 점은 새로운 미래로 가는 열린 문이라는 것이다. 하나님의 문은 그분의 긍휼과 마찬가지로 아침마다 새롭다.

프레데릭 뷰크너는 이렇게 말했다. "오래전에 일어났던 슬픈 일은 기쁘고 은혜로운 일만큼이나 평생 우리의 일부로 남는다. 단, 지독히 슬픈 일이라 해도 거기에 대해 평정심을 찾고 나면 그것이 계속해서 우리의 발목을 잡는 죄책감과 비난, 후회의 짐이 아니라 새로운 여행을 위한 지혜와 힘의 근원이 될 수 있다."[7]

하나님은 닫힌 문에 대한
내 답답함에 공감하실 수 없다?

1세기 이상 전에 윌리엄 홀먼 헌트가 그린 〈세상의 빛〉(The Light of the World)이란 그림이 있다. 작은 집 앞에 서서 문을 두드리고 있는 한 남자를 그린 이 그림은 미술사에서 가장 유명한 문 작품 중 하나다. 문 안에 누가 있는지 혹은 문이 열리게 될지에 대한 단서는 없다.

이 그림은 요한계시록 3장의 한 구절에서 비롯했다. 같은 장의 몇 구절 전에서는 하나님이 인류 앞에 두신 '열린 문'에 관한 이야기가 나온다. 그리고 몇 구절 뒤에서는 내내 열린 채로 있는 천국의 문 이야기가 등장한다.

그런데 이 구절은 문 밖에 계신 예수님에 관한 구절이다. "볼지어다 내가 문 밖에 서서 두드리노니 누구든지 내 음성을 듣고 문을 열면 내가 그에게로 들어가 그와 더불어 먹고 그는 나와 더불어 먹으리라"(계 3:20).

주인이 문을 열어 줄지 안 열어 줄지도 모르는데 밖에서 문을 두드리며 서 있는 것은 굴욕적인 일이다. 하나님은 모든 인간에게 마음의 문을 주셨는데 그 문을 억지로 열고 들어가지 않으신다. 이는 하나님만큼 거부의 고통을 수없이 겪은 분은 없다는 뜻이다. 하나님은 문을 여시는 분일 뿐 아니라 닫힌 문 앞에 서서 두드리시는 분이다.

하나님은 우주 역사상 가장 많은 거부를 당하신 분이다. 그런 분도 기꺼이 문 앞에 서서 두드리시는데 내가 포기해서야 되겠는가?

어떤 문은 너무 꽁꽁 닫혀서
하나님조차도 여실 수 없다?

사실, 닫힌 문을 여는 것이야말로 하나님의 전공이다. 카파도키아에 갔다가 2만 명이 살았던 고대의 지하 도시를 구경한 적이 있다. 지하로 8층까지 뚫고 들어간 엄청난 규모의 도시였다. 그곳에서 돌로 만든 거대하고 둥근 돌을 봤다. 옛 사람들은 이 돌을 굴려 입구를 막았을 것이다. 그때 그리스도의 무덤을 막았던 돌도 이렇게 거대한 돌이었겠구나 하는 생각을 했다.

그 문이 열리면서 모든 것이 변했다. 무덤의 육중한 돌문을 여셨던 하나님께 여실 수 없는 상황의 문이란 없다. 부활 뒤에 어떤 일이 벌어졌는지 보라.

> 저녁 때에 제자들이 유대인들을 두려워하여 모인 곳의 문들을 닫았더니 예수께서 오사 가운데 서서 이르시되 너희에게 평강이 있을지어다 …… 여드레를 지나서 제자들이 다시 집 안에 있을 때에 도마도 함께 있고 문들이 닫혔는데 예수께서 오사 가운데 서서 이르시되 너희에게 평강이 있을지어다 하시고(요 20:19, 26).

우리 삶 속에 하나님이 여실 수 없는 문은 없다. 하나님은 우리의 상황 속으로 들어와 그분의 임재로 우리를 덮으실 만한 능력이 있으시다. 그 증거는 바로 성경 속에 있다. 믿지 못하겠다면 직접 찾아보라.

Part 2.

하나하나
결정해 나가는
과정 자체가
복이다

CHAPTER 1

'어떤 선택이 옳은지' 묻기 전에
지혜부터 구하라

어떻게 하면 옳은 문을 선택할 수 있을까? 요한계시록 3장 8절에서 빌라델비아 교회는 이런 말을 들었다. "볼지어다 내가 네 앞에 열린 문을 두었으되 능히 닫을 사람이 없으리라." 하지만 어떤 문이 그 문인지 어떻게 아는가? 혹시 잘못된 문으로 들어가기라도 하면 어쩌는가?

이성을 사귀어야 할까? 사귀어야 한다면 누구를 사귀어야 할까? 내가 결혼을 해야 할지 말지 어떻게 알까? 지금 사귀는 사람이 하나님이 정해 주신 짝인지 어떻게 알까? 나는 이 여자가 내 짝이라는 하나님의 음성을 들었지만 그녀는 아직 듣지 못했다면 어떻게 해야 할까? 어느 학교에 들어가야 할까? 어떤 전공을 선택해야 할까? 어느 진로로 가는 것이 옳은 선택일까? 어느 직장에 들어가야 할까? 어디서 살아야 할까? 어느 집을 사야 할까? 내가 이 어려운 환경에서 끝까지 버티는 것이 하나님의 뜻일까? 아니면 하나님은 내가 행복하기를 바라시니까 이곳을 떠나는 것이 옳을까?

예로부터 인간은 초자연적인 통로를 통해서라도 미래를 알고 어떤 선택을 내려야 할지 판단하기를 원했다. 그래서 손바닥과 찻잎, 별, 동물의 내장을 보고 미래를 점쳤다. 신탁이나 타로카드, 점괘판을 의지하기도 했다. 제비뽑기도 여러 문화권에서 행해졌다. 고대 로마에서는 복점관(augur; '점쟁이'를 뜻하는 라틴어에서 파생한 단어)들이 새의 이동을 연구하여 미래를 예측했다. 이것을 "길흉의 점을 본다"(take the auspices)라고 말했다. 지금도 '길일'(auspicious day)이라거나 '길조를 보인다'(augur well)라는 표현을 사용한다.

논리적으로 전혀 맞지 않음에도 불구하고 지금까지 이런 관행이 사라지지 않고 있다. 예컨대 사람들은 '무당 친구'에게 전화를 건다. 그들이 정말로 친구라면 먼저 알아서 전화를 걸어 와야 하는 것 아닌가? 그리고 그들이 정말로 무당이라면 예약 따위는 불필요한 것 아닌가?

이스라엘의 믿음은 이런 관행을 용납하지 않았다. 그것은 이런 관행이 효과가 없기 때문만이 아니라 믿음과 마법이 물과 기름처럼 섞일 수 없었기 때문이다. 사울 왕에 관한 한 가지 기묘한 이야기를 보면 둘 사이의 차이점을 이해하는 데 도움이 된다.

사울은 자기 인생에 대한 하나님의 리더십을 거부했다. 그는 권력과 질투, 기만, 교만의 문을 선택했다. 그런데 블레셋이 전쟁의 위협을 가해 오자 다급해진 그가 그제야 갑자기 '자기 인생을 향한 하나님의 뜻'을 구하기 시작한다. 블레셋과 싸워야 할까, 말아야 할까?

하지만 사울이 구한 것은 사실상 '하나님의 뜻'이 아니었다. 그는 자신을 낮춰 회개하고 회복의 길로 돌아올 생각이 눈곱만큼도 없었다. 사울이 원한 것은 단지 자신의 바람이 이루어지는 것뿐이었다. 그러니 하늘이 침묵할 수밖에. 하나님은 사울의 요청에 응답해 주시지 않았다.

기도가 응답되지 않자 사울은 엔돌의 한 무당을 찾아가 죽은 사무엘 선지자를 불러 달라고 요청한다(죽은 사람에게 물어 미래를 알아내려는 강령술은 가장 오래된 형태의 점 중 하나다).

그러자 사무엘이 나타나 화난 투로 사울에게 뭘 원하느냐고 묻는다. 사울은 이렇게 대답한다. "나는 심히 다급하니이다 블레셋 사람들은 나를 향하여 군대를 일으켰고 하나님은 나를 떠나서 다시는 선지자로도, 꿈으로도 내게 대답하지 아니하시기로 내가 행할 일을 알아보려고 당신을 불러 올렸나이다"(삼상 28:15).

사울의 진짜 바람(우리의 진짜 바람도 사울과 같을 때가 얼마나 많은가)
은 첫 문장에서 여실히 드러난다. "나는 심히 다급하니이다." 선
택을 내리는 것은 정말 고통스러운 일이다. 그래서 우리는 '하나
님의 뜻'을 구하는 게 아니라 어떻게 해야 자신이 원하는 결과를
얻을 수 있는지 알아내서 선택의 부담감으로부터 벗어나려고 할
때가 너무도 많다. '하나님, 제가 지금 너무 괴로우니까 어서 어떻
게 해야 할지 알려 주세요!'

사무엘은 사울이 원하는 답을 주지 않는다. 대신 사울이 과거
에 이미 들었지만 무시했던 영적 판결을 다시 선포한다.

믿음은 마법 같은 미신과 본질적으로 다르다. 미신은 내 목적
을 이루기 위해 초자연적인 힘을 사용하려는 것이다. 마르틴 부
버는 "마법은 관계 속으로 들어가지 않고서 효과를 얻으려는 것
이며 허공에서 기술을 부린다"라고 말했다.[1] 걱정을 덜거나 잘못
에 대한 비난을 피하거나 곤란에서 벗어나거나 원하는 바를 이루
기 위한 비결을 알고 싶을 때 미신에 의존하기 쉽다. 마법은 존재
하지도 않는 지식에 대한 환상을 낳는다. 그런 의미에서 그루초
막스는 이런 말을 했다고 한다. "검은 고양이가 당신 앞을 지나가
는 것은 단지 그 짐승이 어디론가 가고 있다는 뜻일 뿐이다"(검은
고양이는 마녀가 변신한 것이라는 미신이 있다-역자).

미신은 내 목적을 위해 초자연적인 힘을 사용하려는 것이지만
믿음은 하나님의 목적 앞에 내 목적을 내려놓는 것이다. 믿음은
우주의 이면에 인격적인 존재가 계시며 그 존재가 다른 모든 인

격적인 존재와 마찬가지로 커뮤니케이션에 응답하신다고 확신하는 것이다. 기도는 하나님과 소통하기 위한 주된 수단이다. 그래서 열린 문을 찾고 분별할 때 기도가 꼭 필요하다.

하지만 실제로 믿음의 길을 걷는 것이 말처럼 쉽지는 않다. 우리도 사울만큼이나 미신으로 흐르기 쉽다. 한번은 캘리포니아 주 남부의 한 교회에 교역자 자리가 나서 면접을 보러 갔다. 그런데 그 교회의 교인 중 한 명이 이 일을 놓고 기도하던 중 내가 그 교회에서 사역하게 되겠지만 당장은 아니고 나중에 그렇게 될 것이라는 '주님의 음성'을 들었다고 내게 말했다. 당시는 몰랐지만 알고 보니 그 교인의 남편도 나와 같은 자리에 지원을 했다. 내가 합격되면 남편은 떨어질 수밖에 없었던 것이다.

내가 아는 한 남자는 한때 죽도록 사랑하는 여자를 하나님이 정해 주신 짝으로 확신했다. 그는 라디오에서 그녀를 떠올리게 하는 노래를 듣다가 그녀가 정말로 '천생배필'이라면 다른 방송국에서도 그 노래를 틀게 해달라고 기도했다. 그런데 정말로 다른 방송국에서도 그 노래를 틀어 주었다. 그는 그것을 하나님의 신호로 받아들였다. 하지만 그것은 완전한 착각이었다. 그 여자는 지금 다른 남자와 결혼해서 잘 살고 있다.

나는 '하나님의 뜻'을 간절히 원한다고 말하지만 '실제로' 내가 원하는 것은 전혀 하나님의 뜻이 아닐 때가 더러 있다. 그럴 때 나는 단지 '내가 원하는 것'을 원할 뿐이다. 혹은 결정의 부담감을 벗으려는 것일 뿐.

프린스턴대학의 철학자 월터 카우프만은 '결정공포증'(decido-phobia)이란 용어를 처음 사용했다. 이것은 우리 인간들이 결정하기를 두려워한다는 뜻이다. 우리는 잘못된 결정을 내릴까 봐 걱정하는 것을 싫어한다. 결정하는 데 따르는 스트레스는 우리를 지치게 만든다.

한번은 한 식당에서 우리가 메뉴를 선택할 때마다 웨이터가 "최고의 선택이십니다"라며 박수를 쳐서 이상하게 생각했던 기억이 난다. 애피타이저와 본 요리를 지나 디저트를 고를 때까지 웨이터가 계속해서 그러기에 혹시 형편없는 선택을 한 사람에게도 그렇게 찬사를 보내는지 물어보았다. 알고 보니 하도 손님들이 메뉴를 제대로 고르지 못할까 봐 두려워하기에 식당 매니저가 아예 '칭찬의 말' 목록을 만들어서 웨이터들에게 나누어 준 것이었다. 웨이터들은 손님들이 메뉴를 고를 때마다 앵무새처럼 그 목록의 말들을 읊어댔다. 이렇게 현대인들은 음식을 선택하는 것조차도 두려워한다. 오죽하면 웨이터가 심리치료사 역할까지 하지 않으면 장사하기가 힘들 정도다.

선택은 우리의 인격에서 나오는 것이다. 따라서 진정으로 원해서 선택했다면 누구 핑계도 댈 수 없고 숨을 곳도 없다. 선택은 우리를 흥분시킨다. 두려움을 자아낸다. 선택은 인격적 존재가 되기 위해 반드시 필요한 것이다. 시인 아치볼드 매클리시는 이렇게 말했다. "자유가 무엇인가? 자유란 선택할 권리다. 즉 스스로 새로운 선택사항들을 만들어 낼 권리다. 선택의 여지가 없다면 인간은 인간이 아니라 구성원, 도구, 물건일 뿐이다."[2]

하나님은 우리가 잘 선택하는 법을 배우기 원하신다. 아마도 이것이 성경 어디에도 '내 인생을 향한 하나님의 뜻을 아는 법'에 관한 장이 없는 이유가 아닐까 싶다. 인생의 중요한 선택 앞에서는 성경이 "길에서 갈림길을 만나거든 주저없이 선택하라"라는 요기 베라의 조언보다도 쓸모없어 보일 때가 많다. 바울은 '하나님이 정해 주신 짝인지 판단하기 위한 여섯 단계'나 '하나님이 정해 주신 직장을 찾기 위한 다섯 단계'에 관해 쓴 적이 없다.

대신 성경에는 이런 구절만 있다. "너희 중에 누구든지 지혜가 부족하거든 모든 사람에게 후히 주시고 꾸짖지 아니하시는 하나님께 구하라 그리하면 주시리라"(약 1:5). "내가 기도하노라 너희 사랑을 지식과 모든 총명으로 점점 더 풍성하게 하사 너희로 지극히 선한 것을 분별하며"(빌 1:9-10).

하나님은 우리가 선택의 달인이 되기를 원하신다. 한 철학자는 이런 말을 했다. "좀 안 된 말이지만 결정자가 결정을 내리는 것은 결코 간단하지 않단다."[3] 하지만 하나님은 명령 수행자가 아니라 결정자를 키우고 계신다. 선택을 앞두고서 내 인생을 향한 하나님의 뜻을 알고 싶다면 하나님께 어떤 선택이 옳은지 묻지 말고 먼저 지혜부터 구해야 한다.

지혜가 있는 곳에 늘 하나님이 계신다

돈, 직업, 육체적 건강, 영적 건강 등 어떤 영역에서든 간에 어리석은 선택을 해 봤는가? 주워 담고 싶은 말을 내뱉어 봤는가? 사람이나 이성 친구를 잘못 사귀어 본 적이 있는가? 시간 관리나 목표 설정, 양육, 텔레비전 시청에 대해서 성숙한 모습을 보이지 못했는가? 지난 결정을 돌이켜보면서 "어리석은"이란 말이 절로 나왔던 적이 있는가? 그렇다면 이번 장은 바로 당신을 위한 장이다.

우리는 선택을 내리고, 다시 그 선택은 우리를 형성한다. 우리가 하는 말, 하는 생각, 먹는 것, 읽는 것, 가는 곳, 함께하는 사람, 하는 행동, 일하는 모습, 쉬는 시간. 여기에 1,788,500개의 작은 선택을 더하면 우리의 인생이 된다. 매일 우리는 문으로 들어가고 다른 사람이 되어서 반대편으로 나온다.

성경은 문을 잘 선택하는 사람에 대해 '지혜'라는 표현을 사용한다. 운 좋은 사람이 아니라, 부유한 사람이 아니라, 성공한 사람이 아니라, 지혜로운 사람. 성경에서 말하는 지혜는 지능지수가 정말 높은 것과 다르다. 높은 학력과 동의어도 아니다. 성경의 지혜는 훌륭한 결정을 내릴 줄 아는 능력이다. 지혜는 제대로 사는 기술이다. 이스라엘 사람들은 지혜를 워낙 사랑해서 입만 열면 지혜 타령이었다. 그들은 지혜를 소중히 여기고, 지혜에 관해 묵상하고, 지혜를 칭찬하고, 지혜로운 격언을 암송하고, 자녀와 지혜에 관해 이야기했다.

이스라엘 백성은 솔로몬 왕의 이야기를 사랑했다. 솔로몬이 왕위에 올랐을 때 하나님은 뭐든 달라는 대로 주겠다고 말씀하셨다. 이에 솔로몬은 이렇게 말했다. "누가 주의 이 많은 백성을 재판할 수 있사오리이까 듣는 마음을 종에게 주사 주의 백성을 재판하여 선악을 분별하게 하옵소서"(왕상 3:9). 솔로몬의 첫 번째 결정은 언제나 옳은 결정을 내릴 수 있는 지혜를 구하는 것이었다. 성경은 하나님이 이 요청을 매우 기뻐하셨다고 말한다.

주로 솔로몬이 쓴 잠언을 보면 다음과 같은 구절이 있다. 여기서는 유진 피터슨의 《메시지 구약 시가서》(복있는사람 역간) 역본으로 소개한다.

> 지혜가 부르는 소리가 들리느냐? 통찰력의 외침이 들리느냐? 가장 번화한 교차로 중심가에 자리 잡고 서 있구나. 교통량이 가장 많은 도시의 광장에서 외치는구나! "거리에 나온 너희에게, 너희 모두에게 말한다! 잘 들어라, 미련한 자들아. 건전한 상식을 배워라! 어리석은 자들아, 처신을 똑바로 하여라! 제대로 사는 법, 최상의 모습으로 사는 법을 일러줄 테니 한마디도 놓치지 마라. …… 나는 지혜다. 분별이 나의 옆집에 살고 지식과 신중함이 같은 동네에 산다. 하나님을 경외하는 것은 악을 미워하는 것이다. 나는 악이 드러나는 여러 방식, 곧 교만과 오만과 거짓된 말을 지독히 싫어한다(잠 8:1-6, 12-13).

인생의 꽃을 피우는 사람과 그렇지 않은 사람의 결정적인 차이점은 돈이나 건강, 재능, 인맥, 외모에 있지 않다. 관건은 지혜, 곧 좋은 결정을 내리는 능력이다. 이스라엘 국가는 지혜를 사랑했다.

어린 시절 내가 중서부 지방에서 자랄 때는 누군가가 "이 핫도그는 정말 맛있네요"라고 말할 때 "그 핫도그가 그렇게 좋으면 결혼하지 그러세요?"라고 답하면 박장대소가 터져 나왔다(이렇게 썰렁한 유머도 통할 정도였으니 당시는 웃긴 것에 대한 기준이 정말 낮았다). 하여튼 이스라엘 백성은 지혜와 결혼하고 싶어 할 정도로 그것을 사랑했다. 그래서 아예 지혜를 의인화해 버렸다. 그들은 마치 지혜가 지구상에서 가장 훌륭한 사람인 것처럼 말했다. 특히 그들은 지혜를 여인으로 묘사했다. 성경에서 지혜를 여인으로 묘사하는 것은 그만큼 여인 중에 지혜로운 사람이 많기 때문이다.

옛 이스라엘에는 많은 지혜서가 있었다. 그리고 그중에서 일부는 성경으로 묶였다. 그만큼 이스라엘 백성의 지혜 사랑은 유별났다. 그들은 지혜를 만나기만 하면 기뻐서 어쩔 줄 몰라 했다. 그런데 그들이 지혜를 그토록 갈구한 것은 단지 인간적인 관점에서 삶을 성공적으로 살기 위해 필요했기 때문이 아니다.

잠언은 지혜가 "자기의 여종을 보내어 성중 높은 곳에서 불러 이르기를 어리석은 자는 이리로 돌이키라 또 지혜 없는 자에게 이르기를 너는 와서 내 식물을 먹으며 내 혼합한 포도주를 마시고 어리석음을 버리고 생명을 얻으라 명철의 길을 행하라 하느니라"(잠 9:3-6)라고 말한다. 고대 세상에서 도시의 가장 높은 곳은 언제나 성전 터였다. 예루살렘도 마찬가지였다. 즉, 의인화된 지혜는 하나님의 지혜에 대한 시적 표현이다. 사실, 지혜가 있는 곳에는 언제나 하나님이 계신다.

그래서 이번 장의 나머지 부분에서는 하나님의 지혜가 어떻게 우리를 열린 문으로 인도하고 그 문을 통과하도록 도와주는지에 관해 살펴보려 한다.

열정이 저절로 솟아날 때까지 기다리지 말라

웨이크포레스트대학에서 OPCD(Office of Personal and Career Development)를 책임지고 있는 앤디 챈이라는 사람이 있다. 그는 그 전에는 스탠포드경영대학원에서 진로 상담을 담당했으며 〈뉴욕 타임스〉에서 '진로 개발 분야의 권위자'로 선정되기도 한 커리어 전문가다.

챈에 따르면 요즘 청년들의 가장 큰 문제점 중 하나는 열정을 갖고 할 수 있는 자신만의 일이 따로 있고, 그 일을 찾기만 하면 매일 두근거리는 기대감으로 출근하고 가만히 있어도 하루 종일 열정이 들끓을 거라고 생각하는 것이라 한다. 성공한 사회 지도층 인사나 예술가, 기업가에 관한 이야기를 읽고 나면, 자신도 자신만의 일을 찾으면 매일 아침 빨리 일하고 싶어 일터로 달려가게 될 거라고 생각하기 쉽다. 이는 세상에 나의 완벽한 짝이 존재하고, 그 짝을 찾아 결혼하지 못하면 평생 불만족에 시달릴 수밖에 없다는 논리와 같다.

그러나 우리네 인생은 그렇지 않다. 토머스 에디슨은 천재가 1퍼센트의 영감과 99퍼센트의 노력으로 탄생한다고 말했다. 인생도 마찬가지다. 풀러신학교에 다닐 때 나는 다작 작가이자 학자이며 강연자이기도 했던 데이비드 허바드 총장을 매우 존경했다. 졸업하고 나서 몇 년 뒤에 그의 강연을 들었던 기억이 난다. 당시 허바드 박사는 학생들이 인생에 대해 가장 흔히 하는 오해 중 하나는 인생이 매력적인 활동과 고무적인 순간으로 가득하다는 것이라고 지적했다. 그는 일을 하기 싫을 때도 많았지만 인내로 하나씩 해 왔다고 말했다. 강의안을 작성하고 교수진 회의를 주관하고 사람을 만나 기부를 권유하는 것이 마냥 즐겁기만 한 건 아니다. 하지만 그 과제들이 하나로 모여 하나의 멋진 일이 된다. 직업적인 복권에 맞았다는 기분이 끝없이 이어지는 게 절대 아니다.

자신이 의미 있는 일을 하고 있다는 확신은 분명 중요하다. 하지만 옳은 문을 선택하면 나이아가라 폭포와 같은 짜릿한 순간의 연속으로 들어가게 된다는 생각은 환상일 뿐이다. 그 환상이 깨지면 하나님께 분노하고 자기 자신에게 좌절할 수밖에 없다. 열정이 당신을 어디론가 데려가 줄 때까지 기다리지 마라. 지금 있는 자리에서 열정을 쏟으라.

평소에 작은 문으로 연습하라

우리는 큰 결정을 내려야 할 때가 오기 전까지는 좀처럼 지혜를 구할 생각을 하지 않는다. 하지만 바울은 "기회 있는 대로 모든 이에게 착한 일을 하되 더욱 믿음의 가정들에게 할지니라"(갈 6:10)라고 말했다.

기회가 얼마나 자주 찾아오는가? 문은 도처에 널려 있다.

- 공원에서 한 엄마가 즐겁게 뛰노는 어린 두 자녀를 지켜보고 있다. 잠시 가던 길을 멈추고 그 엄마에게 다가가 "정말 예쁘고 사랑스러운 아이들이네요"라고 말해 줄 수 있다.

- 신혼 초의 어느 날 아내와 나는 꽤 비싼 레스토랑에서 데이트를 했다. 평소에는 잘 가지 않지만 그날은 큰맘을 먹었다. 그런데 우리를 아는 지인이 그것을 보고는 몰래 우리 음식 값을 내고 갔다. 그 선물을 평생 잊을 수 없다. 그 뒤로 우리도 여러 번 친구들에게 그런 선물을 주었다. 그 전에는 누군가에게 그런 선물을 줘 본 적이 없었다. 지인에게 그 선물을 받고 나서 그때까지 돈을 지혜롭게 사용하지 못했던 것을 후회했다.

- 내게 저녁 시간은 자유 시간이다. 저녁을 먹고 자동적으로 텔레비전을 켜지 않고 잠시 눈을 감고 남은 시간을 어떻게 사용할지 하나님께 여쭌다. 그리고 나서 충동적이거나 소비하듯 보내지 않고 시간을 잘 쪼개어 쓰거나 적절히 휴식

하면 선택을 참 잘했다는 생각이 든다.

- 내가 일하는 곳에 누군가가 첫 출근을 한다. 문득 오래전에 내가 첫 출근을 하던 날이 생각난다. 그때 난 전학 가서 새로운 교실에 처음 들어간 것 같은 낯설고 두려운 기분을 느꼈다. 그래서 그에게 이메일로 환영한다는 인사를 건넨다.

문을 선택하는 건 언제나 과정이다. 먼저 기회를 알아보고, 선택사항을 확인하고, 평가하고, 선택하고, 배운다. 큰 결정의 순간이 올 때까지 기다리면 지혜로운 선택을 할 수 있는 능력을 제대로 계발할 수 없다. 일생일대의 결정을 내리는 것은 자동차 경주에 나가거나 꽉 찬 대강당에서 연주하는 것과 비슷하다. 미리 연습하지 않으면 낭패를 당할 수밖에 없다. 연습할 기회는 이미 도처에 널려 있다.

선택 에너지 관리하기

'내 인생을 향한 하나님의 뜻을 찾는 것'이 오늘날 그토록 뜨거운 화두인 주된 이유 중 하나는 우리가 주체하지 못할 만큼 많은 선택사항에 둘러싸여 있어서다.

베리 슈워츠는 자기 동네의 슈퍼마켓에서 285종의 쿠키와 175개 브랜드의 샐러드 드레싱을 판다고 말했다. 그뿐인가? 유명 패밀리레스토랑인 치즈케이크 팩토리의 메뉴판은 웬만한 소설책

두께만하다. 또 원래 청바지의 아름다움은 단순함에 있었다. 청바지는 말 그대로 청색의 바지였다. 하지만 요즘은 일자 청바지에서 부츠컷 청바지, 스키니진, 배기진, 카고청바지, 통청바지, 스판진까지 수많은 종류의 청바지 중에서 선택해야 한다.

우리는 선택사항이 많을수록 자유가 많아지고, 자유가 많아질수록 삶이 좋아진다고 생각한다. 하지만 선택사항이 너무 많으면 자유가 아니라 무기력이 찾아온다. 한 연구에서도 퇴직금을 투자할 선택사항이 많아질수록 실제로 투자할 가능성이 더 낮아진다는 결과가 나왔다. 심지어 회사에서 투자할 금액에 '맞춰' 퇴직금을 준다고 해도 사람들은 투자하지 않았다.[4] 세상은 온갖 선택사항이 가득한 뷔페로 변해 버렸고 그것이 오히려 우리를 굶어죽이고 있다.

반면, 성경 인물들의 삶은 단순했다. 이삭은 리브가가 '자기 인생을 향한 하나님의 뜻'인지 하나님께 물을 필요가 없었다. 그는 어느 학교에 들어갈지 고민할 필요도 없었다. 어차피 태어날 때부터 그의 진로는 농경 유목민으로 정해져 있었다.

우리는 옛 사람들에게서 지혜를 빌려야 한다. 열린 문 사람들은 유한한 의지력을 아껴 가장 중요한 결정에 사용할 수 있도록 삶을 단순화한다. 수사들은 특별하지 않은 금요일에 뭘 입을지 결정하는 데 힘을 낭비할 필요가 없다. 세례 요한과 조니 캐시, 스티브 잡스는 늘 비슷한 옷차림을 선택했기 때문에 더 중요한 문제를 위해 정신적인 힘을 비축할 수 있었다.

선택은 우리의 힘을 소진시킨다. 그래서 지혜로운 사람들은 '선택 에너지'를 잘 관리할 줄 안다.

지혜로운 사람들은 감정적으로 어지러울 때 중요한 결정을 내리지 않는다. 이세벨 여왕이 자신을 추격하고 있다는 소식에 엘리야는 선지자 직업을 버리고 죽어 버리고 싶었다. 그러자 하나님이 긴 타임아웃을 선언하셨다. 그리하여 엘리야는 낮잠을 자고 배불리 먹고 자고 또 자면서 40일 동안 쉼과 기도와 회복의 시간을 가졌다. 그런 뒤에야 어떻게 할지를 결정했다. 회복된 엘리야는 두려움이 아니라 믿음에 따라 결정을 내릴 준비가 되었다. 덕분에 그의 결정은 40일 전에 내릴 법한 결정과 완전히 달라졌다.

나는 지치거나 낙심하거나 두려운 상황에서 평소 같으면 절대 내리지 않을 어리석은 결정을 내리는 사람들을 많이 봤다. 그릇된 마음상태에서는 옳은 행동을 선택하려고 해도 뜻대로 되지 않는다.

지혜로운 사람은 마음이 가라앉을 때까지 중요한 결정을 미룰 줄 안다. 불안한 마음과 기진맥진한 상태에서 열에 아홉은 어리석게 선택한다. 바울은 이렇게 말했다. "모든 지각에 뛰어난 하나님의 평강이 그리스도 예수 안에서 너희 마음과 생각을 지키시리라"(빌 4:7). 좋은 결정을 내리려면 하나님이 함께하신다는 사실을 아는 데서 오는 평안과 격려가 필요하다.

당신의 문제는 무엇인가

뭔가 문제가 있는가? 혹시 집에서 가족들과 함께 식탁에 둘러앉아 있는 지금, 당신 옆에 문제가 앉아 있는가? 현재로서는 아무 문제가 없다 해도 지금 당신의 교회에 전화를 걸면 한두 가지 문제를 당장 맡겨 줄 것이다.

아주 실질적인 의미에서, 갖고 있는 문제를 보면 그 사람이 어떤 사람인지 알 수 있다. 당신의 가장 큰 문제가 당신이 어떤 사람인지를 말해 준다. '어떻게 하면 부자가 될 수 있을까? 어떻게 하면 성공할 수 있을까? 어떻게 하면 건강해질 수 있을까? 어떻게 하면 안정을 이룰 수 있을까?' 이런 문제에 시선이 꽂혀 있는가? 아니면 좀 더 고상한 문제에 헌신하려는가?

당신의 정체성은 당신이 어떤 문제에 헌신하느냐에 따라 결정된다. 당신의 문제가 무엇인지 말해 보라. 그러면 내가 당신이 어떤 사람인지 말해 줄 테니.

영혼이 작은 사람은 작은 문제밖에 갖고 있지 못하다. 더 안전하게 사는 법, 더 편리하게 살 방법, 짜증나는 이웃의 코를 납작하게 할 방법, 주름을 조금이라도 덜 보이게 만들 방법, 성미 못된 동료를 다룰 방법. 작은 사람은 이런 작은 문제에 집착해 있다.

영혼이 큰 사람은 큰 문제에 관심을 쏟는다. 극심한 빈곤을 끝낼 방법, 인신매매를 뿌리 뽑을 방법, 보호가 필요한 아이들에게 양질의 교육을 제공할 방법, 도시에 아름다움과 예술을 불어넣을 방법.

크리스천이라면 하나님 크기의 문제에 도전해야 한다. 문제가 없는 사람의 문제는 문제가 없다는 것이다. 인생이란 문제를 직면하고 해결하는 과정이다. 하나님은 사람들을 부르실 때 문제를 해결하기 위해 부르신다. 진정으로 아무 문제가 없는 사람은 오직 '죽은' 사람뿐이다.

아이착 에이디제스는 이렇게 말했다. "문제가 점점 줄어드는 건 사는 게 아니라 죽어가는 것이다. 점점 더 큰 문제를 해결할 의지와 능력이 있다는 건 우리 힘과 역량이 증가하고 있다는 뜻이다. 더 큰 문제에 쏟을 에너지를 축적하려면 작은 문제에서 해방되어야 한다."[5] 성장이란, 문제를 피하는 능력이 커지는 게 아니다. 성장은 더 크고 흥미로운 문제를 다룰 능력이 생기는 것이다.

상대방에게 던질 수 있는 가장 좋은 질문 가운데 하나는 "당신의 문제는 무엇입니까?"다. 그러니 지금 당장 서로에게 이렇게 물으라. 우리는 수시로 서로에게 물어야 한다. 물론 여기서 "당신의 문제는 무엇입니까?"는 '당신의 전부를 쏟을 만큼 중요한 문제가 있습니까?'라는 뜻이다.

지금 당신은 어떤 문제를 해결하기 위해 혼신의 힘을 쏟고 있는가? 당신을 통해 세상이 어떻게 달라지길 원하는가? 예수님을 따르는 사람들은 이런 질문을 던져야 한다. '하나님, 세상의 어떤 문제를 해결하기 위해 저를 도구로 사용하시렵니까?' 예수님의 제자들은 일부러 문제 속으로 뛰어든다.

'어떤 문제에 내 전부를 쏟아야 할까?' 이 질문은 '내 인생을 향한 하나님의 뜻은 무엇일까?'와 통하는 질문이면서도 열정이 저절로 솟기를 바라는 것과는 다르다. 뭔가 불같은 감정이 폭발할 때까지 행동을 미루는 것은 잘못이지만 세상의 어떤 문제가 나로 하여금 잠 못 이루게 만드는지 스스로에게 물을 필요는 있다.

  소명의식은 무엇이 자신의 마음을 움직이는지에 관심을 쏟을 때 발견하기 쉽다. 세상의 특정한 문제를 보고 마음속에서 불이 일어날 때가 있다. '이대론 안 돼! 누군가가 나서야 해!' 이것이 소명의 시작일 때가 많다.

  성경에서도 마찬가지로 소명을 발견한다. 모세는 이스라엘 백성이 압제와 종살이의 멍에 아래 있는 것을 도저히 참을 수 없었다. 이에 하나님은 "좋다. 네가 가서 바로에게 내 백성을 보내라고 말해라"라고 말씀하셨다. 다윗은 골리앗이 하나님의 백성을 조롱하는 것을 도저히 참을 수 없었다. 이에 하나님은 "좋다. 네가 저 녀석과 싸워라"라고 말씀하셨다. 느헤미야는 예루살렘이 폐허로 남아 있는 것을 알고 잠을 이룰 수 없었다. 이에 하나님은 "좋다. 네가 가서 성벽을 재건해라"라고 말씀하셨다. 에스더는 하나님의 백성이 미치광이의 계략으로 말살되는 것을 지켜만 볼 수 없었다. 이에 하나님은 "좋다. 네가 내 백성을 구해라"라고 말씀하셨다. 바울은 이방인들이 예수 그리스도의 복음을 듣지 못하는 상황을 보고만 있을 수 없었다. 이에 하나님은 "좋다. 네가 가서 복음을 전해라"라고 말씀하셨다.

무엇이 당신의 마음을 아프게 하는가? 느헤미야의 마음을 아프게 한 예루살렘의 성벽처럼 무너진 벽이 우리 주변에 가득하다. 굶어죽는 아이들, 교육의 부족, 극심한 가난, 예수님을 알지 못하는 수많은 사람들. 이 모두가 무너진 벽이다.

1번 문? 아니면 2번 문? 세상의 어떤 문제가 당신의 관심을 끄는지 보면 어느 문으로 가야 할지 답이 나올 것이다.

오늘 내가 아직 이 땅에 있는 이유

당신의 문제를 하나님 앞으로 가져가면 변화가 시작된다. 로이드라는 노인이 한번은 심각한 심장마비가 왔다. 그때 의사들은 그가 죽을 거라고 했지만 로이드는 결국 살아남아 '내가 아직 이 땅에 있는 이유는 무엇인가?'라는 질문을 던지기 시작했다.

이것은 '당신의 문제는 무엇입니까?'만큼이나 좋은 질문이다. 함께 일하는 사람이나 함께 사는 사람에게 오늘 "당신이 아직 이 땅에 있는 이유는 무엇입니까?"라고 물어보라. 나는 매일같이 나 자신에게 이 질문을 던진다. '내가 아직 이 땅에 있는 이유는 무엇인가? 내가 정말로 나 자신만을 위해서 여기에 있는가? 나 혼자 잘 먹고 잘사는 것이 내가 이 땅에 있는 유일한 이유인가? 정말로 그런가? 성공이 인생의 전부인가?'

우리 모두는 그렇지 않다고 믿는다. 그리고 우리가 그렇게 믿는 것은 하나님 나라, 영적 현실, 우리의 영원한 운명에 관한 진실이 우리 마음에 쓰여 있기 때문이다.

로이드는 이 질문을 던졌다. 그러던 차에 한 강연자에게서 전 세계의 글자를 모르는 사람들에게 미리 녹음된 복음의 메시지를 전해 주는 신기술에 관한 이야기를 들었다. 강연자는 이 기술에 태양 전지판이 필요한데 전지판 하나의 가격이 40달러나 되기 때문에 이 사업을 추진하기가 극도로 힘들다고 말했다.

로이드는 복음을 듣지 못한 사람이 많다는 사실에 가슴 한 구석이 저려 오는 것을 느꼈다. 그는 구두 가게에서 판매원으로 일했을 뿐 태양 전지판을 만들어 본 적은 한 번도 없었다. 엔지니어와는 거리가 먼 사람이었다. 하지만 이 현실이 그의 가슴을 찢어지게 만들었다. ‘누군가는 나서야 해.’ 로이드는 그 누군가가 바로 자신이라는 결론을 내리고 그 문제를 놓고 기도하기 시작했다. 그러고 나서 엔지니어들을 모아 “예수님을 위해 저렴한 값의 태양 전지판”을 설계해 달라고 부탁했다.

오랜 시행착오 끝에 저렴한 가격의 태양 전지판이 완성되어 대량 생산에 돌입했다. 로이드 스웬슨 덕분에 2천 개 이상 태양 전지판이 생산되어 예수님의 메시지를 전 세계에 퍼뜨리는 데 사용되었다.

당신의 문제는 무엇인가? 문제가 없는가? 그렇다면 하나님 크기의 문제를 찾아보라. 당신이 아직 이 땅에 있는 이유는 무엇인가? 꼭 거창한 이유를 찾을 필요는 없다. 우리의 허영을 채워 주는 이유는 필요하지 않다. 작은 이유라도 상관없다. 우리 모두는 열린 문을 위해 지음을 받았다.

혼자서는 문을 놓치기 쉽다

지혜로운 조언을 구하라. 지혜를 원한다면 혼자서만 고민하지 말고 사람들을 찾아가라. 믿을 만한 인격의 소유자, 좋은 판단력의 소유자, 당신을 사랑하는 사람, 당신이 잘되기를 바라는 사람. 그런 사람에게 찾아가 "이런 결정을 내려야 하는데 조언해 달라"라고 말하라. 하나님은 다른 사람을 통해 우리에게 지혜를 알려 주실 때가 많다.

지혜의 아이콘 솔로몬은 잠언 12장 15절에서 이렇게 말했다. "미련한 자는 자기 행위를 바른 줄로 여기나." 왜 그럴까? 그것은 그가 바보이기 때문이다. 잘못된 행동을 하고도 잘못된 줄 모르는 게 바로 바보다. 그런데 우리 모두에게 바보 같은 구석이 있다. 내 안에도 있고 당신 안에도 있다.

"미련한 자는 자기 행위를 바른 줄로 여기나 지혜로운 자는 권고를 듣느니라." 배울 줄 아는 자세야말로 지혜의 핵심이다. 우리 모두에게는 이런 자세가 필요하다.

이번 장을 쓰고 있는데 아내에게서 막 법원에서 나왔다는 전화가 걸려왔다. 사정을 들어 보니 개의 사슬을 풀어 놓았다가 경찰에게 딱지를 떼었다는 것이었다. 아내는 명백히 잘못했음에도 법원에 항의하러 갔다. 판사가 개의 사슬을 풀었냐고 묻자 아내는 "네, 하지만 개가 너무 좋아했어요"라고 대답했다. 개의 만족, 이것이 아내의 주된 항변이었다(황당하지만, 그래도 이 항변 덕분에 벌금이 반으로 줄었다).

상황 설명이 끝난 뒤 아내는 당연한 말을 했다. "법원에 가 보니까 나쁜 선택을 한 사람들이 가득하더라고." 그 말에 나는 속으로 '당신도 그런 사람 중 한 명이야'라고 말해 주고 싶었지만 차마 입 밖으로 낼 수는 없었다. 아무 때나 법원에 가 보라. 법원에 앉아 있는 사람 중에 선택의 기로에서 사랑하는 마음으로 과감히 진실을 말해 줄 지혜로운 사람이 주변에 있는 사람은 단 한 명도 없다. 미련한 자는 자기 행위를 바른 줄로 여긴다. 그리고 우리 모두에게는 미련한 구석이 있다.

아이러니하게도 이 잠언을 가장 심하게 어긴 사람 중 한 명은 몇 년 뒤의 솔로몬 자신이었다. 하나님께 지혜를 구했던 그 솔로몬 말이다. 불과 얼마 뒤에 "왕은 후궁이 칠백 명이요 첩이 삼백 명이라 그의 여인들이 왕의 마음을 돌아서게 하였더라"(왕상 11:3). 농담이 아니다. 여기서 작은 지혜 하나를 발견할 수 있다. 천 명의 여자와 결혼하지 마라. 그렇게만 해도 역사상 가장 똑똑했던 사람보다 나은 사람이다. 솔로몬의 삶을 보면 지혜를 얻기 위한 전투는 평생 끝나지 않는다. 지혜를 얻어 좋은 결정을 많이 내릴 수 있지만 누구에게나 약점은 있다. 누구에게나 맹점은 있다.

오래전 내가 얻은 가장 귀한 조언 중 하나는 몇몇 지혜롭고 믿을 만한 사람들에게 나를 위한 자문위원회가 되어 달라고 부탁

하라는 것이었다. 그 조언에 따라 나는 몇몇 사람에게 한 달에 한 번씩 한두 시간 정도 만나 내 영혼과 가정, 일, 관계, 감정적 삶, 재정 같은 중요한 문제에 관해 이야기 나누고 싶다고 말했다.

내게 이 조언을 해 준 분은 지금 인생의 끝 무렵에 있다. 그분은 내가 아는 가장 지혜로운 사람 가운데 한 명이다. 그만큼 인생을 잘 산 사람은 별로 보지 못했다. 중요한 결정을 눈앞에 두고 있다면 지금 당장 믿을 만한 사람 한두 명을 찾아가 조언을 구하라. "지혜를 좀 빌려 주세요. 저는 이렇게 생각하는데 어떻습니까?" 지혜로운 사람 한 명만 찾아가 귀를 기울이기만 해도 어리석은 결정(우리 모두는 어리석은 결정을 한다)의 대부분을 막을 수 있다.

우리의 선택은 우리가 생각하는 것보다 훨씬 더 외부 요인의 영향을 받는다. 수없이 재탕된 한 연구에서, 팝콘을 큰 컵에 받은 사람들이 작은 컵에 받은 사람들보다 평균 53퍼센트를 더 먹었다는 결과가 나왔다. 어떤 영화를 보느냐는 중요하지 않았다. 팝콘의 바삭한 정도도 상관없었다. 그냥 더 많이 주기만 하면 뇌가 더 먹으라는 명령을 내린다.

우리 주변의 환경은 우리가 어떤 기회를 알아보고 어떤 선택을 내리는지에 영향을 미친다. 그래서 우리 주변에 누가 있느냐에 따라 우리의 선택이 달라진다. 그러므로 반드시 지혜로운 사람들에게 도움을 구하라.

사도행전 13장을 보면 신자들이 함께 모여 꽤 오랫동안 기도와 예배, 금식의 시간을 보냈다. 그럴 때 "성령이 이르시되 내가 불러 시키는 일을 위하여 바나바와 사울을 따로 세우라 하시니"(2절). 그들은 성령이 그렇게 말씀하시는 줄 어떻게 알았을까? 성령의 음성은 어떠했을까? 이에 관해서 성경은 아무런 말이 없다. 어쩌면 극적인 순간이었을 수도 있다. 아니면 나중에 돌이켜보고 성령의 인도하심이었다고 확신한 것인지도 모른다(대개는 앞 유리보다 백미러로 볼 때 하나님의 인도하심이 더 잘 보인다). 어쨌든 분명한 사실은 그들이 공동체로서 '함께' 성령의 인도하심을 받았다는 것이다.

혼자서는 문을 놓치기 쉽다. 칩 히스와 댄 히스 형제는 우리가 '좁은 틀'이라는 실수를 저지른다고 말한다. 즉 우리는 제한된 사고 탓에 하나님이 앞에 두신 모든 선택사항을 두루 보지 못한다. 그래서 '어떻게 하면 이 관계를 개선할 수 있을까?'가 아니라 '이 관계를 끝내야 하나, 말아야 하나?'라고 묻는다. '이 돈을 어떻게 사용하는 게 최선인가?'가 아니라 '저걸 사야 하나, 말아야 하나?'라고 묻는다.[6]

옳은 선택은 1번 문이나 2번 문이 아니라 전혀 다른 제3의 문일 때가 정말 많다.

우리 혼자서 결정을 내리려고 하면 확증 편향(confirmation bias)에 빠지기 쉽다. 이는 객관적인 진실을 찾지 않고 자신이 원하는 결과를 확증해 주는 정보를 찾는 경향을 말한다. 예컨대 대부분의 사람들은 자신과 같은 정치적 입장을 표방하는 채널을 본다. "내 패션 어때?" "내 여자 친구 어때?" 꼭 진실을 원하는 것처럼 문지만 사실은 자신이 원하는 답을 기다리고 있을 뿐이다.

성경 시대에도 이런 역학을 흔히 찾아볼 수 있었다. 예를 들어 이사야는 "선견자들에게 이르기를 선견하지 말라 선지자들에게 이르기를 우리에게 바른 것을 보이지 말라 우리에게 부드러운 말을 하라 거짓된 것을 보이라"(사 30:10)라고 하는 사람들에 관해 지적했다.

우리는 문을 찾도록 도와줄 사람들을 필요로 한다. 단, 아무에게나 도움을 받아서는 곤란하다. 분별하는 지혜와 있는 그대로의 진실을 말하는 용기의 소유자가 필요하다.

때로는 예수님을 믿는다는 사람이 오히려 비신자보다 '못한' 분별력을 보이기도 한다. 한 교인이 어리석은 선택을 한다. 그래서 교회의 지도자들이 질책을 하자 그가 발끈한다. "모르면 가만히 있어요. 하나님이 이렇게 하라고 '말씀'하셨어요!" 그럴 리가 없다. 그건 어리석은 선택이고, 하나님은 절대 어리석지 않으시다. 성경에 분명 그렇게 쓰여 있다.

더 나쁜 것은 자신의 어리석은 선택을 영적 언어로 포장해 사람들을 호도하려는 것이다. 정상적인 사람들이 직장을 바꾸는 데는 정상적인 이유가 있다. 이를테면 더 높은 직책이나 더 많은 돈, 더 많은 기회를 찾아 떠나는 것이다. 문제가 있어서 떠나는 경우도 있다. 이를테면 상사와 갈등을 빚거나 일을 제대로 못한 경우다. 그런데 이상하게 목사가 교회를 떠날 때는 흔히 '부름'을 받았다는 말을 한다. 하지만 '부름'은 갈등이나 무능력, 야망, 건

강하지 못한 문화를 포장하는 데 사용할 만큼 하찮은 단어가 아니다. 게다가 그런 언어는 성도들에게 목사가 여느 사람들과 달리 직업적 결정에 대해 특별한 '계시'를 받을 수 있다는 인상을 심어 줄 수 있다.

하나님의 부름은 대개 이런 문제에 대한 매우 솔직한 토론을 통해 나타나는 것이지 문제를 인정하지 않기 위한 핑곗거리가 아니다. 사도행전 13장에서 교회는 성령의 인도하심에 따라 바울과 바나바를 파송한다. 더없이 감동적인 순간이다. 그런데 불과 몇 장 뒤에 바울과 바나바는 인사 문제로 큰 갈등을 빚고 갈라선다(행 15:39 참조). 누가의 솔직함이 참으로 신선하지 않은가. 요즘 교회라면 이렇게 포장하지 않았을까? "바나바가 새로운 사역으로 부름을 받아 떠나니, 하나님이 그에게 복을 주시고……."

실험하고, 실패에서 배우라

하나님이 우리의 결정을 인도해 주실까? 물론이다.

하나님이 우리의 '모든' 결정을 인도해 주실까? 물론, 아니다.

우리는 하나님의 인도하심에 늘 마음을 열어 두어야 한다. 나아가, 인도하심을 적극적으로 구하고 거기에 귀를 기울여야 한다. 하지만 매사에 인도하심을 느껴야 한다는 생각은 잘못된 것이다. 어떤 일을 결정하는 과정에서 인도하심을 느끼지 못했다고 해서 문제가 있는 건 결코 아니다.

나는 평생 목회를 해 왔다. 그런데 어떤 사람에게 "무조건 목회를 하라는 확실한 계시를 받기 전까지는 목사가 되지 마라"라는 말을 들었던 기억이 난다. 이런 기준은 오히려 무능력한 목사들을 양산해 낼 수 있다.

나는 그런 계시를 받아 본 적이 없다. 나는 하나님이 내게 선택권을 넘기셨다고 믿는다. 하늘로부터 온 편지를 받지 않고 스스로 선택하는 과정에서 더 많이 성장했다. 나는 교회를 옮길 때마다 스스로 판단했다.

그러던 어느 날 내게 낯선 일이 일어났다. 지금 사역하는 교회에서 1-2년쯤 지났을 때였다. 몇몇 사역자들의 잘못된 행동을 비롯해서 온갖 문제가 겹쳐 유난히 힘든 주말이었다. 차를 타고 교회에 가는데 굉장히 생생한 생각 하나가 내 머릿속에 떠올랐다. '이것이 네게 맞는 일인지 묻느라 허송세월 하지 마라. 다른 사람이 이 일을 하는 것이 나은지 혹은 네가 다른 일을 하는 게 더 나은지 묻느라 시간낭비를 하지 마라. 쟁기를 들고 계속해서 일하다 보면 성장하게 될 것이다. 이 교회에 있는 것을 네 인생의 소명으로 받아들여라.'

그때 나는 이 일에 관한 하늘의 인도하심을 구했던 게 아니다. 나는 1년도 더 전에 이미 이 일을 맡기로 스스로 선택했다. 하지만 하나님은 분명 내게 말씀하셨다. 단, 당시의 인도하심은 나를 '통해' 하시려는 일보다는 내 '안에서' 하시려는 일과 관련이 있었다.

물론 내가 잘못 판단한 것일 수도 있다. 목사의 소명은 개인의 문제가 아니라 교회 전체의 문제다. 나 혼자서 주관적으로 판단할 게 아니다. 그럼에도 불구하고 오랜 시간이 지난 지금 되돌아보면 당시 그런 소명의식을 느끼게 해 주신 하나님께 정말 감사하다.

또 소명을 느꼈다고 해서 내가 절대 실패하지 않는다는 뜻은 아니다. 한번은 우리 교회가 새로운 사역을 시작했을 때 한 사역자가 나를 찾아와 물었다. "실패하면 어떻게 합니까? 그러면 우리가 하나님의 뜻을 잘못 분별한 겁니까? 우리가 성공할 줄 어떻게 압니까?"

열린 문을 분별하는 것은 성공이 보장된 길을 찾는 게 아니다. 오히려 하나님은 사람들을 아무런 외적인 보상이 없는 극심한 가시밭길로 부르실 때가 많다. 예레미야는 특별히 애통하는 선지자로 부름을 받았다. 세례 요한은 목이 날아갔다.

내가 일하는 이곳 실리콘 밸리에서 벤처 투자가들은 막대한 돈과 시간을 잃어 본 적이 없는 사람에게는 절대 투자하지 않는다. 이유가 뭘까? 사람들이 실패를 통해 배운다는 사실을 알아서다. 실패를 피하려고만 하는 사람들, 용기와 모험심이 없는 사람들은 절대 위대한 혁신을 이룰 수 없다. 그런데 왜 우리는 하나님이 우리를 실패 없는 길로만 이끄신다고 생각하는가?

사도행전 16장을 보면 바울은 환상 중에 빌립보로 부름을 받았는데 정작 그곳에 가서는 감옥에 갇히고 말았다. 그런데 큰 지진이 일어나 감옥 문들이 활짝 열렸다. 하지만 바울은 그 문으로 나가지 않았다. 바울에게 그것은 그리 어려운 결정이 아니었을 것이다. 그는 감옥 문만이 아니라 더 큰 다른 문이 열리는 것을 보았기 때문이다. 바울은 자기 인생의 목적이 다른 이들에게 영적 문을 열어 주는 것임을 정확히 알고 있었다. 그래서 바울은 그 목적을 위해선 도망치는 것보다 사슬에 묶여 있는 편이 낫다고 판단했다. 결과적으로, 간수가 바울의 증언을 통해 예수님을 영접했다. 더 큰 문을 향한 것이 실패처럼 보이는 상황에서도 바울은 과감히 그 문을 선택했다.

지혜가 육신이 되셨다

지혜는 정말 좋은 것이다. 그래서 이스라엘 백성은 지혜를 사랑했다. 옛 사람들도 지혜를 사랑했다. 지혜는 더 좋은 친구, 더 좋은 인격, 더 좋은 삶, 더 좋은 재정 관리, 더 좋은 일꾼, 더 좋은 공동체, 더 좋은 시민, 더 좋은 국가, 더 좋은 부모가 될 수 있게 한다.

하지만 지혜로운 사람도 암에 걸리고, 배신을 당하고, 결국엔 죽는다. 성경의 지혜서들은 지혜로운 사람의 결정에도 한계가 있음을 인정한다. 이것이 성경 속의 지혜가 단순한 인생 관리 비법이 아닌 이유다.

지혜는 도시의 가장 높은 곳에서 외치다가 어느 날 이 땅에서 가장 낮은 곳으로 내려왔다. 예수님의 삶 속에서 우리는 지혜에 관한 흥미로운 사실 하나를 발견할 수 있다. 마가에 따르면, 예수님이 듣도 보도 못한 말씀을 하시자 사람들은 "이 모든 지혜와 권위가 어디에서 났는가?"라고 물었다. 지혜를 사랑하고 경외하고 소중히 여기던 신약 기자들은 점점 예수님 안에서 뭔가 특별한 일이 일어났다는 사실을 깨달았다. 바울은 예수님 안에 있는 풍성함에 감탄을 금치 못했다. "그리스도 …… 그 안에는 지혜와 지식의 모든 보화가 감추어져 있느니라"(골 2:2-3).

골로새서에서 바울은 구약에서 지혜를 묘사할 때 사용하던 이미지들을 모두 예수님께 적용하고 있다. "그는 보이지 아니하는 하나님의 형상이시요 모든 피조물보다 먼저 나신 이시니"(골 1:15). 예수님은 곧 지혜셨다. "만물이 그에게서 창조되되 …… 왕권들이나 주권들이나 통치자들이나 권세들이나 만물이 다 그로 말미암고 그를 위하여 창조되었고 또한 그가 만물보다 먼저 계시고"(16-17절). 당시 독자들은 이 구절이 자신들이 늘 사랑해 마지않던 하나님의 지혜에 관한 구절임을 쉽게 알아보았다. "만물이 그 안에 함께 섰느니라"(17절).

"그리스도 …… 그 안에는 지혜와 지식의 모든 보화가 감추어져 있느니라"(골 2:2-3). 하나님은 놀라운 일을 행하셨다. 가장 높은 곳에 살던 지혜가 가장 낮은 곳으로 내려왔다. 성경 속의 지혜는 단순히 좋은 결정을 내리는 능력이 아니다. 어느 날 지혜, 곧 말씀(로고스)이 육신이 되셨다. 요한복음의 첫머리는 온통 지혜에 관한 이야기다. 지혜가 육신이 되셨다. 지혜가 전에는 아무도 말하지 않았던 낯선 것들을 말씀하셨다.

이스라엘 백성은 자신들의 문제가 무엇인지 알았다. 문제는 바로 로마였다. 그들은 자기의 선택사항도 잘 알고 있었다. 1번 문은 미움의 힘으로 로마를 전복시키는 것이었다(열심당원들). 2번 문은 속세를 벗어나 세상을 냉소하는 것이었다(에세네파). 3번 문은 이기주의에 빠져 로마와 결탁하는 것이었다(사두개인들). 하지만 인간의 몸을 입은 지혜셨던 예수님은 그 누구도 알지 못했던 새로운 문을 보셨다. 그것은 바로 희생적인 사랑과 부활의 문이었다. 예수님은 이 문으로 들어가심으로써 우리에게 하나님께로 가는 길을 열어 주셨다.

그래서 예수님은 스스로 이렇게 말씀하셨다. "내가 문이니 누구든지 나로 말미암아 들어가면 구원을 받고 또는 들어가며 나오며 꼴을 얻으리라"(요 10:9). 궁극적인 문은 바로 예수님이시다.

지혜는 아무도 들어가지 않았던 문을 우리에게 알려 주셨다. '자기 십자가를 지고 자기에 대해 죽으라. 그렇게 죽으면 살리라.'

지혜는 우리를 지극히 사랑하여 십자가에서 고난을 받고 돌아가셨다가 다시 살아나셨다. 감사하게도 지혜는 단순한 상식과 실용적인 조언, 삶을 안전하게 사는 법 정도가 아니다. 지혜는 온전히 하나님의 뜻에 순종하여 십자가 위에서 돌아가셨다가 사흘째에 부활하셨다. 지혜는 지금도 살아서 내 앞의 문을 나와 함께 들어가 주신다. 신약의 기자들은 자신들이 그토록 사랑하고 소중히 여겼던 지혜가 바로 예수님 안에 있다는 것을 깨달았다.

예수님께는 신부가 있다. 이 신부의 이름은 '교회'다. 지금 그분이 이 교회를 위해 돌아오고 계신다. 지혜를 그토록 사랑한다면 그 지혜와 결혼하는 게 어떤가? 언젠가 실제로 그렇게 될 것이다.

CHAPTER 2.

문지방을 넘을 때마다
온 마음을 쏟으라

실베스터는 대공황 당시 미국 남부에서 자랐다. 그는 열린 문을 알아보고 과감히 그 문으로 들어갈 줄 아는 남다른 용기의 소유자로 성장했다. 하지만 실베스터의 인생 이야기 중에서 내가 가장 좋아하는 부분은 그가 아내를 만난 과정이다.

실베스터는 소개로 아내 바바라를 처음 만났다. 그 전까지는 서로 한 번도 본 적이 없었다. 바바라는 단지 그가 체격이 건장한

161

청년이라는 이야기만 들었다(두 사람의 아들이 오랫동안 메이저리그에서 뛰었으니 어느 정도인지 상상이 갈 것이다). 현관 벨이 울리고 바바라가 문으로 들어왔다. 완벽하게 꾸민 바바라가 문으로 들어오자 한 남자가 뒤돌아 그녀를 보았다. 그런데 그의 모습은 바바라가 상상했던 것과 전혀 딴판이었다. 몸을 얼마나 가꾸지 않았는지 영락없는 배불뚝이 아저씨의 모습이었다. 체격이 좋은 청년과는 영 거리가 멀었다.

바바라가 어이없어 멍하니 서 있는데 갑자기 그 남자의 뒤에서 다른 남자가 튀어나오며 소리를 질렀다. "제가 실베스터입니다!" 바바라는 어리둥절해서 아무 말도 못하고 서 있었다. 알고 보니 실베스터가 바바라를 한 번도 보지 못했기 때문에 마음에 안 드는 여자라면 그에게 떠넘기려고 했던 것이다. 그런데 바바라를 실제로 보고 반한 실베스터는 놓칠세라 크게 소리를 지른 것이다. "잠깐! 제가 실베스터예요!"

두 사람은 결혼해서 60년을 해로했다.

문을 신중하게 고르는 건 좋은 일이다. 하지만 가야 할 때는 가야 한다. 내 인생에 어떤 문이 나타날지는 내가 통제할 수 없다. 닫힌 문을 내 힘으로 열 수도 없다. 문 뒤에 무엇이 있는지도 내가 어쩔 수 있는 부분이 아니다. 하지만 한 가지만큼은 내가 선택할 수 있다. 문이 열렸을 때의 반응, 그건 내가 선택할 수 있다. 그리고 때로는 그 선택에 따라 결과가 완전히 달라진다.

우리는 기껏 선택하고 나서 정말 옳은 문을 선택했는지를 물고 늘어질 때가 많다. 특히, 선택한 문이 마음에 들지 않을 때 이 질문으로 씨름한다. 하지만 기차가 떠나고 난 뒤에 후회해 봐야 소용없다.

이런 경우 우리는 현재 선택의 가장 나쁜 점을 실제보다 훨씬 더 부풀린 다음, 다른 선택의 가장 좋을 것 같은 점과 비교한다. '저곳으로 갔다면 사람들이 훨씬 친절했을 텐데.' '저 직장에 들어갔다면 내 적성에 훨씬 맞았을 텐데.' '저 학교에 들어갔다면 훨씬 더 좋은 교육을 받았을 텐데.' '저 여자와 결혼했다면 훨씬 더 행복할 텐데.' 이렇게 언제나 남의 떡이 더 커 보이는 법이다.

하지만 다른 선택도 현재의 선택만큼이나 좋은 결과를 장담할 수 없다. 어차피 결과를 결정하는 가장 중요한 요인은 선택 자체보다도 선택한 문에 대한 우리 자신의 태도다. 불같은 열정과 기도, 소망으로 열린 문 속으로 온몸을 던지는 게 관건이다.

'다른 선택을 내렸다면 결과가 어땠을까?' 이런 질문에 정신을 팔면 하나님이 매일 우리 앞에 두시는 작은 문들을 놓칠 수밖에 없다. 또한 지금 이 순간, 하나님과 동행할 수 있는 기회를 놓친다.

다시 말해, 가장 중요한 건 대개 결정 자체가 아니라 그 결정을 실행하기 위해 최선을 다하는 것이다. 평범한 태도로 최상의 문으로 들어가는 것보다 최상의 태도로 평범한 문에 들어가는 게 더 낫다. 어떤 문으로 들어가느냐 하는 것보다 어떤 태도로 문에 들어가느냐 하는 게 더 중요하다.

도리스 컨스 굿윈은 미국인들이 테디 루스벨트를 사랑한 이유 중 하나가 못 말리는 삶의 열정이었다고 말한다. 루스벨트는 머뭇거리면서 문으로 들어간 적이 없었다. 그는 무엇을 하든 자신의 전부를 쏟아냈다. 그와 동시대를 살았던 사람들은 그가 "춤을 출 때도 그답게 깡충깡충 뛰면서 추었던" 모습을 기억하고 있다.[1]

깡충깡충 뛰는 것은 어린아이가 하는 행동이다. 걷는 것은 한 번에 한 발씩 내딛는 것이지만 뛰는 것은 몸 전체로 하는 것이다. 어른들도 극도로 기쁠 때, 이를테면 복권에 당첨되거나 응원하던 구단이 월드시리즈에서 우승하거나 사랑하는 여인이 청혼을 받아들였을 때 깡충깡충 뛴다. 이처럼 열린 문으로 들어갈 때는 마지못해 느릿느릿 걸어가지 말고 깡충깡충 뛰어가라.

우리가 열린 문 속으로 온몸을 던지지 못하는 건 '구매자의 후회' 때문일 때가 많다. 다음 세 가지 상황에서 구매자의 후회를 경험하기가 가장 쉽다.

- 결정을 내리기 위해 많은 노력을 들였을 때(시간이나 돈, 에너지가 꽤 많이 들어갔을 때).
- 나 스스로 내린 결정일 때(그래서 누구도 탓할 수 없을 때).
- 큰 결과가 따르는 결정일 때(예를 들어, 이사한 집에서 꽤 오랫동안 살아야 할 때).

대개 중요한 영적 결정일수록 큰 노력과 책임, 결과가 따른다.

이는 그만큼 구매자의 후회를 경험하기 쉽다는 뜻이다. 출애굽기에서 우리는 구매자의 후회를 자주 볼 수 있다. 이스라엘 백성은 애굽 종살이에서의 해방이라는 하나님의 열린 문으로 기뻐서 달려 들어갔다. 하지만 홍해를 건너자마자 구매자의 후회가 나타난다.

> 우리가 애굽에 있을 때에는 값없이 생선과 오이와 참외와 부추와 파와 마늘들을 먹은 것이 생각나거늘 이제는 우리의 기력이 다하여 이 만나 외에는 보이는 것이 아무것도 없도다(민 11:5-6).

모세는 모세대로 리더십의 문으로 들어간 것을 후회하기 시작한다.

> 모세가 여호와께 여짜오되 어찌하여 주께서 종을 괴롭게 하시나이까 어찌하여 내게 주의 목전에서 은혜를 입게 아니하시고 이 모든 백성을 내게 맡기사 내가 그 짐을 지게 하시나이까 이 모든 백성을 내가 배었나이까 내가 그들을 낳았나이까 어찌 주께서 내게 양육하는 아버지가 젖 먹는 아이를 품듯 그들을 품에 품고 주께서 그들의 열조에게 맹세하신 땅으로 가라 하시나이까 이 모든 백성에게 줄 고기를 내가 어디서 얻으리이까 그들이 나를 향하여 울며 이르되 우리에게 고기를

주어 먹게 하라 하온즉 책임이 심히 중하여 나 혼자는 이 모든 백성을 감당할 수 없나이다 주께서 내게 이같이 행하실진대 구하옵나니 내게 은혜를 베푸사 즉시 나를 죽여 내가 고난 당함을 내가 보지 않게 하옵소서(민 11:11-15).

열린 문으로 들어가면 누구나 구매자의 후회를 느낄 수 있다. 따라서 이런 경험을 했다고 해서 큰 문제가 있는 것은 아니다.

힘든 결정에는 불안감이 따를 수 있다는 사실을 알면 모험의 기회 앞에서 많은 사람이 빠지는 최악의 함정 중 하나를 피할 수 있다. 그 함정은 바로 "왠지 마음이 편치 않다"라는 말로 두려움이나 게으름에 굴복하는 것이다. 이것은 영적인 말처럼 보이지만 어디까지나 핑계일 뿐이다. 이는 불안감을 있는 그대로 보지 못하고 도전을 피하기 위한 초자연적인 신호로 오해하는 것이다. 그러나 이런 불안감은 단순히 감정적인 미성숙의 증거일 뿐이다.

"당신에게 관심도 없는 사람에게 구차하게 애걸하지 말고 그만 끝내는 게 어떤가요?"

"당신 일터(혹은 가정이나 소그룹)의 그 사람에 대해 뒤에서 욕하지 말고 직접 만나 허심탄회하게 얘기해 보는 게 어떨까요?"

"생각만 하지 말고 과감히 한번 시도해 보는 게 어떨까요?"

"음, 그리고 싶지만 왠지 마음이 편치 않아요."

마음이 내켜야만 열린 문으로 들어갈 수 있다면 성경의 누구도 하나님이 시키신 일을 해내지 못했을 것이다. 성경 속의 순서는 대부분 다음에 나오는 것과는 거리가 멀다.

부름 → 마음의 평안 → 순종의 결단 → 순조로운 항해

성경 속의 순서는 대개 다음과 같다.

부름 → 지독한 두려움 → 순종의 결단 → 큰 문제 → 더 큰 두
려움 → 후회 → 몇 번 더 시도 → 더 깊어진 믿음

열린 문으로 들어가고 나서 후회하는 경우는 흔하다. 후회는
우리가 잘못된 선택을 했다는 증거가 아니다. 심지어 잠시 후회
한다고 해서 미래가 반드시 암울해지는 것도 아니다. 홍해라는
열린 문을 통과할 당시 이스라엘 백성의 생각은 수시로 바뀌었
다. 한 순간에는 지독한 공포('역시 바로에게 도전하는 게 아니었어!')를
느꼈다가 이내 환희('홍해가 갈라졌다!')에 찼다가 다시 후회('오늘도 만
나야?')를 거쳐 환희('와! 사방이 메추라기 천지야!')로 돌아왔다.

그럼에도 성경은 후회하라고 명령하지 않는다. '가정이 흔들
리는가? 그렇다면 애초에 다른 사람을 선택했다면 지금쯤 얼마나
아름다운 결혼생활이 펼쳐지고 있을지 상상해 보라. 그 상상 속
배우자의 수만 가지 장점을 현재 배우자의 명백한 단점과 일일이
비교해 보라. 그러면 가정이 회복될 것이다.' 성경은 그렇게 말하
지 않는다.

구매자의 후회를 치료하는 방법이 분명 있다. 문으로 들어가기 위한 더 좋은 방법이 있다. 그것은 바로 온 마음으로 들어가는 것이다. 깡충깡충 뛰면서 들어가는 것이다.

전 존재를 다해야 한다

선수들에게 경기장에 나가서 90퍼센트만 노력하라고 말하는 축구 감독은 세상 어디에도 없다. 위대한 리더가 팀원들 앞에 서서 "나가서 여러분이 가진 능력의 대부분을 발휘하십시오"라고 말하는 게 상상이 가는가?

또 나는 신랑이 신부에게 "대체로 당신에게 헌신하겠어요"라고 말하는 결혼식을 한 번도 본 적이 없다. 신혼부부가 신혼집의 문지방을 처음으로 넘을 때 신랑이 신부를 안고 들어가는 오랜 전통이 있는데, 이는 온전한 신뢰와 헌신을 상징한다.

나는 대기업 사장이 직원에게 "5분의 1 정도만 애를 써 주게"라고 말하는 것을 들어 본 적이 없다. 그런데 사람들은 큰 책임이 따르는 문을 미지근한 태도로 들어간다. 그 결과는 참혹하다. 문이 클수록 전심을 다해야 한다.

이것이 자발적으로 손해를 감수하고, 즐거움을 삼가고, 내 위안을 포기하고, 내 삶의 규모를 줄이고, 내 시간을 내놓고, 내 죄를 고백하고, 공동체로서 함께 책임을 지고, 내 교만을 내려놓아야 한다는 뜻일까?

바로 그렇다. 하나님의 열린 문으로 들어가려면 언제나 온 마음을 쏟아내야 한다. '온 마음을 다해'는 희생이 따른다는 뜻이다. 하나를 온전히 선택하면 다른 하나를 포기해야만 한다.

구약에 전심을 다하지 않은 한 왕이 등장한다. "아마샤가 왕위에 오를 때에 나이가 이십오 세라 예루살렘에서 이십구 년 동안 다스리니라 …… 아마샤가 여호와께서 보시기에 정직하게 행하기는 하였으나 온전한 마음으로 행하지 아니하였더라"(대하 25:1-2). 아마샤는 출근부에 도장을 찍고 규칙을 따르고 해야 할 일의 항목을 빠짐없이 채웠지만 온 마음을 쏟지는 않았다. 그는 하나님께 순종했지만 안타깝게도 그것은 형식적인 순종에 불과했다. 그는 '자기희생이 따르지 않는 한' 개혁을 위해 힘썼다. 참으로 안타까운 인생이다.

아마샤의 삶을 다윗에 관한 하나님의 짧은 평가와 비교해 보라. "내가 이새의 아들 다윗을 만나니 내 마음에 맞는 사람이라 내 뜻을 다 이루리라"(행 13:22). 다윗은 하나님의 마음에 맞는 사람이었다. 그런데 간음과 살인, 은폐로 얼룩진 그의 삶을 아는 사람이라면 이런 평가가 이해되지 않을 것이다. 다윗은 남편으로서 최악이었고 아버지로서는 더 나빴다. 하지만 그의 마음만큼은 하나님께 속했다. 그의 온 삶은 하나님의 임재와 이야기 속에 푹 젖어 있었다. 다윗은 하나님을 섬기고 사랑하려는 열정으로 불타올랐다. 비록 죄를 짓기도 했지만 그때마다 회개하고 다시 하나님과 동행하고자 했다.

옛 사람들에게 마음은 인간의 핵심을 의미했다. 요즘 우리는 마음 하면 감정을 떠올리지만 옛 사람들에게 마음은 인간 존재, 특히 의지의 중심이었다. 따라서 전심을 다한다는 건 나의 모든 힘, 아니 내 모든 존재를 다 쏟는다는 뜻이다.

성경을 보면 다윗은 법궤를 고국으로 되찾아오면서 하나님 앞에서 "힘을 다하여"(삼하 6:14) 춤을 추었다. 다윗은 자신의 모든 존재를 다 쏟아냈다. 성경은 그의 춤이 어땠는지를 말해 준다. "다윗 왕이 여호와 앞에서 뛰놀며 춤추는 것"(삼하 6:16). 다윗은 테디 루스벨트처럼 춤을 추었다. 다시 말해, 깡충깡충 뛰었다.

당신이 진정으로 온 마음을 다하고 있는지 알 수 있는 방법 중 하나는 자신에게 이렇게 묻는 것이다. '이 일이 내 꿈인가? 이 일을 위해 어떤 행동이라도 할 수 있는가?' 백 퍼센트 헌신은 '내 마음이 진정으로 어디 있는가?'의 문제다.

우리 아이들이 어렸을 때 아내와 내가 갈등을 빚었던 기억이 난다. 가사분담을 둘러싼 갈등이었다. '누가 대부분의 집안일을 하는가?' 아내가 내가 너무 도와주지 않아서 힘들다고 말하자 상담 교육을 받은 사람답게 나는 귀를 기울이고 공감하고 고개를 끄덕였다. 딱 하나, 앞으로 열심히 돕겠다는 말만큼은 끝까지 하지 않았다. 말은커녕 머릿속으로도 생각하지 않았다. 나는 은근슬쩍 변화의 책임을 피해 갔다. 내 말투는 정중했지만 실제로 내 행동을 고칠 마음은 없었다.

아마샤는 29년 동안 하나님에 대한 온전한 헌신을 교묘하게 회피해 왔다. 그는 옳은 일을 했지만 정작 마음은 다른 곳에 가 있었다.

내가 무엇에 주체할 수 없이 기뻐하는지를 보면 내가 무엇에 마음을 쏟고 있는지 알 수 있다. 아내가 무시하든 말든 다윗이 "여호와 앞에서 힘을 다하여 춤을"(삼하 6:14) 췄다는 이야기는 유명하다. 우리 모두는 뭔가로 인해 춤을 춘다.

최근에 열린 문의 문지방을 넘은 적이 있는가? 그 문에 얼마나 마음을 쏟고 있는가? 심전도 검사로 심장의 건강을 확인할 수 있는 것처럼 다음과 같은 질문으로 우리가 전심을 쏟고 있는지 확인할 수 있다.

- 내가 이 일에 온 노력을 기울이고 있다고 남들 앞에서 자신 있게 이야기하는가?
- 성장하기 위해 노력하는가? 책을 읽고 기술을 연마하며 이 길을 먼저 걸었던 사람들을 만나 배우는가?
- 힘들다는 불평을 자주 함으로써 전심을 쏟지 않는 것을 은근히 합리화하는가?
- 낙심될 때는 하나님 앞으로 나아가 이겨낼 힘을 달라고 기도하는가?
- 옳은 방향으로 작은 한걸음을 내딛을 때마다 스스로 축하하는가?
- 사도 바울은 "부지런하여 게으르지 말고 열심을 품고 주를

섬기라"(롬 12:11)라고 말했다. 여기서 "열심"은 강력한 힘이다. 내게 열심이 있는지 늘 점검하고 열심을 유지하려고 노력해야 한다. 요즘 내 '열심' 수준은 어떠한가? 내 열심이 식고 있다면 열심의 불을 다시 키우기 위해 쉼이나 놀이, 토론 같은 방법을 사용하고 있는가?

세상으로 어떻게 들어가야 할까

"내가 아버지의 말씀을 그들에게 주었사오매 세상이 그들을 미워하였사오니 이는 내가 세상에 속하지 아니함 같이 그들도 세상에 속하지 아니함으로 인함이니이다 내가 비옵는 것은 그들을 세상에서 데려가시기를 위함이 아니요 다만 악에 빠지지 않게 보전하시기를 위함이니이다 내가 세상에 속하지 아니함 같이 그들도 세상에 속하지 아니하였사옵나이다 그들을 진리로 거룩하게 하옵소서 아버지의 말씀은 진리니이다 아버지께서 나를 세상에 보내신 것 같이 나도 그들을 세상에 보내었고"(요 17:14-18).

예수님이 제자들을 어디로 보내셨는가? 세상 속으로 보내셨다. 약간 애매하지 않은가? 내가 첫 제자들 중 한 명이었다면 예수님께 범위를 좁혀 달라고 요청했을지도 모르겠다. 하지만 예수님은 제자들이 어느 문으로 들어가느냐보다 어떻게 들어가느냐에 더 관심이 있어 보이신다.

"아버지께서 나를 세상에 보내신 것 같이 나도 그들을 세상에 보내었고." 보다시피 예수님은 "세상을 피해라. 세상에 오염되지 않도록 최대한 멀리 하라. 교인들 하고만 어울리고 비속어를 사용하는 저급한 사람들과는 거리를 두라"라고 말씀하시지 않았다. 오히려 하나님의 사자로서 일터와 지역, 지인들, 환경, 상황 속으로 들어가는 것이 우리가 이 땅에 있는 이유라고 말씀하신다. "아버지께서 나를 보내신 것 같이 나도 너희를 보내노라"(요 20:21).

이것이 우리가 가정, 일터, 교회, 영적 삶에 전심을 다해야 하는 이유다. 전심으로 참여하는 사람, 죄책감이나 의무감과 주변의 압박 때문이 아니라 이 일이 하나뿐인 인생을 걸 만큼 중요하다는 확신으로 참여하는 사람은 주변 사람들에게 이 일에 관해 자주 말하면서 수시로 마음을 다잡는다.

반면, 전심으로 임하지 않는 사람, 속에서 갈등을 느끼고 있는 사람은 그 일에 관해 말하는 것을 불편해한다.

마태복음에서 예수님은 제자들이 '어디로' 가야 할지보다 '어떻게' 갈지를 강조하신다. 우선, 예수님은 그들을 짝지어 파송하셨다. 하지만 성경은 그들이 구체적으로 어디로 가야 했는지에 대해서는 말해 주지 않는다. "어떤 성이나 마을에 들어가든지"(10:11). 예수님은 내가 가장 알고 싶어 하는 부분(어디로 혹은 누구와 함께)에는 별로 관심이 없으시다. 그분의 관심은 그들이 '어떻게' 가는지에 있다.

예수님은 제자들에게 어떤 식으로 가야 하는지를 말씀하셨다. 하나님이 우리 앞에 두신 문으로 어떻게 들어가야 할까? 예수님은 세 가지 동물에 빗대어 이 질문에 답해 주셨다. 이 세 가지 동물은 열린 문으로 들어가기 위해 필요한 전심의 세 가지 측면을 의미한다.

'이리 가운데의 양'처럼 겸손하게

"내가 너희를 보냄이 양을 이리 가운데로 보냄과 같도다"(마 10:16). 이것은 참 특이한 비유다. 양은 전혀 대단한 동물이 아니기 때문이다.

모든 종류의 스포츠 팀에 동물 별명이 붙어 있다. 곰, 호랑이, 사자, 다이아몬드 무늬 나방, 늑대, 오소리, 상어, 독수리, 매, 황소, 표범, 공룡, 살쾡이, 야생말까지 다양한 동물 별명이 있다. 그런데 프로 팀이든 대학 팀이든 고교 팀이든 양을 별명으로 삼은 팀은 한 번도 본 적이 없다.

예수님은 "내가 너희를 보냄이"라고 말씀하셨다. 여기서 끝이 아니다. "내가 너희를 보냄이 양을 이리 가운데로 보냄과 같도다."

질문: 양이 이리 가운데로 어떻게 갈까?

답: 매우 조심스레. 매우 겸손하게.

양은 이리들 사이로 돌아다니며 "이봐, 이리들, 네 놈들을 바로잡으려고 내가 왔다!"라고 말하지 않는다.

이 임무는 그리 매력적으로 보이지 않는다. 하지만 가만히 생각해 보면 양이 이리 가운데로 가기 위해서는 엄청난 용기가 필요하다. 양으로 부름을 받았다는 것은 내 지능이나 힘, 매력을 의지하지 않는다는 뜻이다.

그런데 흥미로운 사실이 하나 있다. 이리에게 열리지 않는 문이 양에게는 열린다는 것이다. 창세기를 보면 야곱은 평생 움켜쥐고 속이는 삶을 살았다. 그러다 마침내 하나님이 그를 찾아오셨다. 그는 밤새 하나님과 씨름을 한 끝에 축복을 받았지만 그 과정에서 허리에 상처를 입었고 그 상처는 평생 치유되지 않았다.

이어서 야곱은 형 에서를 만나러 갔고, 거기서 그들의 오랜 싸움은 끝이 났다. 에서는 야곱을 보자 마음이 풀어졌다. 이유가 뭐였을까? 자신에게 걸어오는 야곱의 모습이 약해 보여서이지 않았을까? 야곱이 절뚝거리며 걸어왔기 때문이지 않았을까? 이렇듯 이리에게는 열리지 않는 문이 양에게는 열린다.

연구가 브레네 브라운이 '취약성'(vulnerability)이라는 개념에 관해 강연할 때 생긴 일화를 들은 적이 있다. 당시 그의 강연은 청각장애인들을 위해 수화로도 전해졌다. 브라운이 '취약성'이란 단어에는 어떤 수화를 사용할지 묻자 수화를 하는 사람이 두 가지 방법을 내놓았다.

첫 번째 방법은 두 손가락을 다른 손바닥에 대고 구부리는 것이었다. 이것은 약해서 무릎을 꿇고 있다는 의미다. 하지만 '약함'은 브라운이 전하고자 하는 의미가 아니었다. 그렇다면 다른 방법은 무엇이었을까?

두 번째 방법은 코트를 벗어 속을 드러내는 것이었다. 과감하게 자신을 드러내는 것. 브라운이 원한 건 바로 이것이었다.

"오직, 자신을 드러낼 때 약함을 느낄 수 있습니다." 브라운은
그렇게 말했다.

전심으로 문에 들어가면 실망스러운 일과 실패에 취약해질 수
밖에 없다. 그러나 예수님의 패러독스는 약함이 강함보다 강하다
는 것이다.

최근 내가 열두 살 때 내 주일학교 선생님이셨던 분을 우연히
만났다. 선생님은 자신의 발음이 틀릴 때 내가 지적했던 이야기
를 하면서 큰소리로 웃으셨다. 하지만 나는 그 일이 마냥 웃기
만은 않았다. 내가 똑똑한 척을 하다가 사랑을 실천하지 못했던
여러 순간들이 떠올랐기 때문이다. 누군가 세상이 필요로 하는
것은 천재가 아니라 천재를 만드는 사람이라는 말을 했다. 주변
사람들의 재능을 억누르지 않고 키워 주는 사람들이 필요하다.
바로 양 같은 사람들.

하나님은 우리에게 이렇게 말씀하실지 모른다. "내가 다른 대
륙의 지독히 가난한 사람들을 섬기기 위해 탁월한 신학자이자 세
계적인 음악가로서의 지위를 포기한 앨버트 슈바이처처럼 너희
를 보낸다. 결과적으로 그것이 그가 들어갔던 문 중에 가장 큰 문
이었다."

예수님이 처음 제자들을 파송하면서 뭐라고 말씀하셨는지 기
억하는가? 당신이 제자 중 한 명으로 작전 회의 중에 그 말을 듣
는다고 상상해 보라. 경기가 시작되기 전에 으레 선수들이 서로

의 손을 포개고 나면 감독이 짧은 격려의 연설을 한다. 그러고 나서 선수들이 고함을 지르며 경기장으로 뛰어나간다. 자, 예수님의 격려 연설을 들어 보라. 이 제자들은 생애 첫 경기를 앞두고 있다. 그런데 예수님이 어떤 말로 그들을 격려하는지 보라.

"사람들을 삼가라 그들이 너희를 공회에 넘겨주겠고 그들의 회당에서 채찍질하리라 …… 너희를 넘겨줄 때에 어떻게 또는 무엇을 말할까 염려하지 말라 …… 장차 형제가 형제를, 아버지가 자식을 죽는 데에 내주며 자식들이 부모를 대적하여 죽게 하리라 또 너희가 내 이름으로 말미암아 모든 사람에게 미움을 받을 것이나"(마 10:17, 19, 21-22). 이러시고 나서 "자, 이제 가라!" 하신다.

어느 누가 이런 식으로 선수들을 내보내는가? 예수님은 왜 그러셨을까? 그것은 그분을 따르는 게 성공이 보장된 길로 가는 게 아님을 제자들이 알기를 바라셨기 때문이다. 우리가 가는 길은 세상이 생각하는 영광으로 가득한 길이 아니다. 양은 영웅적인 동물이 아니다. 예수님은 우리에게 영웅주의와 성공, 영광에 대한 세상의 기준에 대해 죽으라고 말씀하신다. '너희는 그것에 대해 죽어야 할 것이다. 저항이 나타날 것이다. 대가가 따를 것이다. 이것은 다른 종류의 영웅이 되는 길이다.'

언제나 교회는 이리 가운데의 양처럼 겸손한 자세로 세상 속으로 들어갈 때 최상의 모습을 보였다. 아이러니하게도, 예수님이 승천하시고 몇 세기 뒤 교회는 상당한 정치적·금전적 힘을 얻으면서 영적 힘의 많은 부분을 잃어버렸다. 교부 요한 크리소스

톰은 예수님이 제자들을 이리 가운데 양처럼 보내셨다고 기록한 구절을 읽고, 교회가 힘을 얻으면 이 개념을 잃을 수밖에 없다는 사실을 떠올렸다. "반대로 이리처럼 적들에게 달려드는 우리는 부끄러워해야 마땅하다. 양으로 남는다면 우리는 정복할 수 있다. …… 하지만 이리가 되면 패할 수밖에 없다. 우리 목자의 도움이 우리에게서 떨어져 나가기 때문이다. 목자는 이리가 아닌 양만을 먹이신다."[2]

예수님은 "아버지께서 나를 세상에 보내신 것 같이 나도 그들을 세상에 보내었고"라고 말씀하셨다. 그렇다면 하나님은 예수님을 세상에 어떻게 보내셨는가? 세례 요한은 예수님을 처음 보고서 이렇게 말했다. "보라 세상 죄를 지고 가는 하나님의 어린 양이로다"(요 1:29).

요한계시록에서 우리는 더없이 놀라운 묘사 하나를 볼 수 있다. 요한은 전능한 유다 지파의 사자로서의 예수님에 관한 환상을 보았다고 말한다. 그런데 갑자기 비유가 바뀌어, 이번에는 죽임당한 어린 양으로서의 예수님을 보았다고 말한다. 유다 지파의 사자가 땅으로 내려와 어린 양으로서 죽임을 당했다.

"내가 너희를 보냄이 양을 이리 가운데로 보냄과 같도다."

내 책상의 유리 아래에는 내 영적 스승 중 한 분이 조언해 준 지혜로운 말을 기록한 메모가 끼어 있다. "자신을 높이기 위해 애쓰지 말라. 하나님이 알아서 높여 주실 때까지 기다리라. 다른 사람을 섬기라."

바로 이것이 양처럼 열린 문으로 들어가는 것이다.

'뱀'처럼 지혜롭게

여기서 끝이 아니다. 예수님은 계속해서 이렇게 말씀하셨다. "너희는 뱀 같이 지혜롭고"(마 10:16). '뱀처럼 영리하고 똑똑하게 행동하라.' 나는 이 명령이 정말 마음에 든다. 예수님을 세상물정을 모르는 순진한 몽상가로 오해하는 사람이 너무도 많다. 하지만 예수님은 전혀 그렇지 않으셨다. 그분은 누구보다도 실행 측면을 중시하셨던 분이다.

바로 이것이 전심을 다하는 것이다. 전심을 다한다는 건 머리와 재능까지 포함해서 자신의 전부를 쏟아낸다는 뜻이다. 예수님은 '영적으로만' 헌신하는 사람이 아니라 현실을 제대로 파악하고 효과적인 전략과 전술을 생각할 줄 아는 사람을 원하셨다. 실패를 진지하게 받아들이고 다음번에는 더 잘하기 위해 그 실패에서 배울 줄 아는 사람. 실제로 수익을 내는 CEO처럼 실제로 하나님 나라를 확장시킬 줄 아는 사람. 예수님은 이런 사람을 원하셨다. 중요한 일을 추진할 때는 그 일을 누구에게 맡길지가 매우 중요하다.

예수님은 그분의 운동을, 뱀처럼 현실적이고 지혜로워서 (물론 하나님의 도우심으로) 실제로 결과를 만들어 낼 수 있는 사람들의 손에 맡기신다. 단, 그 지혜가 꼭 화려할 필요는 없다. 모든 제자가 바울처럼 전략적으로 뛰어나지는 않았을 것이다. 하나님은 우리 모두에게 바울처럼 되라고 요구하시지 않는다. 하나님께는 이미 바울이 있다. 하나님은 우리에게 단지 뱀처럼 지혜롭게 행동하라고 요구하신다. 예수님이 이런 말씀을 하셨다는 것이 얼마나 멋진가. 많은 사람이 그분의 입에서 이런 말씀이 나올 줄 전혀 예상하지 못했을 것이다.

하나님이 우리에게 어떤 문을 열어 주셨는지 어떻게 아는가? 뱀처럼 지혜롭게 생각하라. 열린 문은 신비와 모험의 요소를 포함하고 있지만 무작위로 나타나지는 않는다. 열린 문은 고도의 배움과 인식을 요구한다. 커리어 전문가 앤디 챈은 소명을 이루거나 생업을 잘 해내려면 지식의 두 가지 영역을 터득해야 한다고 말한다. 자신을 아는 것과 자신이 영향을 미치려는 세상을 아는 것이 그것이다.[3] 이런 지식은 다음과 같은 결과를 낳는다.

자기 인식이 높거나 낮을 수 있고, 자신이 영향을 미치려는 세상에 대한 인식이 높거나 낮을 수 있다. 자기 인식은 높은데 세상에 대한 인식은 낮으면 '은둔자'가 된다. 자신의 생각과 감정에는 충실하지만 하나님의 세상을 돕기 위해 남들과 관계 맺을 방법은 모르기 때문이다. 주변 세상에 대한 인식은 높지만 자기 인식이 낮으면 '카멜레온'이 된다. 주변 세상에는 더없이 잘 맞춰 주지만 하나님이 자신을 어떤 존재로 만들어 주셨는지 몰라 그냥 세상을 따라간다. 자기 인식도 낮고 주변 세상에 대한 인식도 낮으면 '오리무중' 그 자체다.

하지만 나 자신을 깊이 알고 주변 세상도 깊이 알면 '변화의

매개체'가 될 준비가 된 셈이다. 바로 이것이 뱀처럼 지혜로운 것
이다.

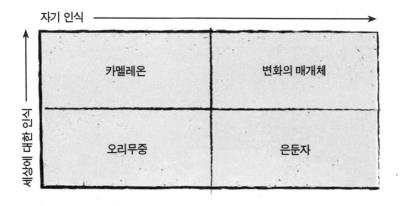

- 나를 알아야 한다

당신은 누구인가? 앤디 챈은 이 질문이 모든 직업 탐구와 커
리어 개발의 기초라고 말한다. 자신의 관심사와 강점(당신이 잘하고
즐겨 사용하는 기술), 태도, 재능, 개성, 포부, 인생 경험을 분명히 알
면 어떤 종류의 일(그리고 삶)이 자신에게 매력적이고 의미가 있는
지 판단해 나갈 수 있다. 뭐든 배우는 것을 좋아하는가? 사람들을
이끌거나 팀을 구축할 때 가장 살아 있는 기분을 느끼는가? 창조
적이고 예술적인가? 그래서 아름다움을 사랑하는가? 무질서 속
에 질서를 일으킬 때가 가장 즐거운가? 혹은 신음하는 세상을 치
유하는 데 일조할 때? 당신의 관심사와 강점을 이미 정확히 알고
있는가? 그렇다 해도 지혜로운 사람들에게 당신에 관한 객관적이

고도 균형 잡힌 의견을 들어 보는 것이 유익하다. 자신을 알면 잠재적인 기회들을 분석하여 추구할 만한 일과 추구하지 말아야 할 일을 적절히 구분할 수 있다.

자기 인식의 중요한 측면 가운데 하나는 자신이 무엇에 집착하는지를 아는 것이다. 많은 사람의 꿈과 직업적 관심이 부모를 기쁘게 하거나 친구들에게 과시하거나 배우자에게 인정을 받거나 돈, 권력, 영향력, 명예 같은 개인적인 영달을 추구하려는 마음에서 비롯한다. 자신이 무엇에 집착하는지를 정확히 아는 사람이 있는가 하면 외부의 조언과 내적인 성찰을 반드시 필요로 하는 사람도 있다. 사람들은 밖으로 보이는 것에 집착하지만 자세히 살펴보면 이런 것은 전혀 중요한 게 아니다.

무엇이 내게 의욕을 일으키는지 알면 열정이 꺼지지 않는 삶을 이어갈 수 있다. 나의 상처와 약점을 알면 성장해서 그것들을 정복할 수 있다. 내가 어떤 종류의 사람과 협력할 때 가장 큰 능력을 발휘할 수 있는지를 알면 좋은 팀을 이룰 수 있다. 따라서 자기 인식이란 자신의 열정과 상처, 동료들을 두루 살피는 것을 의미한다.

'열정'은 내 마음에 불을 댕기는 삶의 영역을 말한다. 지난 장에서 이야기한 '문제'와 같은 개념이다. 그것은 세계 기아일 수도, 방치된 참전용사들일 수도, 열악한 교육 환경일 수도 있다. 빈민가의 학교에서 제대로 배우지 못하고 있는 아이들을 보고 가슴이 찢어질 수 있다. 소외를 당하는 것을 넘어 사회적 낙인이 찍혀 절망 가운데 방치된 에이즈 환자들을 보고 가슴이 아플 수도 있다. 미혼모들을 향한 안타까움을 느낄 수도 있고, 복음 전도의 열정으로 불타오를 수도 있다. 뭔가 당신의 열정에 불을 지피는 게 있을 것이다. 열정은 당신을 깡충깡충 뛰게 만드는 것이다.

자기 인식 중에서 자주 간과되는 영역 중 하나는 자신의 '상처'를 아는 것이다. 자신이 어떤 상처를 안고 있는지를 알면 같은 상처로 신음하는 사람들을 도울 수 있다. 이번 주에 심각한 자폐증 아들을 둔 아버지와 이야기를 나눈 적이 있다. 이 아버지는 비슷한 상황에 처한 다른 부모들의 힘을 결집시켜 세상을 변화시켜 나가고 있다. 중독과 싸우는 사람들에서 감옥에서 복역 중인 사람들, 감정적인 질병과 씨름하는 사람들, 실직의 고통으로 산송장처럼 지내는 사람들까지, 우리의 상처를 건드리는 영역은 수없이 많다. 하나님은 상처 하나까지도 헛되이 버리지 않으신다.

그 다음에는 '동료들'이다. 예수님은 제자들을 따로따로 보내시지 않았다. 그분은 열두 명을 파송할 때 2인 1조로 보내셨다. 따라서 우리도 나를 인정하고 격려하고 도와줄 사람들과 깊은 신뢰관계를 맺어야 한다.

이 모두가 합해져서 온전한 자기 인식을 이룬다. 하지만 자신만을 아는 것으로는 부족하다. 자신이 영향을 미치려는 세상에 관해서도 알아야 한다.

- 세상을 알아야 한다

앤디 챈은 잘 알지도 못하는 분야를 무턱대고 선망하는 사람
이 생각보다 많다고 말한다.

> 지난 십 년 사이에 떠오른 직종 중에 흉부외과 전문의, 범죄
> 과학수사관, 변호사 등이 있다. 이것은 〈그레이 아나토미〉,
> 〈CSI〉, 〈굿 와이프〉 같은 인기 드라마의 영향이 크다. 이렇
> 듯 사람들은 보고 읽으면서 자신의 몸과 마음, 정신 속에 큰
> 영향을 받는다. 솔직히, 대부분이 이런 직종의 현실이 어떠한
> 지, 성공하기 위해 무엇이 필요한지, 그 일이 자신의 관심사
> 나 가치관, 강점, 개성, 포부와 일치하는지를 전혀 모르고 있
> 다.[4]

지혜로운 사람은 자신만이 아니라 세상에 관해서도 열심히 공
부한다. 그는 사역 기회와 직무 설명서를 부지런히 연구한다. 지
혜로운 그는 관심 있는 분야에서 먼저 일하고 있거나 자원 봉사
하는 사람들을 찾아가 이야기를 나눈다. 또 대화와 독서, 실제 경
험을 통해 이런 가능성에 관한 정보를 수집한다. 그는 자신이 특
정한 분야에서 즐겁게 일하고 성공할 수도 있는지 확인하기 위해
기한을 정해 실험을 해 본다.

열린 문으로 들어가기에 너무 늦은 나이란 없다. 최근 80대에
접어든 한 성도는 팔순 잔치를 원치 않았다. 마실 물을 긷기 위해

매일 서너 시간씩 우물까지 걸어가야 하는 여성이 '수백만'이라는 사실을 알고 나서 그분은 늘 가슴 답답해했다. 그러다 결국 큰 결심을 하고서 자녀들과 지인들에게 말했다. "팔순 잔치는 됐다. 대신 우물을 파게 도와주렴." 지금까지 이 성도는 가난한 국가에 세 개의 우물을 파는 데 자금을 지원했고 현재 네 번째 우물 작업이 진행 중이다. 여든 살의 나이에도 여전히 깡충깡충 뛰고 있다.

꼭 화려한 일을 할 필요는 없다. 열린 문은 어디에나 있다. 그 중 하나는 캘리포니아 주 산 페드로에 있는 우체국이다. 여기는 세계에서 가장 큰 우체국이다. 이곳의 직원들은 문 앞까지 나와 고객들을 맞이하고 줄서 있는 고객들에게 기분 좋은 농담을 건넨다. 가장 많은 고객을 도운 직원을 뽑는 경연대회도 자주 열린다. 한 가지 더, 이 우체국의 직원들은 봉급을 받지 않는다. 이곳은 세계에서 유일하게 순전히 자원 봉사자들로만 이루어진 우체국이다. 세워진 지 벌써 50년이 지났다.

마샤 허버트란 자원 봉사자는 조기 은퇴 후 할 일을 찾던 중 이 우체국에 관한 이야기를 들었다. "이 우체국을 보는 순간 '바로 이거야!'라는 생각이 들었습니다. 세상과 접촉할 수 있을 뿐 아니라 쉴 새 없이 생각을 해야 하기 때문에 치매도 예방할 수 있으니 일석이조가 아닙니까!"

자원 봉사자들은 고객들을 섬길 뿐 아니라 발생하는 수익을 전부 자선단체에 보낸다. 그 액수가 매년 수십만 달러에 달한다.[5]

너무 작거나 너무 평범한 문이란 없다. 뱀처럼 지혜로운 안목만 있다면 시시해 보이는 일에서도 하나님의 열린 문을 알아볼 수 있다. 심지어 우체국으로 가는 문도 하나님의 열린 문이 될 수 있다.

'비둘기'처럼 순결하게

전심으로 문지방을 넘는 것에는 마지막으로 한 가지 측면이 더 있다. "비둘기 같이 순결하라"(마 10:16). 비둘기는 조류 세계의 양이다. 비둘기는 아주 순진한 새로 여겨진다. 예수님이 우리를 통해 세상에 주시려는 가장 중요한 것은 우리의 외적인 일이 아니라 우리의 순결한 내면이다. 바로 이것이 전심의 또 다른 의미다. 세상이 필요로 하는 건 단순히 우리의 외적 행위가 아닌 내면의 변화된 인격까지 포함된 우리의 전 존재다. 예수님은 우리 존재 전체를 통해 세상을 변화시키길 원하신다.

내 지인 중에 의사가 한 명 있다. 몇 년 전 그는 한 환자를 검사했는데 그만 한 가지 증상을 간과했다. 그로 인해 1년 뒤 그 환자는 암에 걸리고 말았다. 1년 전에 내 지인이 발견할 수도 있었던 증상이 알고 보니 암으로 생긴 것이었다. 이 사실을 알고 나서 그는 하늘이 무너지는 충격을 느꼈다.

그는 법적인 상황을 알아보려고 하지도 않았다. 그가 가장 먼저 한 일은 환자를 찾아가 환자 앞에 무릎을 꿇고 용서를 빈 것이었다. "뭐라 드릴 말씀이 없습니다. 제가 애초에 놓치지 말았어야 했는데 그러질 못했습니다. 당신을 돕기 위해 무슨 일이든 하겠습니다. 용서해 주십시오." 그러자 신기한 일이 일어났다. 그와 환자는 서로 부둥켜안고 한참을 울었다. 그러고 나서 이 의사는 환자를 위해 기도해 주었다. 이 얼마나 아름다운 이야기인가.

최근 법적 소송에 관한 한 연구가 이루어졌다. 어떤 종류의 의사가 가장 적게 소송을 당할까? 가장 적게 소송을 당하는 의사들은 바로 호감이 가는 의사들이다. 특정한 전공이나 분야는 상관이 없었다. 뭐든 법으로 따지기 좋아하는 이 세상의 현실로 볼 때 전혀 뜻밖의 결과다. 누가 소송을 당할지 결정하는 첫 번째 요인은 지식이나 외모가 아니라 인간성이다.

자신의 실수를 인정한 이 이상한 의사의 소문은 삽시간에 퍼져 수많은 사람 속에서 잠자고 있던 정직을 끌어냈다. 흥미로운 것은 그가 소송을 피하기 위해 그렇게 한 게 아니라는 점이다. 그는 단지 예수님의 제자였기 때문에 그렇게 했다. 예수님의 진정한 제자라면 당연히 그렇게 해야 한다. 바로 이것이 예수님께 보냄을 받고 전심을 다한다는 것의 의미다.

예수님은 이렇게 말씀하신다. "아버지께서 나를 보내신 것처럼 나도 너를 보낸다. 이리 가운데 양처럼 가라. 뱀처럼 영리하고 현명하고 지혜롭게 행동하라. 하나님이 너의 인격을 통해 일하실 수 있게 하라. 네가 세상에 줄 수 있는 가장 중요한 선물은 외적인 일이 아니라 아름다운 내면이니."

잘못된 마음으로 옳은 문을 들어가는 것보다 옳은 마음으로 잘못된 문을 들어가는 게 오히려 더 낫다.

예수님이 들어가신 마지막 열린 문

작가이자 교사인 브레넌 매닝은 사제로 서품을 받을 때 다음과 같은 축복을 받았다.

> 당신의 기대가 꺾이기를.
> 당신의 모든 계획이 좌절되기를.
> 당신의 모든 바람이 무산되기를.
> 아이처럼 무기력하고 가난해진 가운데 오직 성부와 성자와
> 성령의 사랑 안에서 노래하고 춤출 수 있기를.[6]

우리 앞에 놓인 문들은 고개를 갸웃거리게 만들 때가 많다. 우리는 우리 일이나 가정이 특정한 방향으로 흘러갈 것이라 생각하지만 예상은 번번이 빗나간다. 하지만 위의 축복에서처럼 우리 삶은 어느 문으로 들어가는지(우리 기대와 계획, 바람)보다 그 문으로 어떻게 들어가는지에 달려 있다.

열린 문으로 들어갈 때는 전심으로 들어가라. 아이처럼 무기력하고 가난해진 가운데 오직 하나님의 사랑으로 인해 노래하고 춤추며 들어가라.

브레넌 매닝이 받은 축복은 바로 예수님이 받으신 복이었다. 매번 예수님은 인간의 눈으로 볼 때 이상해 보이는 문으로만 들어가셨다. 제자들은 예수님이 로마를 전복시키리라 기대했지만 그 기대는 산산이 깨졌다. 예수님은 십자가를 면하길 원하셨지만

("만일 할 만하시거든 이 잔을 내게서 지나가게 하옵소서", 마 26:39) 그 바람은
거부당했다. 예수님은 제자들에게 어린아이처럼 되라고 가르치
셨고 "종의 형체를 가지사 …… 자기를 낮추시고 죽기까지 복종
하셨으니 곧 십자가에 죽으심"(빌 2:7-8)으로 그 가르침을 몸소 실
천하셨다.

십자가에 달려 돌아가신 지 사흘 만에 예수님은 마지막 열린
문으로 들어가셨다. 죽음과 패배와 소망의 승리로 이어지는 문.
바로 천국으로 이어지는 문. 누구도 그 순간을 목격하지 못했다.
복음서 저자 중 누구도 그분이 그 문지방을 어떻게 건너셨는지
정확히 기록하지 않고 있다. 하지만 나는 알 것 같다. 분명 그분
은 축 늘어진 어깨로 터벅터벅 걸어가시지 않았을 것이다. 절뚝
거리며 그 문으로 들어가시지 않았을 것이다. 그분은 분명 깡충
깡충 뛰며 가셨을 것이다. 그리고 지금도 여전히 하늘에서 깡충
깡충 뛰어다니고 계시지 않을까?

CHAPTER 3

가장 큰 복, 나의 작음과
주의 크심을 아는 것

누구에게나 맹점이 하나쯤은 있다.

누군가가 제대로 일하지 못할 때. 모두가 완벽한 하모니를 이루는데 한 사람이 음 이탈을 할 때. 누군가가 눈에 거슬리는 태도를 보일 때. 누군가가 말을 너무 많이 할 때. 누군가가 유명인사의 이름을 팔고 다닐 때. 누군가가 다른 사람의 개인적인 공간을 무시한 채 너무 가까이 다가올 때. 누군가가 항상 부정적인 태도로 주변 사람의 눈살을 찌푸리게 만들 때. 누군가에게 문제가 있을 때. 그럴 때 그 사실을 가장 모르는 사람은 누굴까?

바로, 문제가 있는 그 사람이다.

우리에 관한 진실을 남들은 다 아는데 정작 우리 자신만 모른다. 다른 사람들은 다 안다. 뒤에서 수군거린다.

시카고에 살 때 나는 한 친구와 함께 매주 한 식당에서 아침식사를 했다. 이 친구는 와플이라면 사족을 못 썼지만 안타깝게도 그 식당에는 와플이 없었다. 매주 같은 웨이터가 우리를 맞았는데 친구는 매번 와플이 있는지 물었고 웨이터는 그때마다 없다고 말했다. 친구는 자신의 행동이 얼마나 짜증스러운지를 전혀 인지하지 못했다.

하루는 참다못한 웨이터가 결국 폭발했다. "이보세요, 와플 아저씨. 여긴 와플이 없어요. 와플을 만들지 않아요. 메뉴판에 없잖아요. 지난주에도 없었고 이번 주에도 없고, 다음 주에도 없을 거예요. 정신 차리세요."

표도르 도스토옙스키는 다음과 같이 말했다.

누구나 오직 친한 친구들에게만 말하는 비밀을 갖고 있다. 그런가 하면 친한 친구들에게도 말하지 않고 오직 자기 자신에게만 말하는 비밀도 있다. 그리고 심지어 자기 자신에게조차 말하기를 두려워하는 비밀도 있다. 아무리 번듯한 사람이라도 모두 마음 깊은 곳에 그런 비밀을 수없이 안고 살아간다.[1]

열린 문을 알아보려면 자기 인식이 꼭 필요하다. 하나님이 우리 앞에 두신 열린 문을 알아보려면 우리 외부에서 어떤 일이 일어나는지만이 아니라 우리 내면에서 어떤 일이 일어나고 있는지를 알아야 한다. 어떤 문으로 들어갈지 올바로 선택하려면 상황을 읽을 줄만 알아서는 부족하다. 자기 자신을 읽을 줄 알아야 한다. 사도 바울은 이렇게 말했다. "내게 주신 은혜로 말미암아 너희 각 사람에게 말하노니 마땅히 생각할 그 이상의 생각을 품지 말고 오직 하나님께서 각 사람에게 나누어 주신 믿음의 분량대로 지혜롭게 생각하라"(롬 12:3).

문을 지혜롭게 선택하려면 자기 자신에 관해 세계 최고의 전문가가 되어야 한다. 그렇다고 자기에게 집착하라는 뜻은 아니다. 자기 인식과 자기 집착은 하늘과 땅만큼 차이가 있다. 하나님이 당신을 어떻게 지으셨는지, 당신의 관심사와 가치관, 태도가 어떠한지를 알아야만 한다. 또한 자신에 관한 진실 중 가장 들여다보고 싶지 않은 부분도 단호하게 직면해야 한다. 열린 문의 기회를 분별하려면 당신 안의 세상을 알아야 한다. 이런 자기 인식이 부족하면 재능이 아무리 많아도 소용없다.

하나님은 빌라델비아 교인들 앞에 열린 문을 두시면서 그들에 관한 몇 가지 진실을 알려 주셨다. "네가 작은 능력을 가지고서도"(계 3:8). 필시 이것은 그들이 듣고 싶은 평가가 아니었을 것이다. 그들이 어떤 의미에서 능력이 작았는지는 알 수가 없다. 숫자가 적었을까? 재정이 탄탄하지 못했을까? 사회적 지위와 교육 수

준이 낮았을까? 이 편지는 일곱 교회가 돌려봤기 때문에 나머지 여섯 교회도 이 편지를 보며 각자의 '작은 능력'을 돌아봤을 것이다. 그들이 열린 문으로 들어가기 위해서는 자신에 관한 진실을 알고 받아들여야 했다. 그들은 자신의 힘이 아닌 하나님의 힘으로 그 문을 들어가야 했다.

하지만 그들에 관한 진실은 '작은 능력'만이 아니었다. 하나님은 그들에게 계속해서 이렇게 말씀하셨다. "내 말을 지키며 내 이름을 배반하지 아니하였도다"(계 3:8). 그들은 능력이 작았지만 하나님의 말씀을 지키고 그분의 이름을 드높이려고 애를 썼다. 그들 속에는 순종하는 마음과 인내력이 있었다. 이처럼 하나님의 열린 문은 부정적인 진실만이 아니라 긍정적인 진실까지 포함해서 그들에 관한 온전한 진실과 함께 찾아왔다.

이번 장에서는 열린 문이 어떤 식으로 우리 자신에 관한 진실을 드러내고 그 진실을 직면하게 만드는지 살펴보자.

강점과 약점이 드러나다

어느 문이 하나님이 내 앞에 놓으신 문인지 알려면 내 재능과 강점, 약점, 관심사를 분명히 파악하고 있어야 한다. 바울은 자신의 약점을 분명히 알 뿐 아니라 가르침과 권고, 베풂, 리더십 같은 자신의 특별한 은사도 알아야 한다고 말했다.

대학원에 들어갈 때 나는 행동 이면의 원인을 연구하는 심리학에 관심이 있었다. 그래서 신학 학위 외에도 임상심리학 박사 학위를 취득하기 위한 6년 과정을 밟았다. 그때만 해도 내가 평생 사람들의 상담 치료를 하면서 살 줄 알았다.

그리고 실제로 상담 치료를 하기 시작했다. 내 스승은 나중에 이하모니(eHarmony)의 창립자로 유명해진 닐 워렌이었다. 워렌은 시카고대학에서 수학했는데 아는 사람은 알겠지만 시카고대학의 칼 로저스는 비지시적(nondirective) 내담자 중심의 치료를 가르치는 것으로 유명했다. 그래서 우리도 그런 치료 기법을 배웠다. 내담자 중심의 치료는 내담자에게 그 어떤 지시나 조언도 하지 않고 심지어 질문도 던지지 않는다. 그저 내담자가 한 말을 정리해 주면서 무조건적으로 포용하고 존중한다는 신호를 보낸다. 또한 우리의 상담은 테이프로 녹음되어 나중에 지도교수의 평가를 받아야 했다.

내 사무실로 내 생애 첫 내담자가 들어왔다. 그녀는 오고 싶지 않았지만 남편이 맘대로 예약을 해서 억지로 끌려오게 되었다고 말했다. 그녀가 내게 물었다. "자, 이제 뭘 어떻게 하실 거죠?"

나는 곁눈질로 녹음기를 쳐다보며 말했다.

"이제 뭘 어떻게 할지 알고 싶다는 말씀이시죠?"

"그래요. 그런데 그건 제가 방금 한 말이잖아요. 뭘 어떻게 하실 건가요?"

나는 다시 녹음기를 쳐다봤다.

"그러니까 다음 단계가 뭔지 궁금하다는 말씀이시죠?"

이런 식의 대화가 50분 내내 이어졌다. 그 시간이 얼마나 괴로웠는지 그 상담이 끝나자마자 학교 도서관에서 1시간 내내 신문을 읽었다. 누구와도 말하기 싫고 그 일에 관해서도 생각하기 싫었기 때문에 오로지 신문에만 정신을 집중했다.

이후 몇 주간 그 여성을 상담했다. 그녀가 좋아져서 돌아갔다면 좋으련만. 그녀가 바로 현재의 오프라 윈프리라고 말할 수 있으면 좋으련만. 그러나 결국 그녀는 상담을 그만두고 말았다.

그때, 평생 작은 방에서 그 지옥 같은 경험을 되풀이해야 한다면 시베리아의 감옥에서 평생 썩는 편이 낫겠다고 생각했다. 아무리 봐도 조짐이 좋질 않았다.

그렇다고 상담 치료 자체가 무가치하다고 결론을 내린 건 아니다. 상담 공부를 한 걸 지금도 감사하고 있다. 심지어 내가 상담을 끔찍이 못하는 것도 아니다. 대학원을 다니는 동안, 떨어져 나가지 않은 내담자도 더러 있었다. 하지만 나는 일찍이 한 가지 교훈을 얻었고, 그것에 대해 지금도 늘 감사하고 있다.

마커스 버킹엄은 강점이 단순히 잘하는 것을 말하지 않는다고 설명한다. 약점도 단순히 못하는 것을 의미하지 않는다. 어떤 일을 정말 잘하는데도 그 일을 할 때면 진이 빠지는 경우가 있다.

그것을 뭐라고 부르는가? 당신이 정말 잘해 왔지만 하고 싶지 않아 너무 힘들었던 일…… 그것이 바로 '약점'이다. 할 때마다 점점 더 약해지게 만드는 활동은 뭐든 약점이다. 그것을 얼마나 잘하는지 혹은 그것을 해서 돈을 얼마나 많이 버는지는 중요하지 않다. 에너지를 갉아먹는 일이라면 그 일을 평생의 직업으로 삼는 건 미친 짓이다.[2]

내게 가장 힘들었던 시절 중 하나는 대학원에 가기 위해 투자했던 그 많은 돈과 시간이 전부 헛수고였다는 후회에 시달릴 때였다.

하지만 경제학에 '매몰 비용'(sunk costs)이라는 게 있다. 이것은 실패를 받아들이지 못해 이미 실패한 사업에 계속해서 돈을 쏟아 부으려는 유혹을 말한다. 만약 내가 이후 40년 동안 계속 잘못된 문 안에서 적성에도 맞지 않는 상담 치료를 해야 한다면 그것이야말로 더 큰 손해였다. 남은 평생을 잘못된 문 안에서 보내는 것보다 내가 잘못된 문으로 들어갔다는 걸 인정하는 편이 훨씬 낫다.

사도 바울은 이렇게 말했다. "우리는 그가 만드신 바라 그리스도 예수 안에서 선한 일을 위하여 지으심을 받은 자니 이 일은 하나님이 전에 예비하사 우리로 그 가운데서 행하게 하려 하심이니라"(엡 2:10). 다시 말해, 우리를 지으신 하나님이 우리가 지나가야 할 문, 우리가 해야 할 일도 마련해 놓으셨다. 그런데 하나님은 우리에게 이 일을 하기 위해 필요한 기술만 주시는 게 아니라 그 일을 오랫동안 할 수 있도록 관심도 주신다.

자신의 강점과 약점, 관심사를 열심히 탐구하면 우리 앞에 어떤 열린 문이 놓여 있을지에 관해서 많은 것을 알 수 있다

내가 진짜로 추구하는 게 드러나다

자신이 들어가고 싶은 문에 관해 솔직히 돌아보면 자신의 동기와 야망, 과시욕에 관한 진실이 드러난다. 최근에 내가 25년 전에 썼던 편지의 사본을 받았다. 25년 전 나는 달라스 윌라드의 책을 읽고 그에게 깊은 감명을 받았다는 편지를 보냈다. 그것이 계기가 되어 그가 나를 초대했고 그 만남은 내 인생을 변화시킨 우정으로 가는 문을 열었다.

2013년 봄 윌라드가 세상을 떠난 뒤 그의 딸이 그 편지의 사본을 내게 보내 왔다. 윌라드가 내 편지를 평생 간직해 왔던 것이다. 나는 그 사본을 내가 사랑해 왔던 그의 책 속에 끼워 놓았다. 그런데 그 편지가 다 마음에 드는데 딱 한 단어가 너무도 눈에 거슬렸다. 나는 그 편지를 이렇게 마무리했던 것이다. "존 오트버그 '박사' 올림."

나도 모르게 과시욕이 발동했던 것일까? 윌라드를 만나서 귀한 배움과 성장의 문이 열린 것은 좋았지만 당시 내 동기가 얼마나 불순했는지를 말해 주는 증거 앞에 서면 지금도 낯이 뜨거워진다. 사람을 만나기도 전에 인상을 관리하려 하다니.

물론 내 동기가 순수해질 때까지 기다리다가는 평생 그 어떤

문으로도 들어갈 수 없다. 다만, 진정 하나님과 동행하기를 원한다면 나에 관한 보기 싫은 진실을 볼 용기는 있어야 한다. 마태복음 20장에 보면 다음과 같은 특이한 이야기가 나타난다.

> 예수께서 예루살렘으로 올라가려 하실 때에 열두 제자를 따로 데리시고 길에서 이르시되 보라 우리가 예루살렘으로 올라가노니 인자가 대제사장들과 서기관들에게 넘겨지매 그들이 죽이기로 결의하고 이방인들에게 넘겨주어 그를 조롱하며 채찍질하며 십자가에 못 박게 할 것이나 제삼일에 살아나리라 그때에 세베대의 아들의 어머니가 그 아들들을 데리고 예수께 와서 절하며 무엇을 구하니 예수께서 이르시되 무엇을 원하느냐 이르되 나의 이 두 아들을 주의 나라에서 하나는 주의 우편에, 하나는 주의 좌편에 앉게 명하소서(17-21절).

그 순간은 굉장히 심각한 상황이었다. 그런데 하필 "그때에 세베대의 아들의 어머니가 그 아들들을 데리고 예수께 와서." 배신과 사형선고, 조롱, 채찍질, 십자가 처형을 당해야 한다는 예수님의 말씀이 떨어지기 무섭게 어느 제자의 어머니가 찾아와 청탁을 한다. "그런 일이 일어나기 전에 급히 청을 하나만 드려도 될까요?" 늦기 전에 제 몫을 챙기려는 모습에 눈살이 절로 찌푸려지지 않는가. "선생님, 부탁 하나만 할게요. 아시다시피 제 아들들이 여기 있습니다. 최후의 희생으로 굴욕과 순교를 당하시기 전에 제 아들을 승진시켜 주실 수 없을까요? 열두 제자가 있지만 제 두 아들을 일인자와 이인자로 확정지어 주시길 간곡히 부탁드립니다."

예수님은 다가올 고난을 설명하시는데 제자들은 이기적인 영달만을 추구하는 상황은 마태복음에서 세 번이나 반복된다. 데일 브루너는 이렇게 말했다. "복음은 제자들이 선천적인 우둔함을 깨닫기를 원한다."[3]

자식들은 예수님께 직접 청탁할 필요가 없다. 왜냐하면 엄마가 알아서 해 줄 테니까. 그저 그들은 이런 상황이 싫지만 엄마가 좋아서 하는 일을 말릴 수가 없어서 곤혹스럽다는 표정으로 가만히 서 있기만 하면 된다. 엄마는 엄마대로 순수하게 자식 사랑일 뿐이라며 자기 행동을 합리화한다. '나 좋자고 이러는 게 아니야. 어디까지나 자식의 미래를 위해서 이러는 거야.'

하지만 동네 어귀에 걸어놓을 커다란 플래카드를 이미 주문해 놓았다. "축! 예수 초등학교 수석 졸업!" 그 옛날에도 부모들이 자식의 성공을 통해 대리만족을 느꼈다. 세베대 여사는 치맛바람의 원조였다.

요즘도 자신의 한을 풀기 위해 자식을 쥐어짜면서 단지 자식이 잘되기를 바라는 부모의 사랑일 뿐이라고 스스로를 속이는 부모가 얼마나 많은가. 때로 우리는 자식이 잘되기를 바라서가 아니라 자신의 욕심을 채우기 위해 열린 문으로 자식의 등을 떠밀곤 한다.

마태복음에서 바로 이런 일이 벌어진 것이다. 세베대 부인이 예수님 앞에 무릎을 꿇고 있다. 명백한 겸손과 항복의 자세다. 다시 말해, 누구나 알아볼 수 있는 권리의식과 교만, 과시욕의 행위를 하면서도 당사자는 겸손의 행위라고 착각할 수 있다.

내가 열린 문으로 들어갈 때 이면의 동기를 가만히 살펴보면 하나님을 섬기려는 욕구와 나 자신의 목적을 이루려는 욕구가 섞여 있는 경우가 많다. 얼마 전에 한 여성이 우리 교회를 방문한 뒤에 인터넷에 남긴 '후기'를 읽은 적이 있다. "뒤에 서서 설교자가 사람들을 맞이하는 모습을 봤다. 그의 태도는 아무 애정 없이 그냥 사람들을 들여보내고 내보내는 것처럼 보였다. 그는 계속해서 사람들의 어깨 너머로 누가 또 오는지를 확인했다. 누군가가 도움을 요청해도 말로만 알았다고 할 뿐 실제로 돕지는 않았다."

그 글을 읽자마자 처음 떠오른 생각은 이것이었다. '다른 사람이 설교할 때 우리 교회에 오셨나 보군. 기분이 많이 나빴겠어.' 아니다. 솔직히 이런 생각을 했다. '그 여자가 나에 대해서 알기나 해? 내가 어떤 사람인지도 잘 모르면서 함부로 이야기해? 내 마음속에 들어갔다 나오기라도 했어? 내가 교인들에 대한 애정이 있는지 없는지 자기가 어떻게 알아? 또 내가 얼마나 바쁜지 알아? 처음부터 우리 교회를 욕하려고 작정한 게 분명해. 신경 쓰지 않겠어.'

거의 반사적으로 바로 그런 생각이 떠올랐다. 하지만 그것이 옳은 반응이 아니라는 건 잘 알고 있다. 먼저 나 자신을 돌아보아야 옳았다. '정말로 내가 그러지는 않았나? 내가 항상 진정한 사랑으로 사람들을 대하는 건 아니잖아. 과연 내가 내 일에만 정신이 팔려 있을 때가 없나? 이 여성에게 화를 낼 만큼 내 동기가 정말 그렇게 깨끗한가?'

"와플 아저씨, 정신 차리세요." 바로 내가 들어야 할 말이다.

솔직히, 나는 나에 관한 진실을 모르고, 진실을 알고 싶지도 않다. 왜냐하면 진실을 알면 괴로우니까. 죽을 만큼 괴로우니까. 하지만 진실은 나를 죽이고 나서 다시 살린다. 예수님은 이렇게 말씀하셨다. "진리를 알지니 진리가 너희를 자유롭게 하리라." 하지만 죽는 것이 먼저다. 처음에는 비참해진다.

열린 문을 추구하면 내가 진정으로 추구하는 것이 무엇인지에 관한 진실이 드러난다.

충동적 행동형 VS 저항적 고민형

우리 모두는 열린 문에 대한 나름의 성향을 갖고 있다. 이런 성향은 크게 두 가지로 나눌 수 있다. 충동적인 성향과 조심스러운 성향이 그것이다. 어떤 이들은 새로운 기회 앞에서 주로 위험과 자기 능력의 부족만 생각해서 뒷걸음을 친다. 그들에게 가장 필요한 것은 용기다. 그런가 하면 열린 문을 사랑하는 사람들도 있다. 하지만 앞뒤 재지 않고 무작정 문 속으로 뛰어드는 것도 문제다. 그들에게 가장 필요한 것은 분별력이다.

다음 표를 보고 당신은 어느 쪽에 속하는지 판단해 보라.

행동형	고민형
충동적인 성향	저항하는 성향
너무 쉽게 생각하는 편	너무 어렵게 생각하는 편
너무 빨리 움직인다	너무 느리게 움직인다
좋아하는 격언: "망설이는 자는 길을 잃는다."	좋아하는 격언: "돌다리도 두드려 보고 건너라."
좋아하는 성경 구절: "네가 하는 일을 속히 하라."	좋아하는 성경 구절: "여호와께서 그의 사랑하시는 자에게는 잠을 주시는도다."
자주 저지르는 죄: 하지 말아야 할 일을 한 죄	자주 저지르는 죄: 해야 할 일을 하지 않은 죄
강한 의지	강한 지성
악함을 믿지 않는다	힘을 믿지 않는다

두 유형 모두 장단점이 있다. 당신이 어떤 유형이든 결혼을 했다면 아마도 당신의 배우자는 정반대 유형일 것이다. 내 경우가 그렇다. 나와 아내가 각각 어떤 유형인지는 여기서 말하지 않겠다. 다만 예전에 내 아내는 내가 본 적도 없는 집을 덜컥 산 적이 있다. 그것도 돈도 없이. 그러고도 뭐가 문제냐고 되레 내게 따졌다.

성경에서 충동적인 행동형의 대표 격은 베드로다. 베드로는 천성적으로 열린 문에 끌리는 사람이었다. 예수님이 따르라고 했을 때 그는 '즉시' 따랐다고 기록된 첫 번째 사람이었다. 또한 베드로는 배에서 내려 물 위로 걸은 유일한 제자였다. 그는 대제사장의 종의 귀를 잘라 봐야 득이 될 게 없는 상황에서도 예수님을 보호하기 위해 무조건 행동을 했다. 그는 깊이 생각하지 않고 말했다. 예수님께 십자가에 달리지 말라고 말하고, "무슨 말을 할지 알지" 못해 예수님과 함께 모세와 엘리야를 위해 초막을 짓자고 제안하고(막 9:5-6 참조), 결국 새벽이 오기도 전에 예수님을 세 번이나 부인할 거면서 무조건 그분께 충성을 다하겠노라 섣불리 장담한 것이 다 그런 예다.

성경에서 열린 문에 저항하는 고민형의 대표 격은 기드온이다. 성경에 처음 등장할 때 기드온은 "미디안 사람에게 알리지 아니하려 하여 밀을 포도주 틀에서 타작"(삿 6:11)하고 있었다. 밀을 포도주 틀에서 타작하는 것은 커피 한 스푼을 만드는 것과도 같다. 그만큼 기드온은 극도로 소심하고 겁이 많은 사람이었다.

아니나 다를까, 하나님이 부르시자 그의 첫 반응은 손사래를 치는 것이었다. "오 주여, 내가 무엇으로 이스라엘을 구원하리이까 보소서 나의 집은 므낫세 중에 극히 약하고 나는 내 아버지 집에서 가장 작은 자니이다"(삿 6:15).

"오 주님, 마음이 편하질 않습니다." 저항하는 사람은 대개 하나님의 열린 문 앞에서 핑계를 댄다. 기드온이 하나님의 부름에 순종하기 전에 양털을 밖에 두었다는 이야기는 유명하다. 그런데 성경에서 이 이야기만큼 자주 오해를 받는 이야기도 없다. 그 양털은 믿음의 증거가 아니었다. 하나님은 이미 그를 부르셨다. 그래서 기드온은 무엇을 해야 하는지 이미 알았다. 따라서 그 양털은 저항의 표현이었다. 하나님이 양털에 반응하신 것은 기드온의 믿음을 높이 평가하셨기 때문이 아니라 단지 그의 의심을 풀어 주시기 위해서였다.

충동적인 사람은 지혜를 길러야 한다. 행동형은 자제력이 부족하다. 남들의 기분을 헤아리지 않고 자기 욕구에 따라 생각 없이 행동한다. 잘 기다릴 줄 모르고 즉각적인 만족을 원한다. 쉽게 질리고, 버럭 화를 낸다. 이런 사람에게는 다음과 같이 조언하고 싶다.

- 계획대로 밀고 나가기 전에 지혜로운 친구들에게 자문을 구하라.
- 지혜로울 뿐 아니라 쓴소리도 할 수 있을 만큼 강한 사람들과 관계를 맺으라.
- 잠재적인 열린 문을 보거든 무조건 하나님의 뜻이라고 단정 짓지 말고 충분히 기도하고 결정하라.
- 행동하기 전에 필요한 부분에 관해 공부하라.
- 하나의 활동이 끝나면 돌아보는 시간을 충분히 가지라. 이왕이면 지혜롭고 믿을 만한 사람들과 함께 반성하면 더 지혜로운 사람이 되어 다음번 도전을 맞을 수 있다.
- 하나의 일을 완수하기로 결심했으면 도중에 더 매력적으

로 보이는 일이 나타나더라도 현재의 일을 끝까지 마무리
하라.

저항하는 유형인가? 그렇다면 당신이 가장 싫어하는 것이 가
장 필요하다. 당신이 가장 싫어하는 것은 당연히 새로운 도전, 또
다른 문이다. 당신에게는 다음과 같이 제안하고 싶다.

- 실패를 경험하라. 실패하면 사람들에게 알리라. 실패가 끝
  이 아니라는 사실을 배우라.
- 실수를 하라. 남들에게 당신도 실수할 수 있다는 것을 보여
  주라.
- 하나님이 도와주시지 않으면 해낼 수 없을 만큼 큰 프로젝
  트를 찾아 과감히 도전하라.
- 몇몇 충동적인 사람들과도 어울리라. 그들이 성급하게 모
  험하는 모습을 지켜보라. 백문이 불여일견이다.
- 작은 문으로 연습하라. 예를 들어, 처음 보는 사람을 칭찬
  하고 일터에서 새로운 업무에 자발적으로 지원하고 존경하
  는 사람에게 (나처럼 이름 뒤에 '박사'를 붙이지는 말고) 편지를 보
  내라.
- 완벽하지 않고 적당히 괜찮다 싶으면 결정을 내리라. 앞으
  로 호텔에서 400개 채널이 있는 텔레비전을 보게 되면 '가
  장 좋은' 채널을 봤다는 자기만족을 얻기 위해 400개 채널

을 다 돌리지 말고 적당히 마음에 드는 채널이 있으면 선택
해서 보라.

• 두렵더라도 상관없이 하나님께 순종하라.

때로 우리는 완벽한 결정이 아닐까 봐 계속해서 결정을 미룬
다. 리사 터커스트에게 이런 말을 들은 기억이 난다. "하나님은
완벽한 결정이 아니라 그분 앞에 완벽히 내려놓은 결정을 요구하
신다." 자신의 성향을 알고 나면 그 성향을 하나님 앞에 더 잘 내
려놓을 수 있다.

내 작은 능력을 마주할 용기

1500년대 초 이냐시오라는 젊은 귀족이 프랑스 침공 중 한 성
을 방어하다가 포탄에 다리를 크게 다쳤다. 부상을 치료하는 동
안 그는 연애소설 몇 권을 요청했지만 그리스도의 삶과 영적 성
장에 관한 두 권의 책밖에 구할 수 없었다.

이냐시오는 이 책들을 읽다가 하나님의 뜻을 분별하는 법에
관한 깊은 깨달음을 얻었다. 회복되는 동안 그는 자신의 미래에
관한 온갖 화려한 공상을 했다. 때로는 멋진 모험을 하고 위풍당
당한 병사로서 영광스러운 승리를 거두는 상상을 했다(실제로 그는
옷맵시를 위해 부러진 다리를 다시 부러뜨려 맞출 정도로 과시욕이 강한 사람이
었다). 이런 공상은 그 순간만큼은 짜릿한 기분을 선사했다. 하지

만 그 순간이 지나면 공허함과 허무함만 남았다. 개인의 명예를 추구하는 상상은 뒷맛이 씁쓸했다.

그래서 가끔은 하나님을 섬기는 꿈을 꾸기 시작했다. 이 꿈은 그 순간에만 매력적인 게 아니라 계속해서 기쁘고 행복하게 했다. 개인적인 영달에 관한 꿈처럼 뒷맛이 쓰지 않았다. 이냐시오는 이 차이를 느끼고서 하나님이 자신을 병사보다는 영적 지도자로 부르고 계신다는 결론을 내렸다.

나중에 그는 자신의 내면에서 일어났던 하나님의 역사를 돌아보면서 *The Spiritual Exercises*(영신수련)이란 책을 썼다. 그 뒤로 수 세기 동안 이 책은 열린 문 앞에 선 수많은 사람의 안내서가 되어 주었다.[4]

내면에서 일어나는 하나님의 역사에 관심을 기울이는 그의 방식은 소명과 상관없는 선택에도 도움이 된다. 예를 들어, 하나님은 여러 영역에서 우리 앞에 열린 문을 두시는데 그중에서 가장 중요한 영역 중 하나는 우정이다. 하나님은 우리가 주변에 영향을 미칠 수 있도록 열린 문을 열어 주실 뿐 아니라 친구를 사귀기 위한 문도 열어 주신다. 그런데 인간관계의 문으로 들어갈 때도 역시 분별력이 요구된다. 함께 어울리면 즐겁고 면전에서 기분 좋은 말을 해 주는 사람들이 있다. 그런데 만약 그들이 우리를 험담이나 원망, 냉소, 그릇된 행동으로 이끈다면 그 관계를 심각하게 재고할 필요가 있다.

인간관계라는 열린 문 속으로 들어가 살아 있는 진짜 사람들과 어울리다 보면 내가 말로 표현하는 가치관이 정말로 내 삶을 이끌고 있는지 확인할 수 있다. 또한, 이냐시오가 자신의 공상에 관해 돌아봤던 것처럼 내가 어울리는 사람들이 나를 옳은 모습으로 이끄는지를 진지하게 돌아봐야 한다.

얼마 전에 아내와 나는 30년간 알고 지낸 두 부부를 만났다. 우리는 각자 다른 지역에 살고 있는데 오랜만에 모여 며칠간 거의 붙어 있다시피 했다. 그 며칠 동안 나는 관계적인 열린 문을 확인하기 위해 서로가 서로에게 모든 것을 솔직하게 이야기하는 시간을 여러 번 추진했다.

그런데 나에 관한 이야기를 할 시간이 오자 그들이 이런 요지의 말을 했다. "친밀하면 좋지요. 우리도 친밀함을 좋아합니다. 그런데 가끔 당신은 친밀함을 강요합니다. 자연스럽게 대화가 흘러가게 놔두지 않고 자꾸만 질문을 던지고 집요하게 당신의 질문에 답하게 만듭니다. 그리고 당신에 관한 말도 너무 많이 합니다. 당신이 대화의 중심에 서려고 할 때가 너무 많아요." 나는 어리둥절한 표정으로 그들을 쳐다봤다. 다섯 사람 모두 내가 30년 넘게 알고 지낸 사람들이었다. 그중에서 한 부부는 청소년 시절부터 친하게 지낸 친구들이었다.

그 순간, 이런 생각이 들었다. '나한테 이런 식으로 말하지 않는 다섯 친구를 새로 사귀어야겠군.'

나중에 이 일에 관해 아내와 오랫동안 이야기를 나누었다. 우리는 약간 옥신각신했고, 어느 순간 아내는 이렇게 말했다. "여보, 나도 당신 친구들이 좋아요. 하지만 가끔 당신은 당신밖에 모르는 것 같아요. 내가 당신의 세상으로 들어와 당신의 일에 관심을 갖고 당신의 친구들과 어울리기를 바라면서 당신은 내 세상으로 들어오려고 하지 않죠." 그 순간, 내가 말로는 진실과 정직, 진정성을 중시한다고 말하면서 나에 관한 진실은 듣기 싫어한다는 것을 깨달았다.

나를 사랑하고 내게 용기 있게 진실을 이야기해 줄 수 있는 사람이 곁에 없다면 나에 관한 진실을 알 수 없다. 당장은 고통스럽더라도 나의 성장을 위해 사랑하는 마음으로 진실을 이야기해 줄 사람들이 필요하다.

사도 바울은 이렇게 말했다. "오직 사랑 안에서 참된 것을 하여 범사에 그에게까지 자랄지라 그는 머리니 곧 그리스도라"(엡 4:15). 누구에게 사랑 안에서 진실을 말해 달라고 부탁했는가? 누구에게 사랑 안에서 진실을 말해 주고 있는가?

우리 교회는 먼저 사역자들이 이 원칙의 본을 보이려고 노력하고 있다. 1년 전쯤 우리는 '어항'이라는 프로그램을 진행했고, 그 뒤로 이것은 우리 교인들의 입에 늘 오르내리는 표현이 되었다. 우리는 이 프로그램을 위해 전문 코치를 고용했다. 먼저 코치는 몇 주간 서로에 대한 가장 솔직한 의견을 써 오게 했다. 상대방에게 직접 말하는 게 아니니 부담 없이 각자의 의견을 표현할 수 있었다.

다음 단계는 안전한 외부인인 코치와 개인적으로 이 이야기를 하는 것이었다. 그 다음에는 각자가 쓴 것을 가감 없이 큰 종이 위에 붙였다. 그러고 나서 모두가 며칠에 걸쳐 아침부터 저녁까지 깊은 대화를 나눴다. 그 며칠 동안 한 사람씩 가운데 앉히고 모두가 그 사람에게 가장 말하기 힘든 진실을 이야기했다.

이 프로그램을 '어항'이라 부른 것은 물고기는 투명하게 공개된 환경에서 살기 때문이다. 어항은 유리와 물, 빛으로만 구성되어 안을 훤히 들여다볼 수 있다. 물고기와 달리 박쥐는 어두운 밤에만 활동하고 고양이는 아무도 볼 수 없는 침대 밑에 숨어 죽은 설치류를 먹는다. 박쥐와 고양이는 어두움을 좋아하지만 물고기는 빛 가운데서 산다.

이것이 어항이다. 코치는 우리에게 이렇게 말했다. "여러분은 리더입니다. 따라서 여러분부터 시작해야 합니다. 여러분이 먼저 어항 속으로 들어가야 하고, 남들보다 더 오래 그 안에 있어야 합니다." 덕분에 나는 어항 속에서 몇 시간이나 버텨야 했다.

그 옛날 예수님은 남들 눈 속의 티를 지적하기 전에 먼저 우리 눈에서 들보를 빼내야 한다고 말씀하셨다. 그리고 우리 눈에는 언제나 들보가 있다. 나는 남들이 어항 속에 있을 때(그래서 내가 편안했을 때)보다 내가 어항 속에 있을 때 훨씬 더 많은 것을 배웠다.

하나님은 우리를 열린 문의 모험으로 부르신다. 우리는 다른 이들을 위해서 열린 문으로 들어가야 한다. 열린 문의 반대편에서 우리 자신에 관한 냉정한 진실을 보게 될 것이다. 그리고 그 진실은 대개 기분 좋은 진실이 아니다. 우리 자신의 능력은 '작은 능력'일 뿐이다. 하지만 문을 여시는 하나님이 그 문으로 들어갈 힘도 주신다. 그 문으로 들어갈 때 우리는 단순히 새로운 땅으로 들어가는 게 아니라 새로운 존재가 된다.

Part 3.

'정답을 찾느냐'가
아니라
'누구와 함께냐'의
문제다

CHAPTER 1

들어갈 문을 알고도
도망치고 싶을 때가 있다

하나님의 말씀이 요나에게 임했다. "네가 니느웨를 좀 다녀와야겠다. 내가 준 기술과 힘을 다 동원해서 그 도시에서 할 일이 있다. 내 말을 용감하고도 열정적으로 전해라. 그러면 사람들이 반응할 것이다. 선이 승리하고 인생들이 변할 것이다. 내가 너를 통해서 하는 일로 도시 하나가 새로워질 것이다."

그러자 요나가 말했다. "사양하겠습니다. 나훔에게 맡기세요.

나홈이라면 뭐든 시키는 대로 할 겁니다."

요나는 또 혼자 중얼거렸다. "다시스로 가는 배시간이 몇 시더라?"

하나님은 열린 문의 하나님이시다. 하나님은 사시사철 문을 여신다. 이를 통해 크고 작은 모습으로 인류에 기여할 기회가 끝없이 나타난다. 우리 삶을 영원히 가치 있게 만들 기회가 끊이지 않는다. 그런데 이 기회를 마다할 사람이 누가 있을까?

있다. 바로 나다. 나는 열린 문을 갈망한다. 하지만 막상 그 앞에 서면 들어가길 거부한다. 문지방에서 뒷걸음을 친다. 일부러 문 쪽을 쳐다보지 않는다. 보더라도 그 안으로 걸어 들어가지는 않는다.

에이브러햄 매슬로는 운명으로부터 도망치려는 이 이상한 인간 성향을 "요나 콤플렉스"라고 불렀다. 이것은 성장을 피하고 소명을 거부하는 성향이다. "일부러 잠재력 이하로 살려고 한다면 경고하는데, 남은 평생 지독히 후회하게 될 것이다. 자기 능력, 자신의 가능성을 피하면 결국 후회한다."[1]

매슬로는 이로 인해 우리가 하나님의 부름에 전심으로 응했다는 사람에 대해 이중적인 반응을 보인다고 말했다. "분명 우리는 진선미, 옳음, 완벽, 궁극적인 성공을 실현한 사람들을 사랑하고 존경한다. 하지만 동시에 그들은 우리에게 불안감과 걱정, 혼란, 나아가 약간의 질투심과 열등감을 안겨준다."[2]

성경에서 하나님이 누군가에게 문을 열어 주실 때마다 작은 줄다리기가 벌어진다. 하나님이 부르시면 부름을 받은 사람은 이런저런 이유로 저항하다가 결국 결심한다. 성경은 하나님의 이야기이기 때문에 하나님의 부름을 받은 성경 인물은 대개 순종으로 줄다리기를 마무리 짓는다. 하지만 가끔 부자 청년처럼 끝까지 문을 거부하는 경우도 있다.

성경 전체에서 하나님이 주신 운명을 피해 도망치는 모습을 가장 생생하게 보여 준 인물은 요나일 것이다. 요나서에 관한 탁월한 주석서에서 필립 캐리는 요나 이야기가, 우리라면 어떻게 반응했을까 고민하도록 구성되었다고 말한다.[3] 요나서에 대해 많은 사람이 이미 익숙하게 알고 있다고 생각하지만, 그 의미를 제대로 아는 사람은 드물다.

보통 우리는 요나서를 요나와 고래의 이야기로 생각한다. 나무인형 요나가 진짜 소년이 되기 위해 소목장이 할아버지에게서 도망쳤다가…… 그 다음은 뭐더라?

사실, 요나는 "소명을 거부한 자들의 수호성인"이다.[4] 그의 이야기가 늘 우리의 머릿속에 맴도는 것은 그 속에서 바로 하나님의 소명을 피해 달아나는 우리 자신을 볼 수 있기 때문이다. 요나서에서 우리는 우리가 왜 그토록 하나님의 부름을 거부하려고 하는지 그 이유를 발견할 수 있다. 이것이 중요하다. 그 이유를 아는 동시에 부름에 응하는 법도 배울 수 있기 때문이다.

두려움의 해독제, 하나님의 임재

"여호와의 말씀이 아밋대의 아들 요나에게 임하니라 이르시되 너는 일어나 저 큰['큰'이란 단어가 다시 등장할 테니 기억하라] 성읍 니느 웨로 가서 그것을 향하여 외치라 그 악독이 내 앞에 상달되었음 이니라 하시니라"(욘 1:1-2).

요나는 제사장이 아니라 선지자였다. 제사장은 성전에서 일 하면서 제사를 지내고 예배를 인도한다. 하지만 선지자는 달랐 다. 선지자는 개혁자요 운동가였다. 잔소리꾼이자 트러블메이커 라고 보면 정확하다. 이스라엘에 제사장은 항상 많았지만 선지자 는 대체로 한 시대에 한 명뿐이었다. 한 명이 이스라엘이 감당할 수 있는 한계치였기 때문이다.

하루는 하나님의 말씀이 선지자 요나에게 임했다. 하나님의 음성을 들으면 그것이 단 몇 마디라 해도 우리 일생이 변할 수 있 다. 선지자의 삶은 쉽지 않다. 하나님의 말씀이 요나에게 임했다.

설교하러 갈 수 있겠느냐?

전도하러 갈 수 있겠느냐?

앗수르 사람에게로.

내가 볼 때 네가 가장 적임자다.

그러자 요나가 하나님께 말했다.

갈 수 없어요.

그곳 사람들이 마음에 들지 않아요.

그들이 다 죽든 말든 상관없어요.

그곳으로 가느니 바닷물에 빠져 죽는 게 낫겠어요.

땅으로든 바다로든 갈 마음이 없어요.

그러니 그런 말씀은 그만 하시고 저를 그냥 내버려 두세요.

요나는 선지자였다. 단, 이스라엘의 선지자였다. 다른 나라 사람들과는 아무런 상관이 없었다. 니느웨 사람들에게는 성경도 성전도 없었다. 그들은 제사 따위는 모르는 족속이었고, 하나님을 모르는 불경건한 자들이었다. 그런데 그런 자들에게 설교를 하라니. 교회에서 교인들에게 설교하는 게 아니라 잔혹한 오랑캐들에게 설교를 하라니. 이건 보통 일이 아니었다.

니느웨는 앗수르의 수도였다. BC 7세기와 8세기, 앗수르는 세계 최강대국이었다. 당시 앗수르는 수많은 나라를 무너뜨리고 유린했다. 앗수르는 정복한 국가의 백성들을 포로로 끌고 갔고, 대량 학살을 국가의 정책으로 삼았다. 이스라엘이 둘로 갈라졌을 때 열 지파는 북부 왕국을 이루고 두 지파만 남부 왕국을 이루었는데, 북부 왕국은 앗수르에 의해 지구에서 사라졌다.

니느웨가 얼마나 미웠던지 나훔은 "피의 성"이라는 표현까지 서슴지 않았다. "화 있을진저 피의 성이여, 그 안에는 거짓이 가득하고 포악이 가득하며 탈취가 떠나지 아니하는도다 …… 죽임 당한 자의 떼, 주검의 큰 무더기, 무수한 시체여 사람이 그 시체에 걸려 넘어지니"(나 3:1, 3). 어떤가? 소름 끼치지 않는가?

나훔은 니느웨의 멸망을 이렇게 예언했다. "네 상처는 고칠 수 없고 네 부상은 중하도다 네 소식을 듣는 자가 다 너를 보고 손뼉을 치나니 이는 그들이 항상 네게 행패를 당하였음이 아니더냐"(나 3:19). 그냥 행패가 아니라 "항상" 행패를 부리는 자들. 그러니 니느웨가 얼마나 미웠겠는가. 오죽하면 나훔은 니느웨가 멸망하면 사람들이 기립박수를 칠 것이라고 말했다. 나훔은 니느웨에 대해서 매우 독한 말을 거침없이 쏟아냈다. 그런데 이런 말을 할 때 나훔은 어디에 있었을까? 이스라엘 안에 있었다.

그런데 하나님이 요나에게는 니느웨로 찾아가 면전에다가 다가올 심판을 선포하라고 명령하셨다. 내가 요나라면 이렇게 대답하지 않았을까 싶다. "하나님, 나훔더러는 멀리서 약만 올리게 하시고 저더러는 직접 가라고요? 그냥 전보 같은 방법을 사용하면 어떨까요?"

하나님의 말씀이 요나에게 임했다. 그런데 어떤 방법으로 임했을까? 불타는 가시덤불이었을까? 세밀한 음성? 천사? 환상? 꿈? 의심의 여지가 있었을까? 성경은 아무런 말이 없다.

요나의 주변 사람들은 이 사실을 알았을까? 요나에게 부인이 있었을까? 그래서 요나가 귀가해서 아내에게 겉옷을 건네며 "아무래도 내일 앗수르에 가서 면전에다 한바탕 호통을 쳐 주고 와야겠소"라고 말했을까? 성경은 아무런 말이 없다. 단지 하나님에게서 "니느웨로 가라"라는 명령이 떨어졌다고만 말한다.

우리가 아는 것은 하나님이 요나에게 문을 열어 주셨는데 요나가 그 문으로 들어가지 않았을 뿐 아니라 반대편으로 도망쳤다는 사실이다. 글의 분위기를 보아 아무래도 두려워서 그랬던 것 같다. "내가 원래는 용감한데 오늘은 이상하게 머리가 아프네." 루이스 캐럴의 《거울 나라의 앨리스》(*Through the Looking Glass*, 시공주니어 역간)에서 트위들덤은 그렇게 말했다.[5]

하나님은 요나에게 "내가 네 앞에 열린 문을 두었다. 그 문은 니느웨로 이어진다"라고 말씀하셨다. 요나는 원래 갈 생각이었는데 그날따라 머리가 아팠다.

때로 열린 문은 즐겁지 않다. 심지어 안전하지 않을 때도 있다. 열린 문은 언제나 자신의 유익보다 큰 뭔가를 위한 문이다. 열린 문은 대개 니느웨로 이어진다.

니느웨는 가고 싶지 않은 곳이다. 골치 아픈 곳이다. 위험하고 두려운 곳이다. "니느웨로 가라. 네가 가고 싶지 않은 그곳으로 가라." 하나님이 당신에게 이렇게 말씀하시면 어떻게 하겠는가? 하나님은 언젠가 당신에게도 그렇게 말씀하실 것이기 때문이다.

이제 요나는 하나님 말씀에 따라 집을 나설 채비를 한다. 단, 니느웨로 가려는 게 아니다. 요나는 다시스로 향한다. 이를테면 이런 상황이다.

'하나님이 나더러 니느웨로 가라고 하신다. 이 사람에게 찾아가 고통스러운 진실을 말해 주라고 하신다. 하지만 너무 부담스럽다. 괜히 부딪히기 싫다. 아무래도 그냥 다시스로 가야겠다.'

'하나님이 나를 이 영역에서 섬기는 일로 부르신다는 건 알지만 그리고 싶지 않다. 굴욕을 당할 수도 있다. 어려울지도 모른다. 두렵기도 하다. 영 내키지 않는다. 아무래도 그냥 다시스로 가야겠다.'

'하나님이 나를 가르치거나 상담하거나 격려하거나 찾아가거나 베푸는 일로 부르셨다는 것은 알지만 그리고 싶지 않다. 실패할지도 모른다. 마음만 상할지도 모른다. 아무래도 다시스로 가는 배를 타야겠다.'

하지만 중요한 사실이 하나 있다. 상황을 피하기만 해서는 두려움을 극복할 수 없다. 그러나 우리는 용감한 자가 되도록 지음을 받았다. 하나님은 여호수아라는 겁쟁이 리더에게 하셨던 명령을 지금 우리에게도 하고 계신다. "강하고 담대하라 …… 네가 어디로 가든지 네 하나님 여호와가 너와 함께하느니라"(수 1:9). 요나서의 첫 장은 요나가 자신의 소명만이 아니라 "여호와의 얼굴을 피하여"(1:3) 도망쳤다고 세 번이나 말한다. 하지만 두려움의 해독제는 하나님의 얼굴, 곧 하나님의 임재다.

안전해졌다는 착각에 빠지다

요나는 항구 도시 욥바로 내려간다. 그곳에서 그는 다시스로 가는 배를 발견한다. "그들과 함께 다시스로 가려고 뱃삯을 주고 배에 올랐더라"(욘 1:3).

많은 사람이 여기서 "뱃삯을 주고"라는 부분을 아무 생각 없이 읽고 넘어간다. 하지만 이 부분은 매우 중요한 사실을 말해 준다. 요나 시대에 돈은 상대적으로 새로운 거래 수단이었다. 고대 세계는 물물교환의 경제를 기반으로 했기 때문에 이스라엘 사람 중에 돈을 가진 사람은 극소수였다. 아무나 요나처럼 돈을 지불할 수 있지는 않았다.

요나는 당장 호주머니에서 돈을 꺼내 장거리 항해를 위한 표를 살 만큼 돈이 많았다. 다시 말해, 요나는 돈으로 다른 선택을 할 수 있었다. 바로 이것이 돈의 위험성이다. 돈이 많으면 하나님에게서 도망치기가 더 쉬워진다. 돈이 다른 선택사항을 가능하게 하기 때문이다.

가르치는 일을 좋아해서 교사를 꿈꾸었던 한 남자가 생각난다. 만약 그 꿈을 따라 하나님이 열어 주신 문으로 들어갔더라면 지금쯤 그는 훌륭한 초등학교 선생님이 되어 있을 것이다. 문제는 그가 어마어마한 재력을 가진 집안에서 태어났다는 것이다. 그가 선생님이 되고 싶다고 말하자 부모님은 "고작 교사?"라며 인상을 찌푸렸다. "교사 말고 다른 길을 알아봐." 부모님은 그렇게 말했다.

더 많은 돈을 벌고 높은 지위를 얻는 다른 '선택사항'이 그가 너무도 원하던 소명의 길을 막았다. 결국 그는 교사로서는 꿈도 꾸지 못할 만큼 많은 돈을 벌었다. 하지만 그 대가로 삶을 놓쳤다. 그는 MBA를 취득했다. 하지만 그 학위는 다시스대학에서 딴

것이었다.

7학년 때 우리 반에 어눌한 여자애가 한 명 있었다. 옷도 이상하게 입고 머리카락은 빨강색에다가 얼굴은 주근깨투성이요 이빨은 뻐드렁니였다. 수업 시간에 아무도 그 애 옆에 앉으려고 하지 않았다. 쉬는 시간에도 그 애는 외톨이였다.

나만큼은 다를 수도 있었다. 그 애의 친구가 되어 줄 수도 있었다. 최소한 그 애를 친절하게 대해 줄 수는 있었다. 하지만 나는 그러지 않았다. 혹시 나도 그 애처럼 따돌림을 당할까 봐 두려웠던 것 같다. 나는 반에서 가장 인기가 많은 아이는 아니었지만 그 애처럼 어눌하진 않았다. 괜히 그 애와 어울렸다가 내 위태로운 입지마저 흔들리게 하고 싶지는 않았다. 나는 다시스로 도망쳤다. 다시스는 단순히 니느웨와 정반대 방향에 있는 도시가 아니라 여러 모로 정반대의 도시였다.

니느웨는 군사 도시였다. 반면, 다시스는 군사력은 없지만 막대한 부를 자랑하는 도시였다. 다시스는 무역의 중심지였다. 당시 무역은 오늘날의 신기술과 같아서 적잖은 사람에게 막대한 부를 안겨 주었다. 부 자체가 꼭 나쁜 것은 아니다. 하지만 부는 탐욕과 교만으로 발전하는 경향이 있다. 아무튼 그래서 고대 세상에서 "다시스의 배"라는 표현은 곧 부를 상징했다.

사실 다시스는 구약에서 여러 번 등장한다. 예컨대 이사야는 이렇게 말했다. "대저 만군의 여호와의 날이 모든 교만한 자와 거만한 자와 자고한 자에게 임하리니 …… 다시스의 모든 배와 모든 아름다운 조각물에 임하리니 그날에 자고한 자는 굴복되며 교만한 자는 낮아지고"(사 2:12, 16-17).

다시스의 배는 에스겔서에서도 비슷한 의미로 사용된다. "다시스의 배는 떼를 지어 네 화물을 나르니 …… 네 재물과 무역품이 많으므로 세상 왕들을 풍부하게 하였었도다 네가 바다 깊은 데에서 파선한 때에"(겔 27:25, 33-34).

다시스의 배는 부와 자족, 권력, 탐욕의 상징이었다. 이렇게 첨단기술과 부, 경제 시스템이 최고조에 달하면 자신들이 안전해졌다는 착각에 빠지는 건 시간문제다.

요나는 월스트리트로 도망쳤다. 실리콘 밸리로 도망쳤다. 요나는 다시스의 배를 탔다. 그 뒤로도 사람들은 계속해서 그 배에 몸을 실었다. 요나는 안전한 곳으로 도망친다고 생각했지만 인간의 눈에 안전해 보이는 곳은 대개 진정으로 안전한 곳이 아니다. 유일하게 안전한 곳은 우리 인생을 향한 하나님의 뜻 안이다. 비록 그것이 니느웨로 가는 문을 선택하는 것일지라도, 비록 갈 엄두가 나지 않을 만큼 두려운 곳으로 가야 할지라도 그것만이 유일하게 안전한 길이다.

당장 누군가의 열린 문이 되어 줄 수 있다

요나를 실은 배는 바다로 나갔다. 거기서 또 다른 문이 열리는데 이번에는 알아보기가 매우 힘든 문이었다.

"여호와께서 큰 바람을 바다 위에 내리시매 바다 가운데에 큰 ['큰 성읍 니느웨'에 사용된 것과 같은 단어다. 단, 이번에는 하나님이 큰 역사를 행하신 것이다] 폭풍이 일어나 배가 거의 깨지게 된지라 사공들이 두려워하여 각각 자기의 신을 부르고 또 배를 가볍게 하려고 그 가운데 물건들을 바다에 던지니라"(욘 1:4-5).

이들은 진짜 뱃사람들이다. 따라서 웬만한 폭풍에는 눈 하나 깜짝하지 않는다. 그런데 지금은 두려움에 떨고 있다. 옛날에는 수명이 짧았기 때문에 이처럼 몇 년이 걸리는 긴 항해는 평생에 한 번 이상 하기 힘들었다. 따라서 이 선원들에게 이번 여행은 막대한 부를 얻기 위한 일생에 한 번뿐인 기회였을지 모른다. 그런데 이제 그들이 모든 희망을 바다 속으로 던져 버리고 각자 자신의 신에게 기도하고 있다. 당시 세상에서는 부족이나 민족마다 신이 있었다. 혹시 우리 시대에 다문화주의가 탄생했다고 생각하는가? 그렇지 않다. 당시에 벌써 수만 가지 종교가 세상에 판을 치고 있었다. 다양한 문화권 출신의 이 선원들은 각자 자신의 신에게 기도를 올렸다.

파도가 고요할 때는 어떤 신이 있는지 관심도 없다. 하지만 풍랑이 무섭게 몰아치자 다급해진다. 하나만이라도 진짜 신이 걸리기를 바라는 마음에서 저마다 아는 신을 다 끄집어낸다.

한편, 요나는 크게 열린 문을 놓친 채 배 바닥에서 쿨쿨 잠만 잤다. 이 대목을 읽을 때면 딸을 데리고 고래를 구경하러 갔던 때가 생각난다. 나는 고래를 정말 좋아하지만 배에서 잘 버티지 못한다. 뱃멀미가 심한 탓이다. 그래서 고래를 구경하러 갈 때 배에 타기 전에 멀미약을 내 입과 딸의 입에 마구 털어 넣었다.

그랬더니 곧 참기 힘든 졸음이 몰려왔다. 결국 갑판에서 곯아 떨어졌다. 모두가 우리를 구경했다. 퍼뜩 잠에서 깬 나는 안 되겠다 싶어 내 입에는 커피를, 딸의 입에는 차를 마구 들이부었다. 그렇게 소동을 피우다 보니 마침내 고래가 등장했다. 고래의 꼬리를 보고 나는 "애야, 고래다" 하고는 곧바로 다시 잠에 빠져 항구로 돌아올 때까지 깨어나지 못했다.

요나는 멀미약의 도움 없이도 요동치는 배에서 잘만 잤다. 선장이 그 모습을 보고 황당해서 요나에게 물었다. "자는 자여, 어찌함이냐 일어나서 네 하나님께 구하라 혹시 하나님이 우리를 생각하사 망하지 아니하게 하시리라"(욘 1:6).

이 얼마나 어처구니없는 일인가. 이교도인 선장이 하나님의 사람에게 하나님께 기도하라고 요청하고 있다. 이방인이 선지자의 일을 하고 있다. 반대로, 선지자는 이방인처럼 기도 시간에 졸고 있다.

요나는 켕기는 게 있지만 고백하지 않는다. 이에 선원들은 문제의 원인을 찾고자 제비뽑기를 하고, 그 결과 요나가 범인으로 지목된다.

선원들이 요나에게 어찌된 일인지 묻자 요나는 이렇게 대답한다. "나는 히브리 사람이요 바다와 육지를 지으신 하늘의 하나님 여호와를 경외하는 자로라"(욘 1:9). 그러고 나서 "자기가 여호와의 얼굴을 피함인 줄을 그들에게 말하였으므로 무리가 알고 심히 [심히, 즉 '큰'이란 표현이 또 등장한다] 두려워하여 이르되 네가 어찌하여 그렇게 행하였느냐 하니라"(10절).

여기서 "여호와"라는 표현이 매우 중요하다. 기자는 하나님에 대한 용어로 우리에게 중요한 사실을 귀띔해 주고 있다. 히브리 성경은 하나님에 대해 주로 세 가지 단어를 사용한다. 그 중 '엘로힘'(Elohim)은 일반적인 용어로, 주로 '하나님'으로 번역된다. 이 단어는 아무 부족의 아무 신이나 지칭할 수 있다. '아도나이'(Adonai)는 대개 '주'(Lord)로 번역된다. 고대 세상에서 이것은 윗사람에 대한 존경의 호칭이었다. '여호와'는 가장 거룩하고 신성한 이름이었다. 이것은 하나님이 그분의 백성에게 자신을 드러낼 때 사용하신 이름이기 때문이다. 여호와는 너무도 신성해서 경건한 유대인들은 심지어 그것을 발음하지도 않았다. 대부분의 영어 역본에서 'Lord'의 각 철자를 모두 대문자로 표기한 것(LORD)은 여호와를 번역한 것이다. 이 이름은 일반적인 용어가 아니라 오직 이스라엘의 하나님만을 지칭하는 용어다.

이 이야기에서 선원들은 각자의 엘로힘에게 기도했다. 하지만 요나는 그들에게 여호와, 곧 사람들에게 자신의 이름을 알려 주고 스스로를 드러내길 원하고 바다와 땅을 창조하신 하나님에 관해 말해 준다. 여호와, 모든 이방인이 알게 될 이름.

이제 여호와란 이름이 왜 중요한지 알겠는가? 선원들은 요나가 자기 신을 피해 도망치는 중이라는 건 들었지만 흔한 부족 신이라고만 생각했다. 그런데 알고 보니 이 신은 그냥 신이 아니다. 한 분이신 위대한 하나님이시다. 이방인들이 위대한 하나님의 이름을 듣게 된다. 게다가 그분의 능력까지 이미 목격한 터라 두려움에 벌벌 떤다.

이방인들이 풍랑 한복판 다시스의 배 위에서 요나의 하나님을 알게 된다. 그들이 요나를 믿은 이유 중 하나는 그가 실패한 도망자의 모습이었기 때문이다. 요나는 오랫동안 선지자로 활동했지만 이방인이 한꺼번에 그렇게 많이 전도되는 것은 처음 보았다. 그렇다. 하나님이 요나의 실패를 통해 이 이방인들을 믿음으로 이끄셨다. 요나서는 다른 것은 몰라도 최소한 인간의 계획에 관한 이야기는 아니다. 이것은 '열려진' 문에 관한 이야기이고, 그 문을 여는 것은 우리 인간들이 아니다.

때로 우리가 니느웨로 도망칠 때 다시스의 배 위에서 문이 열린다. 그런데 우리는 이런 식으로 열린 문을 알아보지 못해 그 문으로 들어가지 못할 때가 많다.

척 콜슨은 불명예스러운 일에 휘말려 감옥에 들어갔지만 그곳에서 백악관에서는 열리지 않았던 사역의 문을 발견하게 되었다. 헬렌 켈러는 심한 장애를 앓았지만 바로 그 장애 때문에 수많은 사람을 도울 수 있는 문을 발견했다. 주일학교 교사 로사 파크스는 버스 뒤쪽에 앉으라는 말을 조용히 거부한 끝에 국가의 양심을 깨우는 문을 발견했다.

우리 주변을 돌아보면 열린 문이 정말 많다. 외로움에 눈물 흘리는 사람, 격려의 말을 간절히 기다리는 사람, 거부를 당해 마음 아파하고 있는 사람, 죄책감에 시달리고 있는 사람. 그들이 우리가 관심을 쏟아 주기만을 기다리고 있다.

하나님의 예스(Yes)가 나의 노(No)보다 크다

"우리가 너를 어떻게 하여야 바다가 우리를 위하여 잔잔하겠느냐?" 선원들의 말에 요나는 이렇게 대답한다. "나를 들어 바다에 던지라 그리하면 바다가 너희를 위하여 잔잔하리라 너희가 이 큰 폭풍을 만난 것이 나 때문인 줄을 내가 아노라"(욘 1:11-12). 요나는 여기서 자신의 이야기가 끝났다고 생각한다.

God's Yes Was Louder than My No(하나님의 예스가 내 노보다 강했다)란 책에 보면 아서 캠프의 이야기가 나온다. 캠프가 아주 어렸을 때 가족들은 그가 목사가 될 거라 생각했다. 그리고 실제로 그는 청년 시절 "가서 내 양을 먹이라"라는 하나님의 분명한 음성을 느꼈다. 아서는 그것이 목회자로 부르시는 음성이라는 것을 알았다. 하지만 안타깝게도 그는 다시스로 향하는 배에 올라탔다.

이후 10년간 그는 자신이 얼마나 무가치한 존재인지를 증명하기 위해 애를 썼다. "최대한 형편없는 인간, 목사에 어울리지 않는 인간이 되기로 결심했다."[6] 원래 술을 입에도 대지 않았지만 술을 마시기 시작했고, 도박을 할 줄도 몰랐지만 배웠다. 소명에서 도망치기 위한 몸부림으로 마약 거래와 매춘에도 손을 댔다.

그에게 다시스는 자존감을 모두 내던진 거리의 삶이었다. 그러다 어느 날 밤 기도 모임에 갔다가 그의 배에 심한 폭풍이 몰아쳤다. 거기서 그가 흐느끼며 "설교를 해야 해, 설교를 해야 해"라고 말하자 목사는 그가 설교를 하기 전까지는 그 어떤 평안도 느낄 수 없을 거라고 말해 주었다.

하나님의 '예스'(Yes)는 나의 '노'(No)보다 크다. 하지만 요나의 노는 정말 끈질겼다. 그는 선원들에게 자신을 바다에 던져 버리라고 말한다. 그런데 놀랍게도 선원들은 그러기를 거부한다. "그 사람들이 힘써 노를 저어 배를 육지로 돌리고자 하다가 바다가 그들을 향하여 점점 더 흉용하므로 능히 못한지라"(욘 1:13). 자신들이 목숨을 잃을 위기에 처했는데도 낯선 히브리인을 살리려는 이방인들. 니느웨 사람들을 향한 히브리 선지자의 인간 사랑보다 히브리 선지자를 향한 다시스 배 선원들의 인간 사랑이 더 강하다. 이것이 히브리 성경에 기록되었다는 게 놀랍다.

따라서 우리는 누가 선하고 누가 악한지, 누가 하나님의 편에 서 있고 누가 악의 편에 서 있는지를 함부로 판단하지 말아야 한다.

이제 선원들이 기도 모임을 연다. "무리가 여호와께 부르짖어 이르되 여호와여 구하고 구하오니 이 사람의 생명 때문에 우리를 멸망시키지 마옵소서 무죄한 피를 우리에게 돌리지 마옵소서 주여호와께서는 주의 뜻대로 행하심이니이다 하고"(욘 1:14).

그들은 세 번이나 하나님을 "여호와"라 부른다. 기자는 독자들이 눈치 채지 못할까 봐 그 세 번을 다 기록하고 있다. 이제 그들은 요나를 배의 가장자리로 데려간다. 이 순간을 상상해 보라. 무시무시한 풍랑. 겁에 질린 선원들. 도망 중인 선지자. 전복되기 직전의 배. 이윽고 선지자의 몸이 바다로 던져진다. 그러자 갑자기 사방이 고요해진다. 언제 그랬냐는 듯 풍랑이 잠잠해진다.

"그 사람들이 여호와[이 표현이 또 등장한다]를 크게 두려워하여 여호와께 제물을 드리고[예배 행위] 서원을 하였더라[헌신의 행위]"(욘 1:16).

이 이방의 배가 예배 장소로 변한다. 다시스의 배가 살아계신 하나님의 성전으로 변한다. 이것은 전혀 요나의 계획이 아니었다. 알고 보니 이 배의 선원들은 이 이야기의 단역배우들이 아니었다. 이 이야기는 니느웨에 관한 이야기만이 아니다. 이것은 다시스에 관한 이야기이기도 하다. 요나는 자신이 하나님의 계획을 망쳤다고 생각했다. 하지만 하나님의 계획은 요나가 상상조차 못했던 모습으로 펼쳐졌다. 요나가 하나님에 대해 닫은 문이 선원들을 향한 하나님의 열린 문이 되었다.

기도로 시작하라, 하나님을 의지하라

요나의 이야기는 많이 들었던 것이지만, 이제 이 이야기를 난생처음 들은 것처럼 상상해 보라. 요나가 바닷속으로 가라앉고 있다. 하지만 하나님이 요나를 삼킬 큰 물고기를 "예비하사" 요나는 사흘 밤낮을 그 물고기 뱃속에 있게 되었다.

이 '예비하다'라는 단어는 '임명하다'로도 번역될 수 있다. 이것은 왕의 언어다. 예를 들어 왕은 사자를 임명한다. 그런데 여기서는 이 단어가 물고기에 대해 사용된다. 하나님이 "이봐, 물고기"라고 말하자 물고기가 "예, 하나님, 부르셨습니까?"라고 대답한다. "가서 요나를 삼켜라. 나머지 지시는 차차 내리도록 하마. 한가지만 명심해라. 씹지 말고 삼켜야 한다. 잠시 뒤에 녀석을 어디에 떨어뜨릴지 알려 주마." "예, 분부대로 받들겠습니다." 이 물고기가 하나님의 선지자보다 훨씬 더 말을 잘 듣는다.

이 이야기에서 하나님과 관련된 핵심 단어는 '큰'이다. 하나님이 요나에게 처음 말씀하실 때부터 '큰'이란 단어가 등장한다. "'큰' 성읍 니느웨로 가라." 이것은 하나님의 마음이 그만큼 크다는 뜻이다. 또한 요나가 다른 쪽으로 도망칠 때 성경은 하나님이 '큰' 바람을 보내 '큰' 풍랑을 일으키셨다고 말한다. 그때 이방인 선원들이 '큰' 두려움을 통해 전도되었다. 하나님이 요나를 위해 예비하신 물고기도 '큰' 물고기였다.

반면, 요나는 모든 것을 망치고 있었다. 이 책에서 하나님의 키워드가 '큰'이라면 요나의 키워드는 '아래로'다. 하나님이 "니느웨로 가라"라고 말씀하시자 요나는 욥바로 '내려간다.' 거기서 요나는 다시스로 '내려가는' 배를 탄다. 배에 타서는 배 아래로 '내려가서' 잠을 잔다. 나중에는 파도가 사납게 치는 물속으로 '내려간다.' 거기서 다시 물고기 뱃속으로 '내려간다.' 그렇게 요나는 밑바닥까지 추락한다.

이스라엘 사람의 입장에서 이보다 더 낮은 곳은 없다. 바다는 큰 두려움과 공포의 영역, 죽음의 영역이다. 큰 물고기는 요나가 욥바로 떠날 때 전혀 염두에 두지 않았던 교통수단이다. 하지만 이 물고기 안에서 그는 하나님의 이상하고도 곤혹스럽고 유쾌한 은혜에 관해 배우게 된다.

물고기 안에서 요나는 기도를 드린다. "내가 받는 고난으로 말미암아 여호와께 불러 아뢰었더니 주께서 내게 대답하셨고 내가 스올의 뱃속에서 부르짖었더니 주께서 내 음성을 들으셨나이다"(욘 2:2).

요나는 니느웨로 가라는 부름이나 다시스로 가는 항해, 배 위에서의 폭풍에 관해서는 전혀 기도하지 않았다. 그는 물고기의 뱃속에 들어가기 전까지는 하나님께 아무런 말도 하지 않았다. 그랬던 그가 물고기 뱃속에서는 왜 기도했을까?

다른 방법이 없었기 때문이다. 하나님은 요나를 아래로, 아래로, 저 바다 아래 물고기 뱃속이라는 절박한 곳까지 내려 보내셨다. 창피한 사실이지만 그는 달리 기댈 데가 없어지고서야 비로소 하나님을 의지했다. 요나서의 첫 번째 장은 처음부터 끝까지 인간 행동에 관한 이야기다. 요나가 계획을 세우고, 요나가 자신의 힘을 사용하고, 요나가 자신이 원하는 곳으로 간다. 그 결과는 재난이었다. 마침내 풍랑이 몰아치고, 요나 자신의 이야기는 끼익 소리를 내며 멈춘다.

요나서의 두 번째 장에는 아무런 행동도 나타나지 않는다. 그저 기도뿐이다. 그러자 요나에게 좋은 일이 일어나기 시작한다.

사도 바울은 열린 문을 원할 때 기도로 시작했다. 열린 문은 하늘과 땅의 교차점이다. 이것이 열린 문이 기도에서 시작되는 이유다. 하나님과의 모험을 원한다면 오늘부터 당장 열린 문을 놓고 기도하라. "하나님, 오늘 격려의 문, 기회의 문, 가능성의 문, 베풂의 문을 열어 주십시오. 하나님, 이 날을 열린 문의 날로 만들어 주십시오."

요나처럼 밑바닥을 칠 때까지 기다릴 필요 없다.

흥미롭게도 성경에 난파에 관한 이야기가 또 하나 있다. 그것은 요나의 이야기와 정반대에 가까운 사도행전 27장의 바울 이야기다. 요나는 앗수르의 위험한 수도에서 설교하라는 부름을 피해 도망쳤지만 바울은 로마의 위험한 수도에서 설교하라는 부름을 향해 달려갔다. 요나는 선원들을 위험에 빠뜨렸지만 바울은 선원들을 살려냈다. 바울은 안전할 때 하나님께 열린 문을 달라고 기도했지만 요나는 밑바닥까지 추락했을 때 자신의 안전을 위해 하나님께 부르짖었다. 우리는 밑바닥을 치기 '전까지는' 하나님께 부르짖지 않을 때가 너무도 많다.

옛날 동요 중에 〈바다 밑바닥에 구멍이 있네〉라는 곡이 있다. 숨은 신비를 좋아하는 아이들의 심리를 반영한 동요다. "바다 밑바닥 구멍 속의 통나무 가지 위의 파리 위의 벼룩에 날개가 있네……."

자, 이제 요나의 동요다. "바다 밑바닥의 큰 물고기의 내장 속에 사람이 있네. …… 그리고 거기에 하나님이 계시네." 우리가 심지어 밑바닥에 떨어지고 나서 기도해도 거기에 하나님이 계신다.

요나가 기도하자 하나님이 들으신다. 그런데 그 다음은 마치 시트콤처럼 우스꽝스럽다. 그래서 성경 이야기만 아니라면 그냥 넘어갔을 것이다. 하지만 분명 성경 속에 있는 장면이니 짚고 넘어가야 한다.

요나는 사흘째에 구원을 받는다. 성경 속에서 사흘은 하나님의 구원에 관한 기본 공식이다. 하나님의 구원인만큼 뭔가 스펙터클한 구조 작전을 기대해 볼 만하다. 가브리엘 천사의 출동? 불병거를 타고 파도를 뚫고 날아오른다? 순간이동? 뭐, 이런 식이지 않을까?

아니다. "여호와께서 그 물고기에게 말씀하시매 요나를 육지에 토하니라"(욘 2:10). 나만 그런 건가? 이건 우리가 기대했던 게 아니지 않나? 무슨 어린이 동화도 아니고.

성경 번역자들이 왜 '토하다'보다 좀 더 고상한 단어를 사용하지 않았는지 궁금한가? 히브리어 원문이 훨씬 더 생생한 표현을 쓰고 있기 때문이다. '토하다'는 그나마 순화한 표현이다. 성경 기자는 독자들이 지저분한 장면을 상상하기 원했다. 천사가 간단하게 꺼내 준 게 아니다. 고래가 속이 안 좋아 위장 안에서 소화시키다가 만 온갖 냄새 나는 음식물까지 마구 토해냈다.

요나는 결국 해변에 이른다. 고난의 흔적으로 뒤덮인 비극적인 인물로서가 아니라. 영광으로 뒤덮인 영웅적인 인물로서도 아니라. 새우 칵테일과 참치 무침으로 뒤덮인 우스꽝스러운 인물로.

모든 이야기는 크게 두 가지로 나눌 수 있다. 모든 이야기는 (기쁨과 생명, 소망이 지는) 비극이거나 (기쁨과 생명, 소망이 이기는) 코미디다.

요나의 이야기는 코미디다. 요나는 계속해서 밑바닥으로 내려간다. 그런데 그 과정에서 우스운 일이 계속 일어난다. 이야기의 주인공이어야 할 요나가 동쪽으로 가라는 하나님의 명령을 듣고 서쪽으로 달려간다. 알 만한 선지자가 다시스로 배를 타고 가면 하나님에게서 도망칠 수 있다고 생각한다. 이방인 선장이 하나님의 사람에게 기도하라고 닦달한다. 신심이라곤 눈곱만큼도 없기로 유명했던 이방인 선원들이 이스라엘의 하나님을 믿게 된다. 요나는 물에 빠져 죽는다고 생각했는데 뜻밖에도 하나님이 물고기를 배달부로 보내신다.

이쯤 되면 요나 이야기가 코미디라는 것을 대부분이 알아차릴 것이다. 하지만 아직도 느끼지 못한 독자가 있을 경우를 대비해 기자는 구토 장면을 끼워 넣는다.

인간들이 계속해서 내려가더라도 하나님의 심중에는 이미 놀라운 계획이 세워져 있다. 하나님께는 죽음과 무덤이 걸림돌이 아니다. 인간의 반항과 고집도 당연히 문젯거리가 아니다. 하나님은 이 모든 것을 비웃으신다. 그분은 죽음과 무덤을 비웃으신다. 요나는 결국 해변으로 토해진다.

요나서의 책장을 계속 넘기다 보면 우리는 기쁨이 이긴다는 것을 알게 된다. 요나서는 기쁨의 책이다. 요나서는 가장 장엄하고도 초월적이며 놀라운 의미에서의 코미디다. 그것은 이 책에 또 다른 주인공이 숨어 있기 때문이다.

성경은 요나가 가드헤벨 출신이라고 말한다. 이 마을은 나사렛에서 불과 몇 킬로미터밖에 떨어지지 않은 곳이다. 그 나사렛에서 또 다른 선지자가 나와 모두가 공포에 떠는 동안 배에서 편안히 잠을 자고 일갈로 풍랑을 잠재운다.

요나라는 이름은 '비둘기'를 의미한다. 또 다른 선지자는 물속으로 내려갔다가 다시 나와 하늘에서 비둘기가 내려오는 것을 보고 하늘에서 자신을 사랑하는 자라 부르는 음성을 듣는다.

또 다른 선지자는 바로 예수님이시다. 예수님은 죽음을 얼마 앞두고서, 이 안타까운 세상에 보여 줄 한 가지 표적이 있다고 말씀하셨다. 그것은 바로 요나의 표적이었다. "요나가 밤낮 사흘 동안 큰 물고기 뱃속에 있었던 것 같이 인자도 밤낮 사흘 동안 땅 속에 있으리라"(마 12:40).

초대 교회는 카타콤이라는 곳에서 모이곤 했다. 카타콤은 지하무덤이다. 예수님을 그린 첫 번째 그림은 대성당의 프레스코화가 아니었다. 숨겨진 지하무덤 벽의 그림이 더 먼저였다. 그런데 지하무덤 벽에서 가장 자주 볼 수 있는 구약 인물은 아브라함이

나 모세, 다윗이 아니다. 그것은 바로 요나다. 왜일까? 초대 교회는 유머를 알아챘기 때문이다. 기쁨이 이긴다.

한편, 이 이야기의 전환점은 요나가 기도로 하나님을 의지하는 순간이다. 물론 요나는 달리 의지할 데가 없어 마지막으로 하나님을 찾은 것이었다. 하지만 하나님은 마지막 지푸라기를 잡는 심정으로 찾아온 자들도 기꺼이 받아 주신다. "문을 두드리라 그리하면 너희에게 열릴 것이니"(마 7:7).

사랑 없이는 들어갈 수 없는 문

하지만 요나의 이야기는 훈훈하게 끝나지 않는다. 요나서는 이상한 불협화음으로 남는다. 여기에는 이유가 있다.

이와 관련해 요한 세바스찬 바흐의 아내에 대한 이야기를 하나 들려주겠다. 아무래도 지어낸 이야기 같기는 하다. 한번은 바흐가 침대에 누워 있는 동안 그의 아내가 하프시코드를 연주했는데 하나의 7화음을 계속해서 불협화음으로 쳤다. 바흐는 그것이 자꾸만 귀에 거슬려서 잠을 잘 수 없었다. 바흐의 아내가 왜 그랬는지는 알 수 없다. 자녀가 열두 명이나 되어서 연습할 시간이 부족했을까? 아이를 열두 명이나 낳게 만든 남편을 괴롭히려고 일부러 그랬을까? 어쨌든 참다못한 바흐가 자리에서 일어나 하프시코드 앞에 앉아 협화음을 치고 나서 다시 잠자리에 들었다고 한다.

요나 이야기에서 불협화음의 단어는 '악'이다. 하나님은 요나에게 "그 악독이 내 앞에 상달되었"(욘 1:2)으니 니느웨에 가서 심판을 선포하라고 말씀하셨다. 하나님의 세계에 불협화음이 나타났다. 그래서 하나님은 밤에 잠을 이루실 수가 없었다.

요나는 딱 한 가지 이유로 니느웨에 죽어도 가기 싫었다. 그것은 바로 니느웨 사람들이 싫었기 때문이다. 하나님은 요나 앞에 열린 문을 두셨지만 그것은 요나 자신을 위한 문이 아니었다. 그것은 다른 누군가에게 하나님의 사랑을 전해 줄 도구로 사용되기 위한 문이었다. 하지만 요나는 사랑이 없어서 다른 방향으로 도망치고 말았다.

엄마 아빠가 작은 생명을 책임지기 위해 희생의 문으로 들어가는 것은 사랑 때문이다. 게리 하우겐 같은 인기 변호사가 돈을 포기하고 IJM(International Justice Mission; 국제정의선교회)에 인생을 거는 건 사랑 때문이다. 우리가 가난한 과부처럼 작지만 큰 헌금을 드리고, 남에게 당한 일을 가슴에 담아 두지 않으며, 힘들어도 결혼 서약을 끝까지 지키고, 슬퍼하는 친구의 말에 귀를 기울여 주는 것은 사랑 때문이다.

요나가 하나님의 열린 문으로 들어가지 않으려고 한 이유는 아주 간단하다. 사랑이 없었기 때문이다. 그는 또다시 하나님의 명령을 거역했다간 물고기의 밥이 된다는 걸 절실히 깨달은 뒤에야 겨우 니느웨로 간다. 거기서 하나님의 메시지를 전하지만 그의 설교는 성경 전체에서 가장 성의 없었다. "사십 일이 지나면 니느웨가 무너지리라"(욘 3:4).

역사상 최악의 설교가 아닐까 싶다. 하나님이나 회개, 긍휼에 대해서는 언급조차 없다. 서론도, 예화도, 마지막 정리도 없다. 요나는 억지로 몇 마디 던지고 나서 훌쩍 사라진다.

그런데 이상하기 짝이 없는 일이 일어난다. 사람들이 귀를 기울인다. 반응이 나타나기 시작한다. 왕부터 천민까지 나라 전체가 회개하고, 심지어 짐승들까지도 삼베옷을 입는다.

이 사건을 보면, 일단 하나님이 문을 여시면 우리의 부족함은 전혀 중요하지 않음을 알 수 있다. 하나님은 우리에게 말씀하신다. '네가 약한 줄 잘 알고 있다.'

하나님은 니느웨 사람들의 회개를 보고 연민으로 가득해지신다. "하나님이 그들이 행한 것 곧 그 악한 길에서 돌이켜 떠난 것을 보시고 하나님이 뜻을 돌이키사"(욘 3:10).

요나가 이 상황을 기뻐했을까? 전혀 아니다. "요나가 매우 싫어하고 성내며." 요나는 참을 수 없었다. 이번에는 요나가 잠을 이루지 못한다. 니느웨 사람들이 회개하고 하나님께 용서를 받는 모습에 불같이 화를 낸다. 하나님의 큰 은혜가 요나에게는 큰 악으로 보인다.

[요나가] 여호와께 기도하여 이르되 여호와여, 내가 고국에 있을 때에 이러하겠다고 말씀하지 아니하였나이까 그러므로 내가 빨리 다시스로 도망하였사오니 주께서는 은혜로우시며 자

비로우시며 노하기를 더디하시며 인애가 크시사 뜻을 돌이켜 재앙을 내리지 아니하시는 하나님이신 줄을 내가 알았음이니이다 여호와여 원하건대 이제 내 생명을 거두어 가소서 사는 것보다 죽는 것이 내게 나음이니이다 하니(욘 4:2-3).

사실, 요나는 1장에서 고국에 있을 때 이렇게 말하지 않았다. 아무리 봐도 그는 두려워서 도망쳤던 것으로밖에 보이지 않는다. 그런데 이제 자신이 정의의 옹호자인 것처럼 제멋대로 과거를 재구성한다. 마치 하나님의 진노가 누그러질 줄 진작 알았던 것처럼 군다.

이처럼 우리는 자신이 하나님의 열린 문을 왜 거부하는지 그 이유조차 분명히 모를 때가 많다. 우리는 자신이 실제보다 용감한 것처럼 기억을 왜곡시킨다. 그래서 우리가 요나 콤플렉스를 겪는 이유를 알기 위해 하나님과 우리를 잘 아는 사람들의 도움을 받아야 할 수도 있다.

요나가 여느 선지자와 다른 점은 연민이 부족하다는 것이다. 다른 선지자들은 하나님을 위해 사람들을 설득했을 뿐 아니라 사람들을 위해 하나님께 간청했다. 다른 선지자들은 사람들과 함께 아파했으며 사람들에게 심판을 선포할 때 괴로운 심정으로 했다. 하지만 요나는 달랐다. 그에게는 심판을 선포하는 것이 쉬운 일이었다. 그가 열린 문으로부터 도망치려고 했던 것은 그 문을 통해 만나게 될 사람들을 진정으로 사랑하지 않았기 때문이다. 사랑이 없으면 열린 문을 거부할 수밖에 없다.

하나님께는 모든 사람이 중요하다

"주께서는 은혜로우시며 자비로우시며." 이 기도에는 당시 독자들이라면 금세 알아차릴 수 있었던 특이한 점이 있다. 바로 하나님의 정체성에 관해서 이스라엘 역사상 가장 유명한 선포를 인용한 것이다. 이 선포는 시내 산에서 하나님이 모세에게 직접 하신 것이다. "자비롭고 은혜롭고 노하기를 더디하고 인자와 진실이 많은 하나님이라"(출 34:6).

보다시피 요나는 중요한 단어 하나를 빼먹었다. 당시 이스라엘 사람들은 이 점을 바로 알아차렸다. 이것은 마치 결혼식장에서 신랑이 "상황이 나쁠 때나 아플 때나 가난할 때나"만 쏙 빼고 "좋을 때나 건강할 때나 부유할 때나 늘 사랑하겠습니다"라고 말하는 것과 같다.

요나는 진실을 빼먹었다. 지금 요나는 하나님의 인격에 의문을 제기하고 있다. 그는 은연중에 하나님이 믿을 만하지 못하다는 뉘앙스를 풍긴다. 하긴, 애초에 하나님을 믿을 만하게 봤다면 기꺼이 열린 문으로 들어갔을 것이다.

이에 하나님은 이렇게 물으신다.

"네가 성내는 것이 옳으냐"(욘 4:4).

요나는 아무런 대답이 없다. 침묵 시위일까? 단지 과묵한 것일까? 아무튼 요나는 다시 성의 동쪽으로 도망친다. 거기서 성이 파멸하기만을 간절히 바라며 기다린다.

하나님 여호와께서 박넝쿨을 예비하사 요나를 가리게 하셨으니 이는 그의 머리를 위하여 그늘이 지게 하며 그의 괴로움을 면하게 하려 하심이었더라 요나가 박넝쿨로 말미암아 크게 기뻐하였더니 하나님이 벌레를 예비하사 이튿날 새벽에 그 박넝쿨을 갉아먹게 하시매 시드니라 해가 뜰 때에 하나님이 뜨거운 동풍을 예비하셨고 해는 요나의 머리에 쪼이매 요나가 혼미하여 스스로 죽기를 구하여 이르되 사는 것보다 죽는 것이 내게 나으니이다 하니라 하나님이 요나에게 이르시되 네가 이 박넝쿨로 말미암아 성내는 것이 어찌 옳으냐 하시니 그가 대답하되 내가 성내어 죽기까지 할지라도 옳으니이다 하니라(욘 4:6-9).

이것은 단순히 찜통 날씨에 관한 이야기가 아니다. 당시의 선지자들은 행위예술가들이었다. 사람들은 말을 쉽게 무시하기 때문에 하나님은 선지자들의 충격적인 행위로 메시지를 전달하셨다. 언제나 선지자가 배우였고 이스라엘 백성은 관중이었다.

하지만 이번만은 예외였다. 이 작은 드라마에서 배우는 바로 하나님이시다. 하나님이 식물과 벌레, 바람을 보내신다. 여기서 관중은 요나다. 우선, 하나님은 요나를 구하고자 하신다. 왜냐하면 요나가 성의 동쪽으로 갔기 때문이다. 인류 타락 후 에덴의 동쪽. 가인이 살인을 저지른 뒤에 갔던 동쪽. 이러한 '동쪽'은 이스라엘의 적들이 있는 방향이었다.

하나님은 요나에게 그늘을 보내신다. 이스라엘 독자들에게 그늘은 많은 의미를 함축한 대상이다. 시편 17편 8-9절은 이렇게 말한다. "나를 눈동자 같이 지키시고 주의 날개 그늘 아래에 감추사 내 앞에서 나를 압제하는 악인들과 나의 목숨을 노리는 원수들에게서 벗어나게 하소서." 그늘은 하나님의 보호 아래를 의미한다. 이 시편 저자는 그늘이 자신을 악인들에게서 구해 준다고 말한다.

식물이 올라가자 "요나가 박넝쿨로 말미암아 크게 기뻐하였더니." 요나에게 이 식물은 단순히 육체적인 보호 그 이상을 의미했다. 식물이 올라간다는 것은 곧 니느웨가 추락하고 있다는 뜻이었다. 하나님이 자기 백성을 보호하실 것이라는 뜻이었다. 하나님이 자신의 적들을 멸망시킬 것이라는 뜻이었다. 바로 이것이 요나가 "크게" 기뻐한 이유다. 요나는 그토록 미워하는 사람들이 멸망할 것이라고 생각해서 기뻐했다.

하나님은 나처럼 사람들을 범주로 나누시지 않는다. '이 범주의 사람들은 나와 같은 부류야. 나는 이런 사람들이 좋아. 하지만 저 범주의 사람들은 꼴 보기 싫어.' 하나님께는 모든 사람이 중요하다. 낙심한 사람들, 못 배운 사람들, 이혼한 사람들, 정치적 입장이 나와 다른 사람들, 보수적인 사람들, 진보적인 사람들, 이슬

람교도들, 무신론자들, 뉴에이지를 신봉하는 사람들, 온갖 피부색을 가진 사람들, 아시아인들, 남미인들, 백인들, 흑인들, 동성애자들, 나이 든 사람들. 하나님께는 이 모든 사람이 중요하다.

하나님은 요나에게 이렇게 말씀하신다. "네가 수고도 아니하였고 재배도 아니하였고 하룻밤에 났다가 하룻밤에 말라 버린 이 박넝쿨을 아꼈거든 하물며 이 큰 성읍 니느웨에는 좌우를 분변하지 못하는 자가 십이만여 명이요 가축도 많이 있나니 내가 어찌 아끼지 아니하겠느냐"(욘 4:10-11).

이야기는 요나가 거기 앉아 있는 채로 끝난다. 약간 짜증나지 않는가? 이야기를 이렇게 끝내는 것은 독자들에 대한 배려가 아니지 않은가? 기자는 왜 이렇게 이야기를 마무리했을까?

훗날 또 다른 이야기꾼도 이와 같은 마무리를 사용한다. 그 이야기꾼은 바로 예수님이시다. 예수님은 탕자의 이야기를 요나서와 완전히 똑같은 방식으로 끝내신다. 은혜로 구원받은 반항아와 사랑 많은 아버지가 자기 의에 빠져 입이 삐죽 나온 형을 설득하는 장면에서 이야기는 갑자기 끝나 버린다.

이야기가 이렇게 끝난 것은 이야기꾼의 머릿속에 좋은 결말이 떠오르지 않아서가 아니다. 이 이야기가 궁극적으로 요나에 관한 이야기가 아니기 때문이다. 이것은 우리, 그리고 하나님에 대한 우리의 반응에 관한 이야기다.

위대한 이야기꾼은 이야기를 매듭짓지 않으면 독자들의 머릿속에 여운이 남는다는 걸 알고 있다. 독자들은 나름대로 결말을 상상하느라 계속 이 이야기를 떠올린다. 바흐 아내의 불협화음처럼 열린 결말은 우리를 깨어 있게 만든다.

어딘가에 당신의 이름표가 붙은 문이 있다. 바로 지금 그 문이 활짝 열려 있다. 이제 어떻게 할 텐가?

CHAPTER 2.

사랑해서,

때로는 문을 굳게 닫으신다

하나님이 문을 닫으실 때마다 화를 내는 사람이 꼭 있다. 하나님이 문을 닫으실 때마다 자신이 그분보다 더 잘 안다면서 그분의 자리를 넘보는 사람이 있다. 그러나 하나님이 문을 닫으실 때는 언제나 뭔가 다른 계획이 있다.

프로 야구 관계자들은 최고의 트레이드 중 일부는 이루어지지 않은 트레이드라고 말한다. 마찬가지로, 최고의 기도 중 일부는 우리 뜻대로 응답되지 않은 기도다. 최고의 문 중 일부는 열리지 않은 문이다.

성경은 열린 문만큼이나 닫힌 문으로 가득하다. 예를 들어, 인류 타락 후 에덴동산의 문은 닫혔다. 심판으로 언약궤로 가는 문이 닫혔다. 모세에게는 약속의 땅으로 가는 문이 닫혔다. 다윗에게는 성전 건축의 문이 닫혔다.

요한계시록에서 빌라델비아 교회에 보낸 편지를 보면, 하나님이 문을 여시면 누구도 닫을 수 없을 뿐만 아니라 그분이 문을 닫으시면 누구도 열 수 없다.

하지만 대체로 나는 닫힌 문을 좋아하지도 않고 이해할 수도 없다. "가장 기도하고 싶을 때가 언제입니까?" 그렇게 물으면 나는 "기도가 응답될 때"라고 대답할 것이다. 기도해서 하나님께 응답을 받을 때, 혼란스러웠는데 하나님이 분명하게 방향을 알려 주실 때, 누군가가 육체적으로나 정신적으로 오랫동안 병마에 시달려 왔는데 주변 사람들의 기도로 치유의 기적이 나타났을 때, 근심과 걱정에 시달렸는데 평안이 찾아올 때, 아이디어가 필요했는데 멋진 생각이 떠오를 때, 흔들리던 가정이 기도를 통해 회복되거나 집 나간 자식이 돌아오거나 오래된 실직자가 취직되거나 오랜 떠돌이 생활 끝에 보금자리를 얻을 때. 그럴 때 더 기도하고 싶어진다.

"가장 기도하기 싫을 때가 언제입니까?" 그렇게 물으면 나는 "기도가 응답되지 않을 때"라고 대답할 것이다. 결혼 상대를 놓고 오랫동안 기도했지만 여전히 혼자일 때, 오랜 우울증에 시달렸는데 기도해도 마음이 치유되지 않을 때, 일터에서 큰 사기나 억울한 일을 당한 뒤에 하나님께 억울함을 풀어 달라고 기도했건만 여전히 불의가 득세할 때.

지구상에 문전박대를 당하고 싶은 생명체는 어디에도 없다. 닫힌 문은 언제나 우리를 낙심하게 만든다. 직장이나 관계, 돈, 교육, 심지어 사역까지 모든 영역에서 문이 닫힐 수 있다. 그럴 때 우리는 삶이 무너지고 하늘이 무심한 것 같은 기분을 느낀다.

하지만…….

한 번 닫히면 열 수 없게끔 문을 닫으실 수 있는 분이 온 세상에 하나님 한 분뿐이어서 정말 다행이다. 이런 이유로, 당시에는 그렇게 실망스럽던 닫힌 문이 지나고 보면 감사할 거리로 바뀌는 경우가 많다. 예컨대 나는 다음과 같은 닫힌 문에 대해 "하나님, 문을 닫아 주셔서 감사합니다"라고 말할 수밖에 없다.

- 나를 찬 그녀: 그녀가 나를 거절하지 않았다면 지금의 아내와 결혼하지 못했을지도 모른다.
- 나를 떨어뜨린 대학원: 그 대학원에 들어갔다면 지금 내가 사랑하는 이 일을 하고 있지 못할 것이다.
- 내 원고를 정중하게 거절한 출판사들: 그런 일을 당하지 않았다면 인내와 성장의 필요성을 깨닫지 못했을 것이다.
- 지독히 힘들었던 일: 그 일이 나의 의지력을 키워 주었다.
- 성공이 생각만큼 빨리 찾아오지 않았을 때: 덕분에 현실을

겸허히 받아들이는 법을 배웠다.

- 수년 넘게 응답되지 않은 기도: 즉각적으로 응답이 왔을 때 보다도 이런 긴 여정을 통해 더 많은 것을 배웠다.
- 큰돈을 벌 기회를 놓친 일: 덕분에 건전하지 못한 조직에 발이 묶이지 않았다.

나는 이런 닫힌 문에 대해 하나님께 감사한다. 하지만 '모든' 닫힌 문이 감사한 것은 아니다. 지금도 아쉬운 문, 할 수만 있다면 발로 차서라도 열고 싶은 문이 많다. 애매모호한 문도 있다. 예수님은 끈기 있는 기도의 필요성을 가르치기 위해 "문을 두드리라. 그리하면 너희에게 열릴 것이니"라고 말씀하셨다. 하지만 어떤 문인지는 알려 주시지 않았다. 문을 얼마나 세게 혹은 얼마나 오래 두드려야 하는지에 대해서도 말씀해 주시지 않았다.

어떤 닫힌 문을 계속해서 두드려야 할지 어떻게 아는가? 이 직장, 이 여자, 이 학교, 이 꿈을 계속해서 추구해야 할지 어떻게 아는가? 그만 미련을 버리고 다른 곳으로 눈을 돌려야 할지 어떻게 아는가?

좋은 소식은, 이 질문에 대한 답이 겨우 한 단어라는 것이다. 나쁜 소식은 그 한 단어가 '모른다'라는 것이다. 이 문제에 관해 우리는 죽을 때까지 확실히 모를 수도 있다. 하나님께는 우리가 '확실히 아는 것'보다 더 중요한 것들이 있다. 하지만 어떤 문들이 왜 열려서는 '안 되는지'를 이해하면 분별력을 키우는 데 도움이 될 수 있다. 이번 장에서는 하나님이 문을 여시지 않는 이유들을 살펴보자.

잘못된 문을 열심히 두드리고 있는가

우리가 잘못된 것을 원할 때 문이 열리지 않을 수 있다. 하루는 베드로와 야고보, 요한이 예수님과 함께 산에 올랐다가 그분이 변화되어 빛나는 모습을 보게 된다. 예수님이 모세와 엘리야와 함께 서 있는 것을 보고 베드로는 "랍비여, 우리가 여기 있는 것이 좋사오니 우리가 초막 셋을 짓되 하나는 주를 위하여, 하나는 모세를 위하여, 하나는 엘리야를 위하여 하사이다"(막 9:5)라고 말한다. 분명, 이 세 명이 동등하다는 뉘앙스를 풍긴다. "이는 그들이 몹시 무서워하므로 그가 무슨 말을 할지 알지 못함이더라"(6절). 도무지 입을 열어야 할 때와 다물어야 할 때를 구분하지 못하는 사람이다. 물론 예수님은 베드로의 잘못된 요청을 들어 주시지 않는다.

이번에는 야고보와 요한이 천국에서의 높은 자리를 확보하기로 결심한다. 그래서 어머니를 시켜 예수 호의 1등석 맨 앞자리를 예약하게 한다. 물론 예수님은 그 부탁을 거절하신다.

이번에는 야고보와 요한이 사마리아 마을에 갔다가 거부를 당한다. 사마리아와 이스라엘의 인종적 갈등으로 볼 때 당연한 일이었다. 야고보와 요한은 천국에서 불을 내려 그 마을을 쑥대밭으로 만들어 달라고 기도하려 한다. 당연히 예수님은 그들을 말리신다. "이해는 한다만……."

성경 곳곳에서 우리는 잘못된 요청에 따른 닫힌 문을 본다. 모세와 예레미야, 엘리야, 요나는 모두 하나님께 자신의 생명을 거둬가 달라고 요청했다. 하지만 하나님은 그때마다 "안 된다"라고 말씀하셨다. 어두운 감정의 폭풍이 지나가고 나서 그들이 하나님께 감사하지 않았을까? 때로 하나님이 우리의 요청을 거절하시니 정말로 감사하다.

가스 브룩스의 노래 중에 오래전 1위에 올랐던 〈응답되지 않은 기도〉란 곡이 있다. 학창 시절 그는 학교에서 열린 미식축구 경기를 보러 갔다가 한 소녀를 보고 한눈에 반했다. 그 뒤로 그 애와 결혼하게 해달라고 하나님께 기도했다. 하지만 그 기도는 응답되지 않았고, 세월이 흐른 뒤 그는 그 소녀를 다시 보고 머리를 긁적였다. '내 머리가 어떻게 되었던 건가?'

그러면서 나직이 속삭였다. "하나님, 감사합니다! 하나님, 감사합니다!" 이 곡의 주제를 담은 가사는 "하나님의 가장 좋은 선물 중 하나는 응답되지 않은 기도라네"다.

오래전에 나도 동창회에 갔다가 예전에 정신없이 좋아했던 여자애를 봤다. 그때 브룩스와 똑같은 기도를 속삭이는 소리를 들었다. "하나님, 감사합니다." 그 애가 나를 보고 속삭이는 소리였다. 약간 충격적인 사실은, 당신이 누군가의 응답되지 않은 기도일지도 모른다는 것이다.

더 좋은 것이 기다리고 있다

때로는 우리 눈에 보이지 않는 더 좋은 것이 지평선 너머에 있기 때문에 문이 닫힌 채로 남겨진다.

가난한 집안에서 태어난 한 젊은이가 자신과 가족을 위한 더 좋은 삶을 꿈꾸었다. 그래서 최대한 돈을 모은 뒤 많은 돈을 대출받아 잡화점을 열었다. 그런데 동업자가 알코올 중독자였다. 얼마 있지 않아 그는 막대한 빚더미 위에 앉고 말았다. 결국 그는 사업가가 되는 길을 아예 포기했고, 실패한 꿈의 대가를 치르는 데는 10년 이상이 걸렸다.

그는 법조계를 거쳐 정계에 입문했다. 1860년 그 청년, 즉 에이브러햄 링컨은 미국 대통령에 당선되었다. 셰익스피어의 열렬한 팬이었던 그는 《햄릿》(*Hamlet*)의 한 구절을 자주 인용했다. "우리가 우리의 운명을 아무리 대충 깎아도 그것을 다듬어 주는 신이 있다."[1] 링컨은 자기 삶만이 아니라 자신이 이끄는 국가의 운명에 대해서도 그런 믿음을 품고 있었다. 그의 두 번째 취임연설은 처음부터 끝까지 한낱 인간이 상상할 수 없을 만큼 신비롭고 심오한 하나님의 역사가 남북전쟁 가운데서 나타났다는 고백이었다. 그가 뉴 살렘에서 열었던 그 작은 잡화점의 문이 닫히지 않았다면 그 자신은 물론이고 한 국가 전체에 얼마나 큰 손해였을까.

하나님은 무엇이 더 좋은 결과로 이어지는지를 우리보다 잘 아시기 때문에 언제나 우리 기도에 응답하지 않을 권리가 있으시다. 인간은 조금만 힘이 생기면 온갖 파괴를 일삼는다. 말의 힘, 돈의 힘, 정치적 힘, 핵의 힘, 무슨 힘이든 우리 손에 놓이기만 하면 부작용이 나타난다. 그러니 우리가 기도를 통해 뭐든 원하는 대로 할 수 있는 초자연적인 힘을 동원할 수 있다면 얼마나 큰 재앙일지 상상해 보라. 닫힌 문이 기도의 효험이 없다는 증거라고 말하는 사람은 기도에 관해 진정으로 깊이 생각해 보지 않은 사람이다.

기도는 주문이 아니다. 기도는 인격적인 분, 매우 지혜로운 분과의 대화다. 따라서 때로 하나님이 안 된다고 하시면 우리는 오히려 감사해야 마땅하다.

아마도 세상에서 가장 자주 들리는 기도는 이것일 것이다. "하나님, 저 여자를 바꿔 주세요. 저 남자를 바꿔 주세요. 제가 원하는 사람으로 바꿔 주세요. 제가 원하는 행동을 하게 해 주세요." 혹시 당신도 아주 오랫동안 이런 기도를 드려 왔는가?

물론 주변 사람을 성숙으로 이끌어 달라는 기도는 바람직하다. 하지만 내 기도 이면의 '진짜' 기도는 다를 때가 너무도 많다. '하나님, 제 자신의 미성숙을 고치고 싶지 않습니다. 그러니 제 까칠한 성격에 맞추고 제 귀에 듣기 좋은 말만 하도록 저 사람을 바꿔 주세요.' 그럴 때마다 하나님은 더 좋은 계획을 내놓으신다. 그것은 그 까다로운 사람을 통해 '나'를 변화시키는 것이다.

프레데릭 뷰크너는 작가가 되기 위해 뉴욕으로 이사를 왔지만 아무리 머리를 쥐어짜도 한 줄도 쓸 수 없었다. 어쩔 수 없이 삼촌의 광고 회사에 들어갔지만 편안한 직장은 그의 천성과 어울리지 않았다. 그래서 다시 CIA에 들어가려고 했지만 그것도 썩 내키질 않았다. 한번은 자신을 사랑하지 않는 여자에게 반해서 마음고생을 했다. 그는 이 모든 경험을 돌아보며 이런 글을 썼다. "내가 열려는 문마다 쾅 하고 닫혀 버리니 꼭 코미디를 보는 듯하다. 하지만 이것 또한 일종의 순례 길이 아닐까 싶다."[2]

그가 원하는 대로 되지 않아 실망했으니 그것은 닫힌 문이었다. 동시에, 하나님을 찾는 순간으로 이어졌으니 그것은 하나의 길이기도 했다. 어쨌든 덕분에 그는 수많은 사람에게 영감을 주는 글을 쓸 수 있었다. 만약 그 전에 많은 문이 닫히지 않았다면 그 문은 열리지 않았을 것이다.

당신이 성장해야 할 영역이 있다

하루는 리더 자리를 놓고 기도를 하는데 자꾸만 꼴 보기 싫은 한 사람의 얼굴이 떠올랐다. 문득 열왕기하에 있는 정말 이상한 기도 한 줄이 기억났다. 몇몇 어린아이들이 놀려대자 엘리사는 하나님의 이름으로 그 아이들을 저주한다. 그러자 곰 두 마리가 나타나 아이들을 찢어 죽인다. '나도 확 그런 기도를 드려 버릴까?'

하지만 퍼뜩 정신이 들었다. 분노와 원망을 품고 있는 한 하나님이 원하시는 기도를 드릴 수 없다는 사실을 깨달았다. 물론 내가 그것을 깨달았다고 해서 그 사람과의 관계가 내가 원하는 방향으로 흘러가지는 않았다. 하지만 미움의 불길을 키우는 것과 그 미움을 주님 앞에 내려놓는 것 사이에는 엄청난 차이가 있다. 당시 나는 새로운 리더의 자리를 원했지만 내게 정말로 필요했던 것은 힘든 관계의 도가니 속에서 성장하는 것이었다.

신약 성경에서 시몬이라는 마술사가 사도 바울의 영적 능력을 부러워한 나머지 그 능력을 돈으로 사려고 했다. 그런데 시몬은 그 능력으로 남들을 도우려는 게 아니라 단지 자기 과시욕을 채우려고 했다. 그의 요청은 거부를 당했다. 왜일까?

> 그의 머리가 제대로 돌려지지 않아서였을까?
> 그의 신발이 너무 꽉 끼어서였을까?
> 아니야. 내가 볼 때는 아마도
> 그의 마음이 두 사이즈나 작기 때문일 거야.[3]

바울은 하나님께 육체의 가시를 제거해 달라고 요청했다. 그것도 한 번만이 아니라 수없이. 돌아온 것은 매번 닫힌 문뿐이었다. 하지만 그 닫힌 문은 가시가 사라지는 것보다 훨씬 좋은 선물이었다. 바울은 가시에서 벗어나는 게 아니라 가시를 안고 살아갈 때 은혜가 찾아온다는 사실을 깨달았다. 육체적으로 고통스러운 가시는 그의 영 안에서 놀라운 뭔가를 만들어 냈다. 인간의 약함과 연관이 있는 이 가시 덕분에 하나님의 강함을 의지하는 능력이 성장했다. 가시 제거로 가는 문이 닫힌 덕분에 하나님의 은혜와 능력으로 가는 문이 열릴 수 있었다.

당신은 어떤 영역에서 성장해야 하는가?

- 베풂과 돈에서의 자유라는 영역에서 더욱 성장해야 하는가? 그렇다면 재정적인 문이 닫힐 수 있다.
- 겸손의 영역에서 성장해야 하는가? 그렇다면 뭐든 자신의 뜻대로 되는 성취의 문이 닫힐 것이다.
- 기다릴 줄 아는 능력이 자라나야 하는가? 그렇다면 '지금 당장'의 문이 닫힐 수 있다.
- 원수, 심지어 원수보다도 더 보기 싫은 눈엣가시들까지도 사랑하는 법을 배워야 하는가? 그렇다면 '주여, 저들을 바꿔 주소서!'의 문이 닫힐 수 있다.

'가라'라고 쓰인 문이 닫히는 것은 대개 '성장'이라고 쓰인 문이 활짝 열려야 하기 때문이다. 우리는 언제나 문에 대한 권리를 하나님 앞에 내려놓아야 한다.

하나님 나라의 질서를 신뢰할 것

이스라엘은 하나님의 백성이었고 위대한 국가가 되겠다는 꿈이 있었다. 하지만 꿈과 달리 현실은 닫힌 문의 연속이었다. 패배와 포로 생활. 그들의 기도는 이 괴로움을 면하게 해달라는 것이었다. 만약 하나님이 그 기도를 들어 주셨다면? 이스라엘이 막대한 경제력과 막강한 군사력을 자랑하는 강대국으로 발돋움해 포로로 끌려갈 일이 없었다면? 그래서 자신들만의 힘으로 얼마든지 떵떵거리며 살 수 있었다면? 그래서 또 다른 나라, 더 나은 나라, 인류 전체가 초대될 수 있는 영적 나라를 꿈꾸는 선지자들이 나타날 일이 없었다면?

군사적 · 정치적 · 경제적 · 지리적 위대함으로 가는 문이 닫히자 보이지 않는 작은 문이 열렸다. 새로운 종류의 민족으로 가는 문. 새로운 사명으로 가는 문. 새로운 종류의 위대함으로 가는 문. 그 문은 그 어떤 초강대국보다도 세상을 크게 변화시켰다.

디트리히 본회퍼는 조용히 학문을 연구하고 후학을 기르면서 살고 싶었다. 하지만 이 문은 결국 닫혔다. 본회퍼는 지하 신학교와 강제수용소에서 고생하다가 결국 목숨을 잃었다. 그는 이 일을 통해 자신이 엄청난 유산을 남길 줄 꿈에도 몰랐다. 그 유산은 지금까지 수세대 동안 전 세계 수많은 사람의 마음을 움직이고 있다.

오래전 아내와 나는 시카고로 이사를 왔다. 평생 캘리포니아 토박이로 살아온 아내에게 그것은 닫힌 문을 의미했다. 또한 우리가 시카고의 교회와 함께 저울질했던 캘리포니아의 교회는 우리 두 사람 모두에게 사역 자리를 제안했지만 시카고의 교회는 아내에게 아무런 자리도 제안하지 않았다. 이 점에서도 시카고로 이사하는 건 아내에게 닫힌 문이었다.

아내는 이사한 지 채 1년이 지나기도 전에 윌로크릭교회에서 사역자로 일하게 될 줄 전혀 예상하지 못했다. 나아가 아내는 교육목사가 되었고, 나중에는 평생의 모험이 될 사역을 이끌게 되었다. 또한 젊은 리더들을 키울 뿐 아니라 그들의 평생 친구이자 동역자가 될 수 있는 기회를 얻었다. 시카고만이 아니라 전 세계에서 친구들을 사귀고 천금 같은 기회들을 얻을지 아내는 꿈에도 상상하지 못했다.

우리에게 커 보이는 많은 문이 하나님께는 작은 문이고, 우리에게는 작아 보이는 많은 문이 하나님께는 아주 큰 문이다. 이것이 거꾸로 나라인 하나님 나라의 현실이다. 하나님 나라에서는 먼저 된 자가 나중 되고, 종이 가장 높은 사람이며, 가장 낮은 자가 높임을 받는다.

니콜라스 헤르망은 위대한 군인이 되겠다는 꿈을 던져 버린 뒤 한 민간 조직의 주방에서 하찮은 일을 맡았다. 그는 그 일을, 자신이 하나님을 얼마나 의지할 수 있는지 확인하기 위한 실험으로 삼았다. 그가 세상을 떠난 뒤, 로렌스 형제란 수사의 이름으로 살아온 그의 삶은 《하나님의 임재 연습》(*The Practice of the Presence of God*)이란 책으로 편찬되었다. 이 책은 역사상 가장 널리 읽힌 책 가운데 하나다. 그가 살아 있는 동안 모든 사람이 당시 교황은 알았지만 로렌스 형제를 아는 사람은 거의 없었다. 하지만 오늘날 당시 교황이 누구였는지 기억하는 사람은 별로 없지만 온 세상이

로렌스 형제를 기억하고 있다.

참혹한 인간악의 한복판에서도 하나님은 뜻밖의 선을 끌어내실 수 있다. 한 외로운 소녀가 열세 살 생일 때 빨강과 하얀색의 체크무늬 일기장을 선물로 받았다. 친구가 별로 없는 것이 안타까웠던 소녀는 그 일기장을 가장 친한 친구로 삼았다. 아무에게도 말하지 않고 마음 깊이 꼭꼭 숨겨 두었던 생각과 감정을 이 친구에게는 남김없이 털어놓기로 했다. 소녀는 닫힌 문 뒤에서 살다가 2년 뒤 짧은 생을 마쳤다.

이 소녀는 바로 안네 프랑크다. 《안네의 일기》(*The diary of Anne Frank*)는 20세기 문학의 꽃 중에 하나다. 전쟁이 끝나고 이 일기가 발견되어 가족의 유일한 생존자인 아버지에게 전달되었다. 인간애와 소망을 담은 이 일기는 67개 언어로 번역되어 전 세계 3천만 독자에게 깊은 감동을 안겨 주었다. 악에 의해 소멸된 작은 삶처럼 보였던 것이 결국에는 꺼지지 않는 빛이 되었다.

제니퍼 딘은 다음과 같은 글을 남겼다.

큰 것을 떠올려 보라. 산? 나무? 당신이 크다고 생각하는 것을 머릿속에 그려 보라. 자, 그것이 아주 작고 작은 원자로 이루어졌다는 사실을 아는가? 여기서 끝이 아니다. 다시 그 원자는 더 작은 중성자와 양성자로 이루어져 있다. 다시 중성자와 양성자는 너무 작아서 현존하는 가장 강력한 현미경으로도 볼 수 없는 원소들로 이루어져 있다.

따라서 큰 것이라는 건 없다. 우리가 크다고 말하는 것은 모두 많은 '작은 것'이 합쳐진 것일 뿐이다.

작은 것 위에 작은 것이 더해지다 보면 마침내 커진다. 그래서 작은 것 없이는 큰 것도 없다.

하나님이 창조하신 자연은 보이지 않는 하늘나라의 이미지다. …… 그 나라에서는 작은 것이 중요하다. 작은 것이 큰 것의 핵심이다.[4]

하나님 나라에서는 작은 것이 큰 것이다. 하나님 나라에서는 올라가기 위해서 내려가야 하고 살기 위해서 죽어야 한다. 마더 테레사는 하나님을 위해 큰일을 하려고 하지 말고 작은 일을 큰 사랑으로 하라고 말했다.

우리의 작은 삶이 죽음 이후까지 계속해서 사람들에게 영향을 미칠지 아무도 알 수 없다. 우리 행동에 누가 영향을 받을지 우리는 죽는 순간까지도 알 수 없다. 따라서 우리 삶이 아무리 작아 보여도, 우리가 절실하게 원했던 문이 계속해서 닫히는 것처럼 보여도, 결코 절망하지 말아야 한다. 우리의 지극히 작은 선행이 하나님의 은혜로 큰 변화를 일으킬 줄로 믿어야 한다.

만일 모든 기도에 응답받는다면?

하나님은 닫힌 문의 고통을 그 어떤 인간보다도 잘 알고 계신다. 그것은 하나님이 모든 인간에게 자기 마음의 문을 여는 열쇠를 넘기셨고 절대 그 문을 억지로 열지 않으시기 때문이다. "볼지어다 내가 문 밖에 서서 두드리노니……." 우리만 하나님이 문을 열어 주시기를 바라는 게 아니다. 하나님도 우리가 문을 열어 주길 바라고 계신다.

치명적인 질병에 걸린 여덟 살짜리 딸의 아버지에게서 편지를 받은 적이 있다. "매일 딸을 낫게 해달라고 기도합니다. 매일 이해할 수 있게 해달라고 기도합니다. 매일 딸 대신 제가 아프게 해달라고 기도합니다. 하나님께 너무 화가 납니다. 그러지 않으려고 애를 쓰지만 너무 화가 납니다. 왜 하늘은 내 평생 가장 간절한 기도에 침묵하는 걸까요?"

당신도 이런 상황에 처해 본 적이 있을 것이다. 그렇지 않다 해도 언젠가는 이런 상황에 처할 가능성이 높다. 내가 이런 상황에 대한 확실한 답을 보여 줄 수는 없다. 확실한 답을 아는 사람은 세상 어디에도 없기 때문이다. 대신, 한 분을 보여 줄 수 있다. 그리고 복음의 중심에 응답되지 않은 기도가 있다는 사실만큼은 확실히 말해 줄 수 있다. 그 한 분은 바로 예수님이고, 그 기도는 바로 예수님의 기도다. 예수님은 겟세마네 동산에서 무릎을 꿇고 기도하셨다. "아버지, 가능하시거든 이 잔, 이 고난, 이 죽음을 거두어 주십시오. 하지만 내 뜻이 아니라 당신의 뜻대로 하소서."

이것은 역사상 가장 순결했던 분이 드렸던 가장 절박한 기도였다. 게다가 역사상 가장 불의한 고난에서 구해 달라는 기도였으니 당연히 응답되어야 하지 않을까? 하지만 돌아온 것은 침묵뿐이었다. 하늘은 움직이지 않았다. 잔은 거두어지지 않았다. 요청은 거부당했다. 문은 닫힌 채로 남아 있었다.

원치 않게 찾아온 이 부당한 고난에서 온 세상의 소망이 탄생했다. 응답되지 않은 기도의 고통을 포함해서 모든 인간 고통의 궁극적인 답은 죄로 얼룩지고 피로 물든 십자가다. 그래서 하나님의 아들이 십자가 위에서 고난을 당하셨다.

예수님도 기도의 응답을 받지 못한 적이 있으니 세상 누구도 모든 기도의 응답을 받을 수는 없다. 그런데 이번 주에 문득 이런 생각이 들었다. '만약 우리의 모든 기도가 응답된다면 어떻게 될까?'

만약 바울이 육체의 가시에서 치유를 받아 자신의 힘과 재능을 자랑하고 초대 교회 운동을 한낱 인간적 위대함의 기념탑으로 전락시켰다면? 만약 이스라엘이 '영적 대국'이 아닌 '군사대국'이나 '경제대국'이 되었다면?

겟세마네 동산에서 예수님은 십자가에 달리지 않게 해달라고 기도하셨다. 만약 하나님이 그 기도를 들어 주셨다면? 만약 예수님이 그 잔을 면하셨다면? 만약 십자가, 죽음, 무덤, 부활, 죄의 용서, 성령님의 오심, 교회의 탄생이 없었다면?

왜 어떤 기도는 응답되고 어떤 기도는 응답되지 않는지는 나도 모른다. 간절히 원하는 응답이 찾아오지 않을 때의 고통은 잘 알지만, 그 '이유'는 모른다. 다만, 독생자에 대한 하나님의 '노'가 온 인류에 대한 하나님의 '예스'로 변했다는 사실만큼은 분명히 안다.

모든 문을 초월한 약속

예수님은 돌아가시기 전날 밤 제자들에게 마치 하늘이 문을 다 닫은 것처럼 상황이 암울해 보이겠지만 끝이 아니기 때문에 포기하지 말아야 한다는 점을 설명하셨다.[5] 이 장면은 원래 더없이 침통한 장면인데 제자들의 우둔함으로 인해 우스꽝스러운 장면으로 변해 버린다.

> **조금 있으면** 너희가 나를 보지 못하겠고 또 **조금 있으면** 나를 보리라 하시니 제자 중에서 서로 말하되 우리에게 말씀하신 바 **조금 있으면** 나를 보지 못하겠고 또 **조금 있으면** 나를 보리라 하시며 또 내가 아버지께로 감이라 하신 것이 무슨 말씀이냐 하고 또 말하되 **조금 있으면**이라 하신 말씀이 무슨 말씀이냐 무엇을 말씀하시는지 알지 못하노라 하거늘 예수께서 그 묻고자 함을 아시고 이르시되 내 말이 **조금 있으면** 나를 보지 못하겠고 또 **조금 있으면** 나를 보리라 하므로 서로 문의하느냐(요 16:16-19).

아무래도 이 제자들은 우등생들이 아니다. 참을성 없는 이 제자들은 당장 모든 문이 열리고 모든 의문이 풀리기를 원한다. 그들에게 '조금 있다가'는 영원이나 다름없다. 하지만 하나님께는(그리고 언젠가 우리가 천국에 들어가 영원의 관점에서 보면) 아무리 긴 시간도 '조금 있다가'에 불과하다. 요한은 우리가 다음 내용을 이해할 수 있도록 이 점을 강조하고 있다.

이어서 예수님은 제자들에게 놀라운 약속을 해 주신다. "지금은 너희가 근심하나 내가 다시 너희를 보리니 너희 마음이 기쁠 것이요 너희 기쁨을 빼앗을 자가 없으리라 그날에는 너희가 아무것도 내게 묻지 아니하리라"(요 16:22-23).

'결국 기쁨이 이길 것이고, 그날에는 너희가 더 이상 질문을 하지 않을 것이다.'

더 이상 질문이 없다는 게 무슨 뜻일까? 왜 예수님은 이런 약속을 하신 것일까?

제자들은 항상 질문으로 예수님을 괴롭혔다. 전혀 몰랐는가? 그렇다면 4복음서를 읽어 보라. 온통 질문 천지다. "저기 예수님, 제가 오른편에 앉아도 될까요?" "예수님, 사람을 몇 번이나 용서해야 하나요?" "이 남자는 왜 소경으로 태어난 겁니까?" "저기 예수님, 왜 저희는 이 귀신을 쫓아내지 못했습니까?" "예수님, 이 비유는 무슨 뜻인가요?" "예수님, 하늘에서 불을 내려 사마리아인들을 멸망시켜 달라고 기도해야 할까요?" "예수님, 저희 중 누가 가장 큰 자인가요?" "저기, 예수님, '조금 있으면'이 무슨 뜻인가요?"

질문, 또 질문이다.

첫 아이가 말문이 트여 그 작은 입에서 쉴 새 없이 질문을 쏟아냈을 때 초보 부모인 우리는 정신을 차릴 수 없었다. "왜요? 왜요? 왜요?" 질문이 끝이 없었다. 밖에서 일하다가 저녁에야 집에 오는 나도 괴로운데 하루 종일 그 아이와 붙어 있어야 하는 아내는 얼마나 괴로웠겠는가. 끝없는 질문에 피곤했던 기억이 지금도 생생하다.

한번은 아내와 딸을 차에 태우고 가다가 묘안이 떠올랐다. 당시 우리 딸 로라는 두 살쯤이었다. 나는 딸에게 고개를 돌려 질문 세례를 퍼붓기 시작했다. "얘야, 풀은 왜 녹색일까? 하늘은 왜 파랄까? 얘야, 태양은 왜 빛날까? 차는 어떻게 해서 앞으로 갈 수 있지? 얘야, 아기는 어디서 나올까?" 딸의 작은 얼굴에 혼란스럽고 곤혹스러운 표정이 떠올랐고, 아내는 신이 나서 나를 부추겼다. "여보, 계속해요. 어서요."

한번은 그 일을 떠올리다가 이런 생각이 들었다. '예수님도 그 모든 질문에 피곤해하셨을까?' "저기, 예수님! 예수님! 예수님!"

"왜? 왜 이 여섯 살짜리 소년이 뇌종양에 걸려야 합니까?" "왜 보스턴에서 폭탄 테러가 발생해야 합니까?" "왜 텍사스 주에서 이 재난이 일어나 무고한 사람들이 목숨을 잃어야 합니까?" "예수님, 왜 제 자식이 집을 나갔나요?" "예수님, 왜 저희 부부가 갈라서야 했나요?" "저기 예수님, 어째서 아무리 애를 써도 이 지독한 우울증을 떨쳐낼 수 없는 건가요?"

예수님은 가슴을 치며 묻는 우리에게 이렇게 말씀하신다.

"내 친구들아, 잘 들어라. 잠시 동안은 나를 보지 못할 것이다. 그동안은 상황이 암울해 보일 것이다. 이 세상에서 온갖 끔찍한 일이 벌어질 것이다. 암, 굶주림, 전쟁, 미움, 지독한 불의, 온갖 질병으로 신음하는 육체들, 배신, 학대, 폭력. 하지만 조금 있으면…… 너희에게는 긴 시간처럼 보이겠지만 영원의 관점에서 보면 잠깐에 불과하다. 잠깐, 아주 잠깐만 있으면 내가 돌아올 것이다. 나를 다시 보게 될 것이다. 그때 내가 틀어진 모든 것을 바로잡을 것이다. 그때 세상이 다시 태어날 것이다. 산통은 잊히고 기쁨이 이길 것이다."

기쁨이 이길 것이다.

닫힌 문의 이쪽 편에서 우리의 마음속은 질문으로 가득하다. '왜 열리지 않는가? 왜 뜻대로 되지 않는가? 왜 고통을 받아야 하는가?' 지금은 이해할 수 없지만 언젠가는 열린 문만큼이나 닫힌 문에 대해 감사할 날이 올 것이다.

"그날에는 너희가 아무것도 내게 묻지 아니하리라." 예수님은 분명 그렇게 약속해 주셨다. 이 얼마나 좋은 날인가.

루돌프 불트만은 이런 표현을 썼다. "모든 질문이 잠잠해지고 그 어떤 설명도 필요하지 않은 것이 기쁨의 본질이다."[6]

그때 우리는 하나님의 선하심을 볼 것이다. 세상이 다시 태어날 것이다. 그때 죄와 죄책감, 고통과 고난, 죽음이 패할 것이다. 질문이 완전히 사라질 것이다. 조바심이 나는가? 언제나 그런 날

이 올지 답답하기만 한가? 걱정하지 마라.

조금만 있으면 된다. 아주 조금이면 된다.

CHAPTER 3.

인생의 벽이 거대할지라도,
계속해서 문을 찾으라

20세기에 《벽의 문》(*The Door in the Wall*) 이라는 같은 제목으로 두 개의 이야기가 쓰였다.

그중 하나는 뉴베리 상을 탄 아동소설이다. 소설의 주인공인 한 중세 기사의 열 살짜리 아들은 크게 아파 다리를 절게 된다. 어느 날 잔인한 적군의 공격으로 부모와 이별한 소년은 루크 형제라는 수사에게 맡겨진다. 저는 다리 때문에 남들에게 "휜 다리 로빈"이란 놀림을 받자 소년은 수치심에 사로잡혀 살아간다. 자신은 평생 누구에게도 도움이 될 수 없고 용감한 행동을 할 수 없다고 생각한다. 하지만 수사는 그를 수도원으로 데려가 읽고 쓰는 법을 가르치면서 그의 앞에 여전히 아름답고도 멋진 인생이 놓여 있다는 믿음을 심어 주려고 애쓴다. "계속해서 벽을 따라가기만 하면 언젠가 문이 나타난다는 사실을 늘 기억하렴."

이야기의 결말 부분에서 소년의 장애는 기회로 변한다. 적들은 저는 다리 때문에 그를 대수롭지 않게 여긴다. 그때 수도원에서 길러 온 그의 용기가 진가를 발휘한다. 그는 혼자서 성벽 문을 찾아낸다. 그리고 온갖 악조건 속에서도 몰래 적진을 통과해 사랑하는 사람들을 구해 낸다. 그를 계속해서 전진하게 만든 힘은 늙은 수사가 해 준 말을 믿은 것이었다.

다른 이야기는 《우주 전쟁》(The War of the Worlds)이란 공상과학 소설로 유명한 웰스가 쓴 이야기다. 이 이야기에서 벽의 문에 대한 약속은 잔인한 거짓이다. 소설 속의 남자는 평생 한 문에 대한 기억을 품고 살아간다. 그 문은 자신이 원하는 모든 것이 있는 매혹적인 정원으로 이어지는 문이다. 남자는 평생 그 문을 찾아 헤매지만 결국 찾지 못한다. 이야기는 남자의 시체가 한 건설현장의 벽 뒤에서 발견되면서 끝이 난다. 그 벽에는 남자가 평생 찾아오던 것과 똑같이 생긴 문이 달려 있다.

우리 모두는 벽에 관해 너무도 잘 알고 있다. 벽은 우리의 유한함, 문제, 한계, 실망스러운 일, 궁극적으로는 우리의 죽음을 의미한다. 인생의 거대한 질문은 어딘가에 이 벽을 지나갈 문이 있느냐 하는 것이다. 어쩌면 그런 문은 없을지도 모른다. 어쩌면 인생은 웰스가 묘사한 것과 같을지 모른다.

하지만 가장 깊은 차원에서 문은 단순히 삶의 개선, 심지어 기회에 관한 것도 아니다. 문은 또 다른 현실로 들어가는 입구다.

영화 〈몬스터 주식회사〉는 처음부터 끝까지 문에 관한 이야기다. 영화 속의 괴물들은 벽장문을 통해 아이들의 방으로 들어가 겁을 준다. 왜냐하면 아이들의 두려움이 괴물들의 공장을 가동시키는 에너지이기 때문이다. 그런데 한 문이 열린 채로 남아 있는 바람에 '부'라는 아이가 공장으로 들어온다. 결국 괴물들은 기쁨이 두려움보다 강하기 때문에 아이들을 오히려 웃게 만들어야 한다는 것을 깨닫는다.

성경에는 또 다른 세상의 존재를 믿는 사람들에 관한 이야기가 가득하다. '우리가 갈망하는 동산이 실제로 존재한다. 원수와 고통, 죽음이 언제까지 득세하지는 못할 것이다. 언젠가 또 다른 세상을 보게 될 것이다. 혹은 이 세상이 회복될 것이다.' 이런 믿음은 그들로 하여금 고통과 실망의 한복판에서도 꿋꿋이 전진하게 만들었다. 그리고 지금 우리도 이 믿음으로 매번 다시 일어난다. "믿음은 바라는 것들의 실상이요 보이지 않는 것들의 증거니 선진들이 이로써 증거를 얻었느니라"(히 11:1-2).

두려움을 자아내는 괴물 같은 신들로 가득했던 고대 세상에서 한 분 하나님에 관한 메시지가 울려 퍼졌다. 그 하나님은 아브라함에게 기쁨이 두려움보다 강하니 아들의 이름을 '웃음'이란 뜻의 이삭으로 지으라고 명령하셨다.

나는 문이 있다고 믿는다. 내가 그렇게 믿는 것은 삶 자체가 우리에게 선물로 찾아오기 때문이다. 단, 이 문은 하나님이 열어 주시는 문이다. 이건 우리가 억지로 열 수 없다. 이것이 우주의 기본 법칙 중 하나다. "대개 인생은 우리가 너무 열심히 추구하지 않을 때만 선물을 풀어놓는다. 누구나 좋은 친구를 사귀거나 단잠을 자거나 새로운 아이디어를 생각해 내거나 직장 면접에서 좋은 인상을 남기거나 행복하게 살기를 원한다. 그런데 이런 것을 너무 열심히 추구하면 그것에서 오히려 멀어진다. 하나님에 대한 믿음도 의식적인 성취가 아닌 선물이요 발견이다."[1]

"계속해서 벽을 따라가기만 하면 언젠가 문이 나타난다는 사실을 늘 기억하렴."

하지만 기억하기가 쉽지 않다. 우리에게는 "작은 능력"밖에 없다. 우리의 다리는 휘어서 너무도 쉽게 지친다. 그래서 문에 대한 우리의 탐구가 마무리 단계에 이른 이 시점에서, 도저히 넘을 수 없는 것처럼 보이는 벽 앞에 선 것 같을 때도 당신이 계속해서 문을 찾을 수 있도록 도움을 주고자 한다. 인간이 찾기를 포기하는 주된 이유를 알고 나면 끝까지 이겨 낼 힘이 생길 것이다.

자신에게 실망했더라도 계속 갈 길을 가라

나 자신의 부족함이 뼈저리게 느껴질 때면 하나님과 협력할 기회를 찾는 일을 포기하고 싶어진다. 예를 들어, 성경에서 사랑에 관한 구절 "사랑은 …… 시기하지 아니하며 사랑은 자랑하지 아니하며 교만하지 아니하며"(고전 13:4)를 묵상한다. 그러다가 어떻게 하면 이 구절을 남들에게 효과적으로 가르칠까 하는 생각이 든다. 그러다 조금 지나면 사람들이 내 설교에 얼마나 깊은 감명을 받을지 상상하며 우쭐해한다. 그렇게 나도 모르게, 자랑하지 말라는 말씀을 자랑하기 위한 도구로 남용한다.

성경을 보면 하나님은 질투와 미움에 휩싸인 가인에게 이렇게 말씀하셨다. "네가 분하여 함은 어찌 됨이며 안색이 변함은 어찌 됨이냐 네가 선을 행하면 어찌 낯을 들지 못하겠느냐 선을 행하지 아니하면 죄가 문에 엎드려 있느니라 죄가 너를 원하나 너는 죄를 다스릴지니라"(창 4:6-7).

여기서 "문"은 '시험의 문'이라고 할 수 있다. 내가 시험을 받을 때마다 하나님은 내 곁에 계셔서 탈출할 길을 내 주신다고 약속하셨다. 때로 나는 이 약속을 기억하고 시험의 문을 닫지만 그렇지 못할 때도 많다.

한번은 정말 괴팍한 이웃에게서 전화가 걸려 왔다. 한마디 한마디가 내 속을 뒤집어 놓는다. 목사라면 이런 상황에서 발끈하지 않도록 조심해야 한다. 게다가 이 사람이 언제 우리 교회에 나타날지도 모를 일이다. 하지만 계속해서 속이 끓어오른다.

계속 속이 부글부글 끓는데 문득 예수님의 말씀이 기억났다. "네 이웃을 네 자신 같이 사랑하라"(마 22:39). '알겠습니다, 예수님.

이 이웃에게 인내와 사랑을 보여 줄게요. 아내한테 전화하라고 할게요.'

한번은 최저임금으로 두 가지 일을 하는 웨이터와 이야기를 나누었다. 겨우 입에 풀칠을 하고 노모를 돌보기 위해 힘든 일을 하나도 아니라 '두 개'나 하는 사람. 그런데도 나는 그에게 아무것도 베풀지 않았다. 그때 예수님의 말씀이 기억났다. "너희를 위하여 보물을 땅에 쌓아 두지 말라 …… 오직 너희를 위하여 보물을 하늘에 쌓아 두라"(마 6:19-20). 결국 이 남자의 안타까운 사정은 작은 베풂과 짧은 기도를 위한 열린 문이 되었다.

매 순간(심지어 가장 뜻밖의 순간에도) 하늘로 가는 문은 열려 있다. 한번은 바쁜 상황에서 꽉 막힌 고속도로에 갇혀 거북이 운전을 하고 있었다. 설상가상으로 한 차가 갓길로 달려오는 게 백미러로 보였다. 슬슬 화가 나는데 그 운전자가 출구로 빠져나가겠다고 내 앞으로 끼어들려고 하는 게 아닌가.

설상가상으로 그와 눈이 마주쳤다. 무시하려고 했는데 눈이 마주쳤으니 이젠 무시할 수도 없었다. 그가 나를 보며 자신의 손목시계를 두드렸다. 마치 내가 자기 시간을 빼앗고 있다는 것처럼. 예수님은 이런 상황에 대한 말씀도 주셨다. "사탄아 물러가라."

때로 나도 모르게 가족들에게 소리를 지른다. 나 자신을 먼저 챙긴다. 내게 쓸모 있는 사람들에게만 잘해 준다. 대단해 보이는 사람들에게 잘 보이려고 애를 쓴다. 스스로 내 이야기의 주인공이 되려고 한다. 탐낸다. 시기한다. 그러다 문득 거울을 보고서 비로소 나 자신을 내려놓는다.

한번은 마트에서 줄을 섰다가 보기만 해도 얼굴이 빨개질 만큼 야하게 차려입은 여자가 내 앞에 서 있는 것을 보고 나도 모르게 시선이 꽂혔다. 예전에는 목사가 되기만 하면 성적 유혹에서 완전히 해방되는 줄 알았다. 하지만 지금까지는 호르몬이 내 말을 듣질 않는다.

그때 갑자기 이런 생각이 떠올랐다. '달라스 윌라드가 나와 함께 줄을 서 있다면 내가 어떻게 행동할까?' 윌라드는 내게 막대한 영적 유익을 끼친 사람이다. 그는 최근에 세상을 떠났는데 지금도 그가 자주 생각난다. 사람들을 물건 취급하는 그릇된 성적 욕망이 아니라 모든 사람에게서 진정한 아름다움을 보는 기술을 그만큼 깊이 터득한 인물을 본 적이 없다.

만약 그때 내가 윌라드와 함께 서 있었다면 그 여인을 뚫어져라 쳐다보지 않았을 것이다. 그리고 내 안에 일시적인 만족을 원하는 마음도 있었지만 더 깊은 곳에서는 윌라드처럼 살려는 마음이 더 강했다. 악한 욕망을 억누르는 게 아니라 그 욕망에서 해방되고 싶었다.

또한 그때 나는 윌라드와는 비할 수 없는 분, 즉 예수님이 나와 함께 서 계시다는 사실을 기억했다. 윌라드도 이 사실을 늘 기억하고 가르치며 살았다. 이것이 내가 그를 그토록 사랑하고 존경한 이유다. 나는 윌라드를 가까이서 지켜보면서 그런 삶에 관해 많은 것을 배웠다.

그래서 나는 엿보기를 그만두었다. 그렇게 그 문이 닫혔다.

"죄가 너를 원하나 너는 죄를 다스릴지니라." 하나님은 가인에게 그렇게 말씀하셨다. 어떻게 그럴 수 있을까? 이상하게 들릴지 모르지만, 내 의지로는 안 된다. 이 마음의 문을 다스리는 열쇠는 바로 항복이다. 내 의지력으로 질투심이나 비교의식, 미움을 이겨 내려고 해 봐야 별로 소용이 없다. 하지만 다른 방법이 있다.

빌라델비아 교인들에게 보낸 편지에서 바울은 근심에서 벗어나 기쁨과, 참되고 훌륭하고 옳고 칭찬받을 만한 것만 생각하는 마음에 관한 말을 하면서 이런 놀라운 약속을 선포한다. "그리하면 모든 지각에 뛰어난 하나님의 평강이 그리스도 예수 안에서 너희 마음과 생각을 지키시리라"(빌 4:7).

이 문을 나 혼자서 지킬 필요가 없다. 구하기만 하면 하나님이 도와주신다.

같은 편지에서 바울은 또 다른 놀라운 선포를 한다. 자기 자신도 아직 완성에 이르지 못했단다. 그래서 바울은 이렇게 했다. "뒤에 있는 것은 잊어버리고 앞에 있는 것을 잡으려고 푯대를 향하여 그리스도 예수 안에서 하나님이 위에서 부르신 부름의 상을 위하여 달려가노라"(빌 3:13-14).

"뒤에 있는 것은 잊어버리고." 영적 삶의 가장 중요한 과제 중 하나는 무엇을 기억하고 무엇을 잊을지를 터득하는 것이다. "뒤에 있는 것"은 잊어버려야 한다. 내 죄책감, 내 부족함, 내 약점,

후회할 거리는 뒤에 있는 것들이다. 하나님은 내가 "작은 능력"을 가진 것을 잘 알고 계신다. 그러니 실수에 너무 연연할 필요가 없다.

잊어야 할 것을 잊은 뒤에는 계속해서 앞으로 나가야 한다. "계속해서 벽을 따라가기만 하면 언젠가 문이 나타난다는 사실을 늘 기억하렴."

예수님이 값을 치르고 문을 여셨다

내가 문 찾기를 포기하고 싶은 두 번째 이유는 하나님이 나를 포기하실지 모른다는 두려움 때문이다. 예수님의 비유에서 달란트를 허비한 사람의 이유도 바로 이것이었다. 그는 주인에게 이렇게 말했다. "당신은 굳은 사람이라"(마 25:24).

나는 하나님이 내게 하늘의 문을 열어 주기 위해 치르신 값을 종종 잊어버린다.

아내와 결혼한 지 얼마 안 되어 우리 두 사람은 스웨덴으로 가서 우리 할아버지에 관한 이야기를 들었다. 그것은 과묵한 스웨덴 사람답게 할아버지가 한 번도 해 주지 않은 이야기였다.

우리는 백 년 전 오트버그 가문 사람들이 다녔던 오랜 교구 교회를 찾아가 기록들을 조합해 할아버지에 관한 이야기를 완성해 냈다. 할아버지는 겨우 아홉 살 때 어머니를 여의었다. 증조할머니의 사인은 황을 드신 것이었다. 이는 증조할머니가 자살을 시도했던가 아니면 낙태를 시도했다는 뜻이다. 어떤 경우든 그 교회에서는 용납될 수 없는 일이었다. 그래서 할머니의 시신은 교회 묘지에 안치될 수 없었다. 할머니는 교회 묘지의 문 밖 어딘가에 묻혔고, 아홉 살짜리 소년은 그 장소를 알지 못해 성묘를 할 수 없었다. 증조할머니는 문 밖에 있었다.

할아버지는 스웨덴을 떠나 미국으로 건너왔고, 이곳에서 할머니를 만나 가정을 이루셨다. 할아버지가 그렇게 하셔서 정말 감사하다. 그렇지 않았다면 우리 아버지가 태어나시지 못했을 테니까 말이다. 그렇게 되면 물론 지금 나도 세상에 있지 않을 것이다. 할아버지는 내가 다니던 고등학교의 수위를 비롯해서 뭐든 닥치는 대로 열심히 일하셨다. 아흔세 살에 세상을 떠나기 전까지 할아버지의 삶은 평생 밖에서 안을 들여다보는 삶이었다.

여러 모로 우리 모두의 삶이 이와 같다. 성경은 한 남자와 한 여자가 아무런 수치도 죽음도 없이 하나님과, 그리고 서로 절대적인 친밀함을 경험했던 문 없는 삶을 묘사하며 시작된다. 하지만 우리는 더 이상 그곳에서 살지 않는다. 성경은 죄로 인해 나타난 첫 번째 문을 묘사한다. "하나님이 그 사람을 쫓아내시고 에덴동산 동쪽에 그룹들과 두루 도는 불 칼을 두어 생명나무의 길을 지키게 하시니라"(창 3:24).

그룹이 에덴동산의 문을 지키는 상황은 성전을 꼭 닮아 있다. 성전에서는 그룹이 언약궤 위에 앉아 지성소를 지키고 있었다. 이 지성소는 성전에서 가장 신성한 곳으로, 딱 한 사람만 1년에

한 번 들어갈 수 있었다.

이것은 찾을 수 없는 문을 찾는 우리 모두의 탐구를 상징한다. 우리 모두는 문 밖에 있다. 하지만 하나님은 누구도 문 밖에 내버려 두길 원치 않으신다. 하나님은 언제나 탕자를 집으로 다시 불러들이기 위해 애를 쓰신다. 아버지 집으로 들어가는 문은 항상 열려 있다.

예수님은 우리의 '문 밖에 있는 상태'를 대신 짊어지셨다. 실제로 히브리서는 예수님이 "백성을 거룩하게 하려고 성문 밖에서 고난을 받으셨느니라"(13:12)라고 말한다.

예수님이 돌아가실 때 성전을 지키던 휘장이 둘로 찢어졌다. 그래서 이제 예수님을 통해 누구든 원하면 하나님의 임재 속으로 들어갈 수 있게 되었다. 이것이 천국으로 들어가는 문이다. 이것이 우리가 에덴동산 이후로 내내 찾아왔던 문이다. 이 문이 나타나기 전까지 우리 모두는 밖에서 안을 들여다보는 절망적인 존재였다.

죄는 문이 없는 방이다. "타인이 곧 지옥이다"라는 유명한 말을 했던 장 폴 사르트르가 지옥을 묘사하고서 "출구가 없다"라는 제목을 붙인 데는 다 이유가 있다.

하지만 언제나 문이 있다. 누가 문을 열어 놓았을까?

내가 진실로 진실로 너희에게 말하노니 나는 양의 문이라 …… 내가 문이니 누구든지 나로 말미암아 들어가면 구원을 받고 또는 들어가며 나오며 꼴을 얻으리라 도둑이 오는 것은 도둑질하고 죽이고 멸망시키려는 것뿐이요 내가 온 것은 양으로 생명을 얻게 하고 더 풍성히 얻게 하려는 것이라(요 10:7, 9-10).

예수님이 문이다. 부처에서 공자와 마호메트, 시저, 나폴레옹까지 그 어떤 인간도 자신에 대해 이렇게 말한 사람은 없었다. 문이요 길이신 예수님을 통해 저 하늘이 이 땅으로 내려왔다.

"볼지어다. 내가 네 앞에 열린 문을 두었으되."

예수님은 우리가 문 안으로 들어올 수 있도록 스스로 문 밖으로 나가셨다. 예수님은 우리가 집에 돌아갈 수 있도록 집을 떠나셨다. 요한은 젊은 시절 예수님께 "내가 문이니"라는 말씀을 직접 들었다. 그런데 그는 노인이 되어서 그분에 대한 또 다른 위대한 계시를 받았다. "이 일 후에 내가 보니 하늘에 열린 문이 있는데"(계 4:1). 예수님이 문을 열어 놓으셨다.

우리 모두는 이를 수 없는 곳에 있는 문을 찾아왔고, 설상가상으로 그 문을 잘못된 방법으로 찾고 있다. G. K. 체스터턴이 한 말이라고 하는데 사실 정확히 누가 말했는지는 알 수 없는 인용문이 하나 있다. "사창가의 문을 두드리는 사람들은 모두 사실상 하나님을 찾고 있는 것이다."

사창가는 수치스러운 곳이다. 하지만 예수님은 수치스러운 여인들을 구속의 사랑으로 받아들이셨다. 예수님은 하나님을 찾는 사람으로서가 아니라 사람을 찾는 하나님으로서 사창가의 문을 두드리셨다.

하나님은 충분히 선하시다. 아니, 충분하다 못해 넘치도록 선하시다. 하나님의 선하심은 우리가 문을 찾을 때까지 계속 벽을 따라갈 충분한 이유다.

하나님이 함께하시는 곳이 가장 안전하다

우리는 자유와 모험, 생명을 찾아 열린 문으로 들어간다. 하지만 두려우면 그 문을 피하게 된다. 안전과 쉼을 원한다면 계속해서 문 앞에 머무를 수밖에 없다. 문은 성벽이나 집 벽의 가장 중요한 부분 중 하나다. 문은 꼭 필요하다. 하지만 문은 취약한 부분이기 때문에 지킬 필요가 있다.

이런 이유로 이스라엘 백성의 삶 속에서 가장 중요한 말씀은 문과 관련된 말씀이었다. 이 말씀은 신명기 6장 4-5절이다. "이스라엘아 들으라 우리 하나님 여호와는 오직 유일한 여호와이시니 너는 마음을 다하고 뜻을 다하고 힘을 다하여 네 하나님 여호와를 사랑하라." 이 말씀은 "들으라"에 해당하는 히브리어인 "쉐마"(Shema)로 불렸다.

이스라엘 백성은 문으로 들어올 때나 나갈 때나 이 말씀을 기억하고 이 말씀에 관해 이야기를 나누어야 했다. 그들은 이 말씀을 집의 문설주와 문에 써 놓았다. 나중에는 쉐마의 처음 두 문단을 22줄로 양피지 두루마리에 써서 둘둘 말은 다음 작은 용기에 넣어 문에 두고서 "메주자"(mezuzahs)라 불렀다. 양피지의 뒤에는 '전능자'를 뜻하는 "샤다이"(Shaddai)란 한 단어를 새겼다. 이 단어의 세 자음은 "이스라엘 문의 수호자"의 두문자어(단어의 머리글자로 만든 말-편집자)였다.

메주자는 하나님이 항상 돌보신다는 사실을 기억나게 해 주는 것이었다. 히브리어에서 "들어올 때나 나갈 때나"는 사람의 일생 전체를 지칭하는 표현이었다. 우리가 누군가에게 "밤이든 낮이든 상관없이 전화해"라고 말할 때와 비슷한 느낌이라고 보면 된다.

이 점이 매우 중요하다. 나는 근심에서 벗어나기 위해 필요한 것이 '결과에 대한 보장'이라고 생각할 때가 많기 때문이다. 이는 잘못된 생각이다. 내가 문으로 들어갈 자신감을 얻기 위해 중요한 것은 문 뒤에 무엇이 있는지가 아니라 누구와 함께 그 문으로 들어가느냐다.

이것이 열린 문에 관한 또 다른 비밀이다. 우리가 가장 원하는 것은 문 뒤에 있는 게 아니라 그 문을 여시는 분이다. 열린 문으로 들어갈 때마다 우리는 항상 그분과 함께 들어간다. 그분은 문지방에서 우리를 만나 주신다. 열린 문의 가치는 새로운 환경이나 직장, 장소, 성취에 있지 않다. 그분과 함께하는 것 자체가 우리가 현재 있는 곳을 멋진 모험의 나라로 바꿔 놓는다.

탈무드에 한 왕이 당시의 가장 유명한 랍비인 라브에게 진주를 보낸 이야기가 등장한다. 이에 랍비는 보답으로 수수한 메주자 하나를 보냈다. 왕이 자신을 무시했다고 길길이 날뛰자 랍비는 이렇게 설명했다. "폐하께서 보낸 선물은 너무 귀해서 잘 지켜야 하지만 제가 보낸 선물은 폐하를 지켜 줄 겁니다." 그러면서 그는 잠언 6장 22절을 인용했다. "그것이 네가 다닐 때에 너를 인도하며 네가 잘 때에 너를 보호하며."[2]

이스라엘 백성은 메주자를 통해 출애굽 당시 자신들을 심판과 죽음에서 보호해 준 것이 문에 바른 어린 양의 피였다는 사실을 항상 기억했다. 문을 통해 안전한 집에서 위험한 세상 속으로 걸어가는 흔한 행위가 하나님의 보호하심을 기억나게 해 주는 신성한 행위가 되었다.

하나님의 임재와 능력은 그 어떤 인간적인 보호보다도 우리를 더 안전하게 해 준다. 구약의 가장 놀라운 묘사 중 하나에서 이 약속이 발견된다.

> 문들아 너희 머리를 들지어다 영원한 문들아 들릴지어다 영광의 왕이 들어가시리로다 영광의 왕이 누구시냐 강하고 능한 여호와시요 전쟁에 능한 여호와시로다(시 24:7-8).

문은 고대 성벽에서 가장 취약한 부분이었기 때문에 쉽게 열려서는 안 됐다. 일단 성문이 열리면 적들이 물밀듯이 들어와 성을 파괴할 수 있었다. 하지만 이 경우에는 문이 열려야만 했다. 왜냐하면 이 경우에는 성을 안전히 지켜 줄 분이 들어오는 것이었기 때문이다.

인간의 시각에서 보면 최대의 적은 죽음이다. 그런데 옛 사람들은 초연을 죽음 앞에서 최고의 미덕으로 쳤다. 이렇게 내적 두려움과 불안을 정복한 남자(고대 세계에서는 항상 남자다)는 "정복자"로 불렸다. 다음 구절에서 바울은 단어를 신중하게 선택했다. "누가 우리를 그리스도의 사랑에서 끊으리요 환난이나 곤고나 박해나 기근이나 적신이나 위험이나 칼이랴 …… 그러나 이 모든 일에 우리를 사랑하시는 이로 말미암아 **우리가 넉넉히 이기느니라** (We are more than conquerors; 우리가 정복자보다 낫다)"(롬 8:35, 37).

'우리가 정복자보다 낫다'는 단순한 문장이 아니라 주장이요 약속이다. 그렇다. 궁극적인 싸움은 이길 수 없는 운명에 대한 두려움과 나의 싸움이 아니다. 궁극적인 싸움은 그 운명과 그리스도의 싸움이며 그 싸움은 이미 그리스도의 승리로 끝났다.

벽이 전부가 아니다. 그저 벽을 계속해서 따라가기만 하면 반드시 문이 나타난다. 그것이 문인지는 '정복자보다 낫다'라는 표지판을 보면 알 수 있을 것이다.

분명함을 따를 것인가, 하나님을 따를 것인가

"문을 두드리라. 그리하면 너희에게 열릴 것이니." 예수님은 그렇게 말씀하셨다. 하지만 얼마나 오래 두드려야 하는지는 말씀해 주시지 않았다. 옳은 문을 확실하게 선택할 수 있는 방법도 알려 주시지 않았다. 예수님은 어떤 선택을 해야 할지 알기 위한 공식을 주신 적이 없으시다. 모세는 광야에서 40년 동안 끊임없이 기도했지만 끝내 약속의 땅에 들어가지 못했다. 바울은 육체의 가시를 제거해 달라고 끊임없이 기도했지만 응답을 받지 못했다. 어디를 봐야 할지 몰라 문 찾기를 포기하고 싶은 유혹이 밀려온다.

여행자들을 위한 격언 하나가 있다. 헤드라이트는 기껏해야 5미터 앞까지만 비춰 주지만 그 5미터가 우리를 집까지 무사히 데려다 준다는 것이다. 하나님은 얼마만치의 분명함이 우리에게 좋을지 정확히 아신다. 그래서 너무 분명하지도 않고 너무 불분명하지도 않게 우리에게 딱 필요한 만큼만 알려 주신다. 우리는 분명함을 따르는 게 아니라 하나님을 따르는 자들이다.

밥 고프는 변호사가 되어 세상을 정의롭게 변화시키겠다는 열정으로 불타올랐다. 어느 법대에 가고 싶은지는 분명히 정해져 있었다. 문제는 그 학교에서 그를 받아 주지 않았다는 것이다. 그는 학장실로 찾아가 자신을 소개하고 상황을 설명한 뒤에 그 학교에 꼭 들어가게 해달라고 간곡히 호소했다.

그러자 학장이 말했다. "그렇군요. 좋은 하루 되세요."

밥은 계속해서 문을 두드리기로 결심했다. "교수님은 제 인생을 바꾸실 힘이 있습니다. 그저 '가서 책을 사라'라고만 말씀해 주세요."

학장이 미소를 지었다. "좋은 하루 되세요."

밥은 아예 학장실 앞에 진을 치기로 결심했다. 학기가 시작되기까지는 닷새가 남았다. 학장이 아침에 학장실에 도착하면 밥은 항상 이렇게 말했다. "'가서 책을 사라'라고 세 마디만 해 주세요. 제 인생을 바꿔 주세요."

학장은 여전히 미소를 지었다. "좋은 하루 되세요."

밥은 포기하지 않았다. 그는 학장이 언제 학교에 도착해서 언제 점심을 먹고 언제 퇴근하는지 그의 하루를 완전히 파악했다. 그래서 그를 졸졸 따라다니며 볼 때마다 귀찮게 했다. "세 마디만 해 주세요. 제 인생을 바꿔 주세요."

마침내 학기가 시작되었다. 밥은 그날만큼은 허락을 받아 낼 것이라 믿었다. 그날 그는 학장을 열두 번 봤는데 매번 똑같은 말을 했다. "더도 말고 책을 사라고만 말씀해 주세요."

"좋은 하루 되세요."

어느새 학기가 시작된 지 이틀째가 되었다. 다른 학생들보다 뒤처졌는데 아직 입학도 되지 않았다. 닷새째부터 슬슬 걱정이 되기 시작했다. 그날 오후 그는 발자국 소리를 들었다. 어느새 학장의 하루 일정은 물론이고 발자국 소리까지 완벽히 파악한 그는 고개를 갸우뚱거렸다. 학장이 그 시간에 학장실에서 나올 리가 없었기 때문이다.

학장은 밥을 똑바로 쳐다보며 윙크를 하고 나서 그의 인생을 바꿔 놓을 세 마디를 했다. "가서 책을 사오세요."

밥은 책을 샀고, 이후 그는 국제 외교와 법대 강의를 비롯해서 하나님을 멋지게 섬길 수 있었다. 열린 문에 관해서 그가 뭐라고 말하는지 들어 보자.

한번은 어떤 사람에게서 자신이 간절히 원하던 기회의 문을 하나님이 닫으셨다는 말을 들었다. 하지만 나는 우리가 옳고 선한 것을 진정으로 원한다면 그것은 하나님도 원하시는 것이고 그분께 영광이 되는 것이기 때문에 그 바람은 바로 하나님이 주신 것이라고 생각해 왔다. 때로 하나님이 우리에게 문이 닫혔다고 포기하지 말고 문을 발로 차서 열라고 말씀하실 때도 있지 않을까 싶다. 혹은 누군가가 들어오라고 말해 줄 때까지 끈덕지게 밖에 서서 기다리는 게 하나님의 뜻일 수도 있다.[3]

그가 학기 시작 나흘째 학장실을 떠났다고 상상해 보라. 벽을 계속해서 따라가야 한다는 사실을 늘 기억하라. 절대 포기하지 마라.

엘라 피츠제럴드는 베를린에서 〈맥 더 나이프〉란 노래를 불렀다. 그것이 그 곡을 처음 발표하는 자리였는데 도중에 그만 가사를 까먹고 말았다. 보통 사람 같으면 거기서 노래를 멈추었을 것이다. 하지만 피츠제럴드는 계속해서 부르기로 결심했다. 그녀는 노래를 부르면서 가사를 만들어 냈는데 그것이 곡조와 정확히 맞아떨어지면서 그녀의 최고 역작이 되었다. 결국 그녀는 그 곡으로 그래미 상을 수상했다.

대개 우리 삶의 열린 문과 닫힌 문은 우리에게 미스터리로 남는다. 예컨대, 바울은 아시아에서 사역하기를 원했지만 하나님이 허락하지 않으셨다. "성령이 아시아에서 말씀을 전하지 못하게 하시거늘"(행 16:6). 이번에는 그가 비두니아로 가기를 원했지만 "예수의 영이 허락하지 아니하시는지라"(7절). 이 모든 닫힌 문에 대해서는 아무런 설명이 없다. 나중에서야 환상을 통해 바울에게 비로소 문이 열렸다. 마게도냐에 있는 한 사람이 바울에게 "마게도냐로 건너와서 우리를 도우라"(9절)라고 간곡히 부탁했다.

바울은 마게도냐로 갔다. 그리하여 그리스도의 복음이 유럽으로 전해졌다. 하나의 열린 문을 통해. 하지만 이 문은 먼저 아무 설명 없이 닫힌 문들로 시작되었다.

바울은 복음을 전하기 시작했지만 그 일로 막대한 손해를 봤다는 사람들로 인해 실라와 함께 감옥에 갇히고 말았다. 그런데 그날 밤 지진이 감옥을 강타했다. "문이 곧 다 열리며"(행 16:26). 내가 바울이라면 앞뒤 생각할 것 없이 그것을 하나님의 열린 문으로 여기고 즉시 도망쳤을 것이다. 하지만 바울은 그 문으로 들어가지 않고 간수를 안심시켰다. "네 몸을 상하지 말라 우리가 다여기 있노라"(28절). 그것은 간수가 죄수들을 놓치면 어차피 목숨을 잃게 되기 때문이었다. 그 일로 그 간수와 그 가족 전체의 마음에 복음이 들어갈 문이 열리게 되었다. 만약 바울이 도망쳤다면 그 문은 절대 열리지 않았을 것이다.

이 얼마나 놀라운 삶인가. 바울은 문이 닫힌 것처럼 보일 때 더 큰 문을 기다렸다. 자유로 가는 문이 열린 것처럼 보였을 때 바울은 더 큰 문을 위해 그 문에서 고개를 돌렸다.

언제나 하나님은 그분을 따라 다음 발걸음을 내딛을 만큼 충분한 빛을 비춰 주신다. 사도행전 12장에서 베드로는 체포되어 사형을 당하게 되었다. 이에 교회는 그를 위해 온 힘을 다해 기도를 드렸다. 그날 밤 천사가 베드로에게 가서 사슬을 풀었다. 베드로가 천사를 따라 "시내로 통한 쇠문에 이르니 문이 저절로 열리는지라"(10절). 문이 자기 의지로 열리다니, 이 얼마나 놀라운 일인가!

베드로는 모든 제자가 모여 자신을 위해 기도하고 있는 집으로 갔다. 거기서 문을 두드리니 로데란 여인이 듣고 "베드로의 음성인 줄 알고 기뻐하여 문을 미처 열지 못하고 달려 들어가 말하되 베드로가 대문 밖에 섰더라 하니"(행 12:14).

나머지 이야기도 너무 귀해서 인용하지 않을 수가 없다.

> 그들이 말하되 네가 미쳤다 하나 여자 아이는 힘써 말하되 참말이라 하니 그들이 말하되 그러면 그의 천사라 하더라 베드로가 문 두드리기를 그치지 아니하니 그들이 문을 열어 베드로를 보고 놀라는지라(행 12:15-16).

들어가라! 담대하게, 감사함으로!

수세기 동안, 수세대 동안, 인류는 하나님이 자신 앞에 두신 열린 문을 찾거나 찾지 못해 왔다.

자, 이제 당신의 시대다. 당신의 문이 열려 있다. 오늘 당신 앞에 어떤 문이 열려 있을까? 누가 당신의 격려를 필요로 하는가? 당신이 세상에 어떤 통찰을 선물할 수 있을까? 당신이 어떤 문제를 해결할 수 있을까? 당신이 무엇을 발견할 수 있을까? 당신이 어떤 섬김을 실천할 수 있을까? 정의 구현을 위해 한 몸을 바칠 텐가? 세상의 압제를 없애기 위해 앞장설 것인가? 누군가의 짐을 덜어 주려는가? 누군가의 존엄성을 높여 주려는가? 오늘 당신은 영원한 의미가 있는 일을 하게 될지도 모른다.

성경은 닫힌 문으로 시작된다. 우리가 평생 찾고 또 찾는 에덴 동산의 문. 성경은 하나님이 구속하신 삶을 묘사하면서 끝을 맺는다. 더없는 찬란함과 빛나는 기쁨, 도덕적인 아름다움, 완벽한 친밀함의 도성. 사랑 많은 하나님이 끝없이 기회를 주시는 땅. 이 생에서 작은 일이라도 충성한 사람들이 다스릴 땅.

마지막으로 한 가지 더! 고대 세상에는 곳곳에 성벽이 있었고, 그 성벽은 닫힌 채로 수비대가 철통같이 지켜야만 했다. 위험과 죽음이 언제 들어올지 모르기 때문이었다.

다가올 도성에는 각기 하나의 진주로 만들어진 열두 개의 문이 있을 것이다. '진주 문'이란 표현이 여기서 나왔다. 물론 성경은 조개에서 나오는 보석을 말하는 게 아니지만. 12라는 숫자는 성경 시대 독자들에게 제자들의 숫자, 나아가 이스라엘 부족의 숫자, 나아가 모든 사람을 위한 공간이 있음을 상기시켰다. 그렇다. 당신을 위한 문이 있다.

"만국이 그 빛 가운데로 다니고 땅의 왕들이 자기 영광을 가지고 그리로 들어가리라 낮에 성문들을 도무지 닫지 아니하리니 거기에는 밤이 없음이라"(계 21:24-25).

최후의 문은 열린 문이다. 그 문은 항상 열려 있다.

"계속해서 벽을 따라가기만 하면 언젠가 문이 나타난다는 사실을 늘 기억하렴."

나는 머리카락이 붉고 손가락이 앙상한 중년의 헬라어 교수에게서 열린 문에 관한 비밀을 배웠다. 대학에서 헬라어 수업을 신청할 때만 해도 그것이 내 인생을 바꾸고 내 소명을 형성할 개념의 세계로 들어가는 문인 줄은 정말 몰랐다. 그것이 지금까지 우정을 지켜 오고 있는 친구들, 그리고 내 소명의식을 인도해 준 멘토와의 관계로 들어가는 문일 줄은 정말 몰랐다. 그것이 내 아내와의 만남, 내 직업, 내 인격 성장으로 들어가는 문일 줄은 몰랐다. 그저 케빈이라는 친구에게서 제럴드 호손 교수님의 수업을 놓쳐서는 안 되고, 고대 헬라어는 발음을 잘못해도 아무도 알아채지 못하기 때문에 스페인어보다 쉽다는 정보를 입수하고서 별다른 생각 없이 그의 수업을 신청했을 뿐이다.

우리는 우리가 들어가는 문이 어디로 이어질지 알 수 없다. 때로는 문이 있는지조차도 모른다. 때로는 문이 순전한 선물로써 찾아오기도 한다.

일주일에 세 번 아침 여덟 시에 시작되는 헬라어 수업이라고 하면 가기 싫을 것만 같다. 하지만 전혀 그렇지 않았다. 늦는 학생은 단 한 명도 없었다. 지각하면 불이익이 따르기 때문이 아니라 인생을 변화시키는 능력이 있는 성경 말씀에 관한 5분간의 교훈으로 수업을 시작하는 게 너무 좋았기 때문이다.

하루는 5분간 열린 문의 비밀에 관한 교훈으로 수업이 시작되었다.

> 빌라델비아 교회의 사자에게 편지하라 거룩하고 진실하사 다윗의 열쇠를 가지신 이 곧 열면 닫을 사람이 없고 닫으면 열 사람이 없는 그가 이르시되 볼지어다 내가 네 앞에 열린 문을 두었으되 능히 닫을 사람이 없으리라 내가 네 행위를 아노니 네가 작은 능력을 가지고서도 내 말을 지키며 내 이름을 배반하지 아니하였도다(계 3:7-8).

호손 교수님은 간단한 문법 이야기로 교훈의 포문을 열었다.

교수님은 원래 문법을 사랑했다. 언어의 합리성과 질서를 사랑했다. 우리가 헬라어를 배우기 어렵다고 불평하면 으레 교수님은 헬라어에는 불규칙동사라는 것이 없어서 얼마나 편하냐고 말했다. 사실, 나는 불규칙동사가 뭔지도 몰랐다.

호손 교수님은 언어의 작은 특징들을 파헤쳐 표면 아래의 풍부한 의미를 찾아내는 것을 좋아했다. 이 구절에서 먼저 교수님은 헬라어 완료 시제의 특징을 설명했다. 완료 시제는 이미 완료되었지만 그 영향이 현재까지 지속되는 과거의 행동을 묘사한다. 고린도전서 15장 3-5절을 헬라어 성경으로 보면 완료 시제의 의미를 분명히 파악할 수 있다(진한 글씨 참조).

> 그리스도가 죽으셨다.
> 그리스도가 장사되셨다.
> **그리스도가 성경대로 사흘 만에 다시 살아나셨다.**
> 그리스도가 베드로에게 보이셨다.
> 그리스도가 열두 제자 등에게 나타나셨다.

헬라어 성경에서는, 이 단순한 과거 시제들의 한중간에서 그리스도의 부활을 묘사하기 위해 완료 시제가 사용된다. 그렇다. 예수님은 죽음에서 살아나셨고 지금도 여전히 부활하신 분으로 계신다. 과거에 일어났던 부활의 효과는 여전히 유효하다. 바로 이것이 요한계시록 3장 8절에서 사용된 시제다. 문이 열렸고, 지금도 여전히 열려 있다.

당신을 향해 열린 문이 있다. 하나님의 섭리라는 신비 속에서 그 문이 오래전에 열렸고 지금도 여전히 열려 있다. 이 순간, 당신 앞에 기회가 놓여 있다. 이것이 많은 사람이 모르는 인생에 관한 놀라운 진실이다.

하지만 호손 교수님은 이 구절에 이보다도 더 놀라운 교훈이 있다고 말했다. 여기서 형용사는 단순한 완료분사가 아니라 완료 '수동태' 분사다. 그러니까 단순히 '열린 문'이 아니라 '열려진 문'이다. 교수님은 흥분한 어조로 우리에게 물었다. "무슨 말인지 알겠습니까? 차이를 알겠습니까?"

앞서 살폈듯이 독실한 유대교인 출신의 신약 기자들은 '하나님'이란 이름을 자칫 불경하게 사용할까 봐 되도록 그 이름을 사용하지 않았다. 대신 하나님의 역사를 지칭하기 위해 주로 수동태를 사용했다. 이것을 '신적 수동태'(the divine passive)라고도 부른다.

따라서 교회의 살아 계신 주님이 여기서 말씀하신 문은 단순히 열린 문이 아니다. 이를테면 부주의한 어린아이가 자신도 모르게 열어 놓은 문 같은 게 아니다. 이것은 하나님이 '일부러' 우리 앞에 열어 두신 문이다.

교수님은 이 문의 이미지에 놀라운 뜻이 담겨 있다고 말했다. 그것은 예수 그리스도가 지금 우리 옆에 서서 이렇게 말씀하고 계신다는 것이다. "봐라, 하나님이 활짝 열어 놓으신 문을 지금 내가 너에게 준다. 자, 너에게 주는 내 선물이다. 자, 바로 네 눈앞에 있다!"

호손 교수님의 표현을 빌리자면, 이것은 "의미 있는 일을 할 수 있는 무한한 기회, 의미 있는 삶이라는 새로운 미지의 모험 속으로 들어가는 거대한 통로, 선한 일을 함으로써 우리의 삶에 영원한 의미를 더할 수 있는 유례없는 기회"를 상징하는 문이다.[1]

그리고 나서 호손 교수님은 열린 문의 연속이었던 자신의 삶을 이야기했다. 교수님은 대학에 합격했지만 자신이 다른 학생들보다 재능이 떨어진다고 생각했다. 교수님은 자신의 뇌가 아주 작은 곰돌이 푸와 같다는 말을 자주 했다. 가르치던 학생들이 놀라운 성과를 낼 때마다 교수님은 "청출어람이 또 나왔군"이라고 말했다. 사실, 교수님은 40년 동안 휘튼대학에서 가장 사랑받는 교수였고 그의 빌립보서 주석서는 최고의 주석서 중 하나로 꼽힌다. 그런데도 교수님은 늘 그런 식으로 말했다.

심지어 호손 교수님은 자신이 대학 수업을 따라가지 못할까 봐 대학에 들어가는 것조차 두려워했다. 그러던 어느 날 이 구절이 기억났다. 이 구절에서 교수님은 예수님이 "봐라, 내가 너에게 하나님의 열린 문을 주었다!"라고만 말씀하시지 않고 "봐라! 너의 능력이 작은 줄 내가 다 알고 있다!"라고도 말씀하셨다는 사실에 주목했다.

교수님은 이 말씀을 이렇게 받아들였다. "봐라! 나는 열린 문만 주고 그 문으로 들어갈 용기와 능력은 주지 않는 주인이 아니다. 네 작은 힘을 다 쓰고 나면 나를 의지하면 된다. 그러니 네 능력에 대한 걱정은 이제 그만 해라. 더 이상 네 약함을 이 기회에서 뒷걸음질치고 돌아서기 위해 변명으로 삼지 마라. 약한 자만이 강해질 수 있다는 사실을 명심하라. 내 능력이 네 약함 속에서 완전해진다는 사실을 명심해라!"

대학을 졸업한 뒤 교수님은 휘튼대학에서 헬라어 교수 자리를 제안 받았다. 이번에도 역시 자신의 부족함으로 인해 겁이 났지만 기도하던 가운데 부활하신 주님의 음성을 느꼈다. "봐라! 내가 너에게 내가 연 이 문을 주었다. 물론 너에게 작은 힘밖에 없다는 것을 잘 안다. 하지만 내게 모든 능력이 있다는 사실을 명심해라. 그러니 이 기회에서 도망치지 마라!"

이어서 호손 교수님은 먼 나라에서 외로움과 두려움에 떠는 젊은이에 관한 존 메이스필드의 감동적인 시를 떠올렸다.

돌밭에 핀 꽃들
추악한 얼굴의 사람들에게서 나온 친절한 행위들
가장 못난 경주마가 얻은 우승컵을 보았네.
그래서 나도 믿으려네.

메이스필드 시의 젊은이처럼 호손 교수님도 믿는 마음으로 주님의 손을 잡고 하나님이 열어 주신 문을 통해 "인간이 상상할 수 있는 가장 기쁘고 도전적이고 신나는 직업" 속으로 들어갔다(고대 헬라어를 가르치는 일을 이렇게 표현하는 사람이 없으리라 생각했는가? 틀렸다. 하나님은 당신을 위해서도 이런 문을 준비해 놓고 계신다).

그러고 나서 호손 교수님은 우리에게 이렇게 말했다. "이렇게 두려웠던 경험들을 통해 배운 교훈이 있다면, 여러분의 나이나 건강 상태와 상관없이 여러분 모두에게 오늘 나누고 싶은 교훈이 있다면, 그것은 우리 하나님이 열린 문의 하나님이시라는 것입니다. 우리에게 너무 커 보이는 일을 할 기회에서 아주 작은 친절의 행위를 할 기회까지 우리가 살아 있는 한 계속해서 열리는 무한한 기회의 문. 하나님은 이 문의 하나님이십니다."

열린 문은 단순히 우리만을 위한 문이 아니다. 호손 교수님이 이런 문으로 들어간 덕분에 나를 비롯한 수많은 학생의 삶이 변했으니까 말이다. 교수님은 우리를 믿어 주고 격려해 주었다. 내 대학 시절을 마칠 무렵 교수님이 나를 조용히 불렀다. "자네는 캘리포니아로 가는 것이 맞는 것 같네. 풀러신학교에서 공부를 하게." 그 전까지 나는 평생 일리노이 주에서 살았고, 캘리포니아 주에 가고 싶은 마음은 눈곱만큼도 없었다. 캘리포니아 사람들은 괴짜라고 생각했고 무엇보다도 가족들이 너무 보고 싶어 힘들 것 같았다.

하지만 결국 임상심리학과 목회학을 공부하기 위해 풀러신학교에 응시했다. 그때 호손 교수님은 이렇게 말했다. "합격된다면 하나님이 열어 주신 문으로 받아들이게. 편안하고 안전해 보이는 곳을 떠나 배우고 성장할 수 있는 곳으로 갈 용기가 있어야 하네.

심리학과 신학에 관해 최선을 다해서 배우게나. 자네의 인생이 하나님을 섬기는 멋진 모험이 될지 누가 아는가."

그래서 나는 갔다. 그 문이 어디로 이어질지는 전혀 몰랐다. 내가 서투른 심리치료사로 판명이 날지 전혀 몰랐다. 내담자들이 나를 만나고 나서 전보다 더 감정적으로 미성숙해져서 돌아갈 줄 몰랐다. 하지만 그 문으로 들어가지 않았다면 그 사실을 평생 몰랐을 것이다. 내가 삼사십 년 동안 적성에 맞지 않은 심리치료사 노릇을 한 뒤가 아니라 곧바로 그 사실을 깨닫게 되어서 얼마나 감사한지 모른다.

그 당시 나는 존 F. 앤더슨 목사님을 만났다. 앤더슨 목사님은 자신이 목회하는 라크레센타의 제일침례교회에서 사역할 것을 권했다. 처음에는 일주일에 몇 시간만 해 보라고 했다. 그때만 해도 내 인생을 바꿔 놓을 만큼 나를 철저히 믿어 주는 사람을 만난 줄 전혀 몰랐다. 처음 그 교회의 문으로 들어갈 때만 해도 내가 단순한 건물이 아니라 소명으로 들어가고 있는 줄 몰랐다.

앤더슨 목사님은 내게 열린 문을 보여 준 또 다른 인물이다. 그와 그의 아내 바브 사모님은 나에게 자신들의 집을 열어 주었다. 이러한 우정도 하나의 열린 문이다. 나는 앤더슨 목사님에게서 목회가 즐거워야 한다는 사실을 배웠다. 한번은 그와 함께 로스앤젤레스 시내에 갔는데 어느 공원 한복판에서 그는 많은 사람이 모여서 잘됐다며 내게 열정적으로 메시지를 전해 보라고 말했다. 그때 나는 최대한 침례교도 스타일로 고함을 질렀다. 그의 집 거실의 카펫 위에 그와 함께 누워 즐겁게 깔깔거렸던 때가 그립다.

앤더슨 목사님은 내게 설교를 권했다. 그리하여 설교를 시작했는데 얼마 있지 않아 한번은 설교단에 오른 지 약 5분 만에 기절하고 말았다. 나는 대리석 바닥에 대자로 뻗었다. "쾅!" 나중에 나는 앤더슨 목사님에게 몇 번이나 고개를 숙이며 말했다. "정말 죄송합니다. 다시는 설교를 시키지 않으셔도 충분히 이해합니다." 순복음교회라면 설교하다가 졸도한 것이 오히려 자랑일지모르겠지만 침례교회에서는 있을 수 없는 일이었다. 하지만 목사님은 대수롭지 않게 내 어깨를 쳤다. "무슨 말을 그렇게 해요?" 그는 나를 다시 설교단에 올렸다.

그렇게 나는 아주 어린 나이부터 설교를 시작했다. 그것이 즐겁기도 했지만 두렵기도 했다. 특히 설교하다가 졸도하고 나니 이 문이 나에게 닫힌 게 아닌가 하는 생각이 들었다.

다음번 설교단에서 나는 또 기절하고 말았다. 그때는 정말 끝이라고 생각했다. 하지만 목사님은 화를 내기는커녕 오히려 나를 격려해 주었다. "아니에요. 끝이 아니에요. 다음 주에도 설교를 하세요. 당신이 기절을 그만하거나 죽을 때까지 계속해서 설교를 시킬 겁니다." 그의 말은 진심이었다. 설교단 바닥에 두툼한 카펫이 새로 깔린 것을 보고 그것을 알았다. 그렇게 나는 계속해서 설교를 했다.

얼마 전에 그 교회에서 75주년 기념 예배 설교자로 나를 초빙

하는 편지가 날아왔다. 앤더슨 목사님은 은퇴한 지 오래되었고, 편지를 쓴 사람은 현재의 담임목사였다. "이곳 성도들이 여전히 목사님을 기억하고 있습니다." 여기까지는 기분이 좋았지만 그 뒤가 문제였다. "기절하는 목사님으로 말입니다." 그래서 그 교회로 돌아가 75주년 기념 예배에서 설교를 하기로 결심했다. 다시 한 번 기절해서 옛 향수를 느끼게 해 줄 참이었다. 그 두툼한 카펫이 아직도 있으면 좋으련만.

그 교회를 통해 아내를 만나게 될 줄은 전혀 몰랐다. 나는 항상 결혼을 하게 된다면 중서부의 여인과 할 거라고 생각했다. 중서부에 터를 잡고 평생 살 생각이었다. 하지만 결과적으로 캘리포니아 여자인 아내와 결혼해서 캘리포니아 아이들을 낳고 캘리포니아 개를 기르고 캘리포니아 교회를 섬기고 있다. 이 삶이 말로 표현할 수 없을 만큼 감사하다. 툭하면 실패하는 이 부족한 종과 늘 함께해 주셨고 지금도 함께해 주고 계신 하나님께 말로 표현할 수 없을 만큼 감사하다.

휘튼대학에서 열린 호손 교수님의 은퇴식 자리에서, 제자들은 채플을 빼먹고 호손 교수님과 대화하고 기도하고 웃으면서 많은 것을 배울 때가 인생 최고의 순간 중 하나였다고 고백했다(물론 대학 행정 직원들은 별로 좋아하지 않았다). 그것은 그와 함께하면서 우리 마음에 정말 많은 문이 열렸기 때문이다.

교수님은 은퇴식에서 이렇게 말했다. "은퇴라는 것이 하나님의 열린 문으로 그만 들어가는 것을 의미한다면 저는 은퇴하고 싶지 않습니다. '이젠 쉬고 싶다. 나를 혼자 내버려 두라. 내가 할 일은 이제 다했다. 이만하면 됐다. 이제 나는 열외시켜 달라. 내게 낮잠 자기 좋은 해먹이나 달라.' 이런 의미의 은퇴는 싫습니다."

그 뒤로도 교수님은 학생과 교수진, 행정 직원들을 비롯한 학교의 모든 구성원을 격려하고 생활전선에서 뛰는 옛 제자들을 응원했으며 교회에서 가르쳤다.

어느 날 교수님은 또 다른 거대한 도전을 시작했다. 골로새서 주석서를 쓰기 시작한 것이다. 하지만 이번에는 문이 서서히 닫히기 시작했다. 기억력이 점점 말을 듣지 않았다. 학창 시절처럼 우리는 산 정상에 모여 아침식사를 했지만 교수님은 우리가 자주 하던 농담과 이름을 잘 기억하지 못했다. 그리고 단어가 생각나지 않으면 가끔 신음소리를 냈다. 하지만 망각의 고통도 사랑하는 사람들과 함께하려는 열망을 꺾지는 못했다.

열린 문은 천성이 진취적이거나 자신감과 낙관주의로 무장한 사람들만을 위한 것이라고 생각하는가? 그렇지 않다. 호손 교수님은 평생 자신을 의심하며 살아온 사람이었다. 하지만 그것 또한 그의 은사 중 하나였다. 사람들은 그의 망가진 모습에서 위안을 찾았다. 사람들은 한 번도 실패하지 않은 것처럼 자신만만하게 구는 사람들에게는 절대 털어놓지 않을 비밀과 고통을 그에게는 허심탄회하게 털어놓았다. 열린 문으로 들어가는 습관은 끊을 수 없을 만큼 그의 몸에 깊이 배어 있었다.

문을 피해 현재 자리에 머무는 것이 더 안전해 보이는가? 우리는 스스로 약하거나 지쳤다고 생각해서 인생의 열린 문을 피한다. 열린 문으로 한 번만 더 들어갔다간 쓰러지고 말 것만 같다. 하지만 열린 문으로 돌진하는 것보다 뒷걸음질하는 것이 인간 정신을 훨씬 더 빨리 고갈시킨다. 호손 교수님은 다음과 같은 옛 랍비 문학을 통해 이 점을 설명했다.

화폐 주조소에서 반짝거리는 새 동전 두 개가 나왔다.
둘 다 가치와 아름다움은 동일했다.
동전 하나는 손에서 미끄러져 바닥에 떨어졌다.
동전은 데구루루 굴러가 어디론가 사라져 찾을 수가 없었다.

다른 동전은 많은 땅에서 많은 손을 거쳐 갔다.
성전에서 헌금으로 사용되고, 시장에서 사용되고,
마음씨 좋은 사람의 손에서 가난한 사람의 손으로 옮겨갔다.
오랫동안, 수년 동안 그러는 사이
오랫동안 잃어버린 채로 사용되지 않던 동전이 발견되었다.
오랫동안 사용되지 않아 생긴 녹 탓에
더럽고 새까맣고 글자가 훼손된 채로,

반면, 계속된 섬김을 통해
열심히 일한 동전은 깨끗하게 반짝거렸다.

의무를 위해 산 사람들이 가장 빛나는 법이다.

문지르는 것보다 녹이 아름다움을 더 훼손시키는 법이다.[2]

호손 교수님은 이렇게 말했다. "내가 많이 늙고, 실제로 나이를 실감할 때가 많지만 새로운 날이 시작될 때마다 하나님이 열어 주시는 문을 외면하고 싶지는 않습니다. 너무 두렵거나 너무 지친다고 해서 그 문으로 들어가는 것을 포기하고 싶지 않습니다. 아직도 해야 할 선한 일이 너무도 많기 때문입니다. 우리 주 예수 그리스도는 우리가 살아서 숨 쉬는 한 계속해서 기회의 문을 주십니다. 열린 문으로 들어가는 이 평생의 모험 속으로 나와 함께 뛰어들지 않겠습니까?"

휘튼대학의 150주년 기념식이 열리던 주말, 나는 일리노이 주로 날아가 친구들과 함께 다시 한 번 교수님을 모시고 아침식사를 했다. 교수님은 35년 전처럼 우리 모두의 이름을 일일이 불러가며 기도했다. 그것이 이 땅에서 호손 교수님을 본 마지막 순간이었다.

그해 8월, 우리는 교수님의 장례식을 위해 모두 모였다. 교수님이 다니던 교회는 조문객들을 다 수용할 수 없어 유가족들은 더 큰 교회를 빌려야 했다. 직접 찾아온 조문객들 외에도 수많은 사람이 온라인 사이트를 통해 이 한 사람으로 인해 자신의 삶이 얼마나 변했는지를 고백했다.

장례식에서 교수님의 아들 스티브는 우리에게 아버지의 열린 문 사고들이 적힌 메모들을 주었다. 또한 그는 아버지의 낡은 헬라어 신약 성경 안에서 나와 아내, 세 자녀를 비롯해서 수많은 옛 제자들과 가족들의 이름이 빼곡히 인쇄된 종이를 보여 주었다. 교수님은 늘 그 종이를 보며 우리를 위해 기도했으리라.

호손 교수님은 열린 문으로 들어가는 일을 멈추지 않았다. 이제 마지막으로 그는 우리가 아직은 따라갈 수 없는 문으로 들어갔다.

문이 열릴 것이다.

문제는, 내가 그 문을 볼 것인가? 내가 반응할 것인가?

교수님의 옛 제자 중 한 명인 데이비드 처치는 스승을 따라 선생이 되었다. 그는 이런 주제로 〈열린 문의 위험〉이라는 시를 썼다.

> 첫 우주로 돌아갈 수 있다 해도
> 두 우주 사이의 소용돌이 속으로
> 들어가는 두려움이여.
> 예전처럼 안전하고 매력적이지 않을 것이기에.
> 하지만 문이 열렸다.
> 그리고 그 앞에 내가 서 있다.
> 내 축축한 이마를 스치는 낯선 바람이여.
> 매력적인 안전으로
> 익숙한 공간으로

회전하는 그림자의 사각형으로 돌아간다면
내 우주의 바닥에서
답하지 않은 질문
무시한 우정
놓친 사랑이 내 안에서
때로는 어둡게, 때로는 황금빛으로,
때로는 뜨거운 흰색으로 타오를 것이다.
뛰는 심장.
하나님, 내가 가도록
도와주소서.

우리는 열린 문의 하나님을 따르고 있다. 예수님은 아버지가
어떤 열린 문을 앞에 두시든 기꺼이 들어갈 준비가 되어 계셨다.
어떤 대가가 따르더라도. 그리고 실제로 그 대가는 엄청났다. 결
국 그들은 예수님을 십자가에 매달아 죽이고 무덤에 눕힌 다음
돌로 무덤을 봉인했다. 이틀 동안 그분은 거기 누워 계셨다. 이틀
동안 세상은 차갑고 닫히고 허망했다.

하지만 셋째 날 아버지는 아들에게 말씀하셨다.

"보라, 내가 네 앞에 열린 문을 두었다."

아들은 그 문으로 걸어 들어가셨다.

그 문은 지금도 여전히 열려 있다.

주

** PART 1

chapter 1. 이 문이 맞을까, 이 길이 맞을까

1. 이 여섯 단어의 이야기들은 다음 책에 실려 있다. *Not Quite What I Was Planning: Six-Word Memoirs by Writers Famous and Obscure*, eds. Rachel Fershleiser and Larry Smith(New York: HarperCollins, 2008).

2. Gerald Hawthorne, *Colossians*(self-published commentary, 2010).

3. Viktor E. Frankl, *Man's Search for Meaning*(Boston: Beacon Press, 2006), 66. 빅터 프랭클, 《죽음의 수용소에서》(청아출판사 역간).

4. Sheena Iyengar, "How to Make Choosing Easier," TED talk, November 2011, http://www.ted.com/talks/sheena_iyengar_choosing_what_to_choose.

5. Stephen Ko, "Bisociation and Opportunity," in *Opportunity Identification and Entrepreneurial Behavior*, ed. John E. Butler(Greenwich, CT: Information Age Publishing, 2004), 102.

6. Dr. Seuss, *Oh, the Places You'll Go!*(New York: Random House, 1990), 6, 15, 20.

7. "Young adults want to make their own hours, come to work in their jeans and flip-flops, and save the world while they're at it." Barna, "Millennials: Big Career Goals, Limited Job Prospects," June 10, 2014, https://www.barna.org/barna-update/millennials/671-millennials-big-career-goals-limited-job-prospects.

8. Andy Chan, "Called to the Future," manuscript accepted for publication in *Theology, News & Notes*(Pasadena, CA: Fuller Theological Seminary, 2014).

chapter 2. 왜 좀 더 분명하게 답을 주시지 않는 걸까

1. Carol Dweck, *Mindset: The New Psychology of Success*(New York: Ballantine, 2008), 3. 캐롤 드웩, 《성공의 새로운 심리학》(부글북스 역간).

2. Frederick Buechner, *The Sacred Journey*(New York: HarperCollins, 1982), 104.

3. F. D. Bruner, *Matthew: A Commentary: The Churchbook: Matthew 13-28*(Grand Rapids, MI: Eerdmans, 1990), 805-6.

4. Jessica Bennett, "They Feel 'Blessed,'" *New York Times*, May 2, 2014, http://www.nytimes.com/2014/05/04/fashion/blessed-becomes-popular-word-hashtag-social-media.html.

5. Dr. Seuss, *One Fish, Two Fish, Red Fish, Blue Fish*(New York: Random House, 1960), 1, 13.

6. Dr. Seuss, *Oh, the Places You'll Go!*(New York: Random House, 1990), 5.

7. James Dunn, *Word Biblical Commentary: Romans 1-8*, vol. 38A(Waco, TX: Word, 1988).

8. Ernest Kurtz, "Spirituality and Recovery: The Historical Journey," in Ernest Kurtz, *The Collected Ernie Kurtz*, Hindsfoot Foundation Series on Treatment and Recovery(New York: Authors Choice, 2008), http://hindsfoot.org/tcek09.pdf.

9. Dr. Seuss, *Oh, the Places You'll Go!*, 46-48.

chapter 3. '날 위한 문'에 집착하면 실망뿐이다

1. Geoffrey Mohan, "Facebook Is a Bummer, Study Says," *Los Angeles Times*, August 14, 2013, http://articles.latimes.com/2013/aug/14/science/la-sci-sn-facebook-bummer-20130814.

2. Steven Furtick, Brett and Kate McKay, "Fighting FOMO: 4 Questions That Will Crush the Fear of Missing Out," The Art of Manliness, October 21, 2013에서 인용, http://www.artofmanliness.com/2013/10/21/fighting-fomo.

3. Frederick Buechner, *The Sacred Journey*(New York: HarperCollins, 1982), 107.

4. Chris Lowney, *Heroic Leadership*(Chicago: Loyola Press, 2003), 121. 29. 크리스 로니, 《위대한 기업 위대한 리더십》(휴머니스트 역간).

5. Sam Whiting, "Muni Driver Will Make New Friends, Keep the Old," *San Francisco Chronicle*, September 8, 2013, http://www.sfchronicle.com/bayarea/article/Muni-driver-will-make-new-friends-keep-the-old-4797537.php#/o.

chapter 4. 선택에 대한 '미신'은 결정장애를 낳는다

1. John Blake, "Actually, That's Not in the Bible," *CNN Belief Blog*, Jung 5, 2011, http://religion.blogs.cnn.com/2011/06/05/thats-not-in-the-bible.

2. Gerald Hawthorne, *Colossians*(self-published commentary, 2010), appendix.

3. David Garrow, *Bearing the Cross*(New York: Random House, 1988), 57-58.

4. 레갑 사람들에 관한 이야기는 예레미야서 35장 1-19절에 기록되어 있다.

5. Chip Heath and Dan Heath, *Decisive*(New York: Random House, 2013), 40-41. 칩 히스와 댄 히스, 《자신 있게 결정하라》(웅진지식하우스 역간).

6. M. Craig Barnes는 이 개념을 C. S. Lewis의 것으로 본다. M. Craig Barnes, "One Calling of Many," *The Christian Century*, March 19, 2014를 보라, http://www.christiancentury.org/article/2014-03/one-calling-many.

7. Frederick Buechner, *Telling Secrets*(San Francisco: HarperSanFrancisco, 1991), HarperCollins e-book edition.

** PART 2

chapter 1. '어떤 선택이 옳은지' 묻기 전에 지혜부터 구하라

1. Dallas Willard, *Hearing God*(Downers Grove, IL: InterVarsity Press, 2012), 180쪽에서 인용. 달라스 윌라드, 《하나님의 음성》(IVP 역간).

2. Archibald MacLeish, Sheena Iyengar, *The Art of Choosing*(New York: Hachette, 2010), xvii 에서 인용.

3. Dr. Seuss, *Oh, the Places You'll Go!*(New York: Random House, 1990), 25.

4. Barry Schwartz, "The Paradox of Choice," TED talk, July 2005, http://www.ted.com/talks/barry_schwartz_on_the_paradox_of_choice.

5. Ichak Adizes, *Managing Corporate Lifecycles*(Santa Barbara, Ca: Adizes Institute Publishing, 2004), 6.

6. Chip Heath and Dan Heath, *Decisive*(New York: Random House, 2013), 10. 칩 히스와 댄 히스, 《자신 있게 결정하라》(웅진지식하우스 역간). .

chapter 2. 문지방을 넘을 때마다 온 마음을 쏟으라

1. Doris Kearns Goodwin, *The Bully Pulpit*(New York: Simon & Schuster, 2013), 44.

2. John Chrysostom, "Homily XXXIII" (on Hebrews 12:28-29).

3. Andy Chan, "Called to the Future," manuscript accepted for publication in *Theology, News & Notes*(Pasadena, CA: Fuller Theological Seminary, 2014).

4. 같은 책.

5. Ryan Grenoble, "San Pedro Post Office Volunteers Hae Been Giving Back to Community Since 1966," *Huffington Post*, August 16, 2012, http://www. huffingtonpost.com/2012/08/16/san-pedro-volunteer-post-office-_n_1790883.html.

6. "Century Marks," *Christian Century*, April 16, 2014, 9.

chapter 3. 가장 큰 복, 나의 작음과 주의 크심을 아는 것

1. Fyodor Dostoyevsky, *Notes from Underground*, trans. Constance Garnett, part 1, chapter 11.

2. Marcus Buckingham, *The Truth about You*(Nashville: Thomas Nelson, 2008), 41.

3. F. D. Bruner, *Matthew: A Commentary: The Churchbook: Matthew 13-28*(Grand Rapids, MI: Eerdmans, 1990), 332.

4. Warren Sazama. S.J., "Some Ignatian Principles for Making Prayerful Decisions," http://www.marquette.edu/faith/ignatian-principles-for-making-decisions.php.

** PART 2

chapter 1. 들어갈 문을 알고도 도망치고 싶을 때가 있다

1. A. H. Maslow, *The Farther Reaches of Human Nature*(New York: Viking, 1971), 36.

2. 같은 책, 36-37.

3. Phillip Cary, *Jonah*, Brazos Theological Commentary on the Bible(Grand Rapids, MI: Brazos Press, 2008).

4. Gregg Levoy, *Callings*(New York: Harmony Books, 1997), 190.

5. 같은 책, 191쪽에서 인용.

6. William H. Myers, *God's Yes Was Louder than My No: Rethinking the African American Call to Ministry*(Trenton, NJ: Africa World Press, 1994), Levoy, *Callings*, 199-200쪽에서 인용.

chapter 2. 사랑해서, 때로는 문을 굳게 닫으신다

1. William Shakespeare, *Hamlet*, Act 5, Scene 2. 윌리엄 셰익스피어, 《햄릿》.

2. Frederick Buechner, *The Sacred Journey*(New York: HarperCollins, 1982), 108.

3. Dr. Seuss, *How the Grinch Stole Christmas!*(New York: Random House, 1957).

4. Jennifer Kennedy Dean, "Think Small When You Dream Big," Praying Life Foundation, April 13, 2011, http://www.prayinglife.org/2011/04/think-small-when-you-dream-big/.

5. 이 부분은 내 책 *Soul Keeping: Caring for the Most Important Part of You*(Grand Rapids, MI: Zondervan, 2014)에서 발췌 수정했다. 존 오트버그, 《내 영혼은 무엇을 갈망하는가》(국제제자훈련원 역간).

6. Rudolf Bultmann in F. D. Bruner, *Matthew: A Commentary: The Churchbook: Matthew 13-28*(Grand Rapids, MI: Eerdmans, 1990), 780쪽에서 인용.

chapter 3. 인생의 벽이 거대할지라도, 계속해서 문을 찾으라

1. Cornelius Plantinga Jr., *Reading for Preaching*(Grand Rapids, MI: Eerdmans, 2013), 62-63. 코넬리우스 플랜팅가 Jr., 《설교자의 서재》(복있는사람 역간).

2. Rabbi Stephen Pearce, "Mezuzot Remind Us That Doors Hold a Symbolic Meaning." Jweekly.com, August 5, 2004, http://www.jweekly.com/article/full/23315/mezuzot-remind-us-that-doors-hold-a-symbolic-meaning/.

3. Bob Goff, *Love Does*(Nashville: Thomas Nelson, 2012), 44-45. 밥 고프, 《사랑으로 변한다》(아드폰테스 역간).

맺는말

1. Gerald Hawthorne, *Colossians*(self-published commentary, 2010), appendix.

2. 이번 장의 시들은 제럴드 호손 교수님의 감동적인 묵상 글 모음집에 실려 있다. 그에게서 요한계시록 3장의 이 구절에 관한 놀라운 통찰과 이 마지막 장의 특히 중요한 개념들을 얻었다. 이에 대해 깊이 감사한다.